大谷翔平

2021年シーズン 全本塁打徹底分析

監修 福島良一

宝島社

メジャー史上初

投打混合での5部門100

打撃部門で138安打、100打点、103得点、投手部門で130回1/3、156奪三振を同一シーズンに達成。投打部門合計での「クインティプル100」はメジャー初

語り継がれる 2021年の大谷翔平 その記録と記憶

日本人シーズン最多

46本塁打

過去の日本人シーズン最多は2004年、松井秀喜(ヤンキース)の31本。前半戦だけで松井の記録を抜き去った。46本は球団歴代2位の記録。歴代1位は00年にトロイ・グロースが記録した47本

ア・リーグ史上初

45本塁打&25盗塁&100得点

45号は9月21日アストロズ戦、25盗塁と100得点はともに9月29日レンジャーズ戦でマーク。6回に二盗、その後は後続の適時打で生還

※日付はすべて現地時間

メジャー史上初

10登板以上&30本塁打

7月2日オリオールズ戦で30号を放ち、シーズン10試合以上登板&30本塁打を達成。1919年ベーブ・ルース（レッドソックス）の29本を上回り史上初

118年ぶり
「2番・投手」で出場

４月４日のホワイトソックス戦でシーズン初登板。「２番・投手」での出場は118年ぶり。DH制が導入された1973年以降、投手がDH解除で先発し、かつ本塁打を放ったのは史上初

130年ぶり

同一シーズンでの先頭打者弾と投手勝利

6月25日のレイズ戦で24号先頭打者アーチを放った。4月26日のレンジャーズ戦で今季初勝利を挙げており、同一シーズンでの同時達成は1891年以来、130年ぶり史上3人目

メジャー最多タイ
3試合で11四球

本塁打王争いの終盤、9月22日アストロズ戦での4個を手始めに、23日アストロズ戦で3個、24日マリナーズ戦で4個。16年ハーパー（ナショナルズ）と並ぶ史上2人目の記録

44

メジャー史上初
オールスターに投打同時出場

7月13日球宴に「1番・DH」で出場。特別ルールで先発マウンドにも上がって史上初の投打同時出場。1回を3者凡退で勝利投手

日本人シーズン最多
189三振

過去の日本人シーズン最多は2008年岩村明憲（レイズ）の131。2013年トランボ、14年のトラウトが持つ球団記録184も更新

日本人シーズン最多
96四球

2009年福留孝介（カブス）の93個を抜いて日本人シーズン最多。3位は04年松井秀喜（ヤンキース）の88個。MLB全体で今シーズン5位

日本人シーズン最多
80長打

2005年、松井秀喜（ヤンキース）の71本を抜いて日本人シーズン最多。長打率5割9分2厘も02年の松井を抜いて日本人最高記録

2021年シーズン最多
8三塁打

今季ア・リーグ1位。同一シーズンの「45本塁打、8三塁打」到達は、1980年マイク・シュミット（フィリーズ）以来41年ぶり史上7人目

MLBの歴史に刻まれる偉業

福島良一（大リーグ評論家）

ふくしま・よしかず●1956年、千葉県出身。73年に初渡米して以来、毎年現地で大リーグを観戦、大リーグ評論家となる。現在は新聞、雑誌などでの執筆やライブ配信サービスのメジャーリーグ中継で解説を務める。主な著書に『大リーグ物語』（講談社現代新書）。

メジャーリーグを見始めて半世紀が経とうとしています。今シーズン、私はワクワクする瞬間の連続でした。空前絶後、歴史を変えた人物——大谷翔平選手の活躍をリアルタイムで見ていたからです。

メジャーの歴史を変えた人物は過去何人もいました。黎明期は「飛ばないボール」であり、小技を利かせた野球。しかし、1920年代にベーブ・ルースが本塁打を量産、「ホームランの時代」が到来しました。それは100年経った今も続いている。彼が野球を変えたのです。

大谷選手も、彼らに匹敵する歴史的人物と言っていいでしょう。世界最高峰の舞台で、投打の二刀流で活躍をする選手が登場する、しかも日本人選手とはまったく夢にも思っていませんでした。投げて打って、さらに盗塁もこなす。あれだけのパフォーマンスを発揮できる選手は、メジャーリーグの歴史でも誰一人いないと言ってもいい存在です。

一方、大谷選手のこれほどの活躍を誰が予想したでしょうか。そもそも、二刀流でタイトル争いをすること自体が予想外。エンゼルスのジョー・マドン監督も今季開幕前には、「投手・大谷」により期待している旨のコメントを残しています。大谷選手は予想や予測、そして我々の先入観をも覆しました。

彼の偉業を語るうえで、欠かせないものが「数字」です。2015年に高精度分析システム「スタットキャスト」がメジャーリーグに導入され、長打になりやすい指標「バレル率」が注目されました。それにより「フライボール革命」が起き、野球シーンが大きく変わりました。昔は想像でしかなかったものが、今はすべてのプレーが数字という明確な指標で示される。野球の面白さを増した大切なファクターです。

大谷選手の活躍によって、投打の二刀流選手で、プロ、そしてメジャーリーグを目指す選手は増えていくでしょう。そして、また歴史が変わる。メジャーリーグの歴史を変えた一人が、大谷翔平選手なのです。

INTRO

CONTENTS

ブックデザイン／田辺雅人

カバー写真／Adam Glanzman/MLB Photos via Getty Image（表1）、Jonathan Moore/Getty Images（表4）

扉イラスト／ヨシオカサトシ

本文写真／アフロ、AP/アフロ、USA TODAY Sports/ロイター／アフロ、

代表撮影/USA TODAY Sports/ロイター／アフロ、UPI/アフロ、ZUMA Press/アフロ、

協力／データスタジアム

編集・取材・文／アンサンヒーロー

大谷翔平 2021年シーズン 全本塁打徹底分析

データで読み解く
本塁打量産の秘密

データ解析01 月別本塁打数 ………… 本塁打王をめぐるスラッガー3人の「激闘」分岐点

データ解析02 本塁打方向 ………………………………… フィジカル進化で「右方向」が急増

データ解析03 ホットゾーン ……………………………… 内角真ん中の打率は5割に迫る

データ解析04 バレル率 ……… 長打の新指標「バレル率」は2021年メジャーNo.1を記録

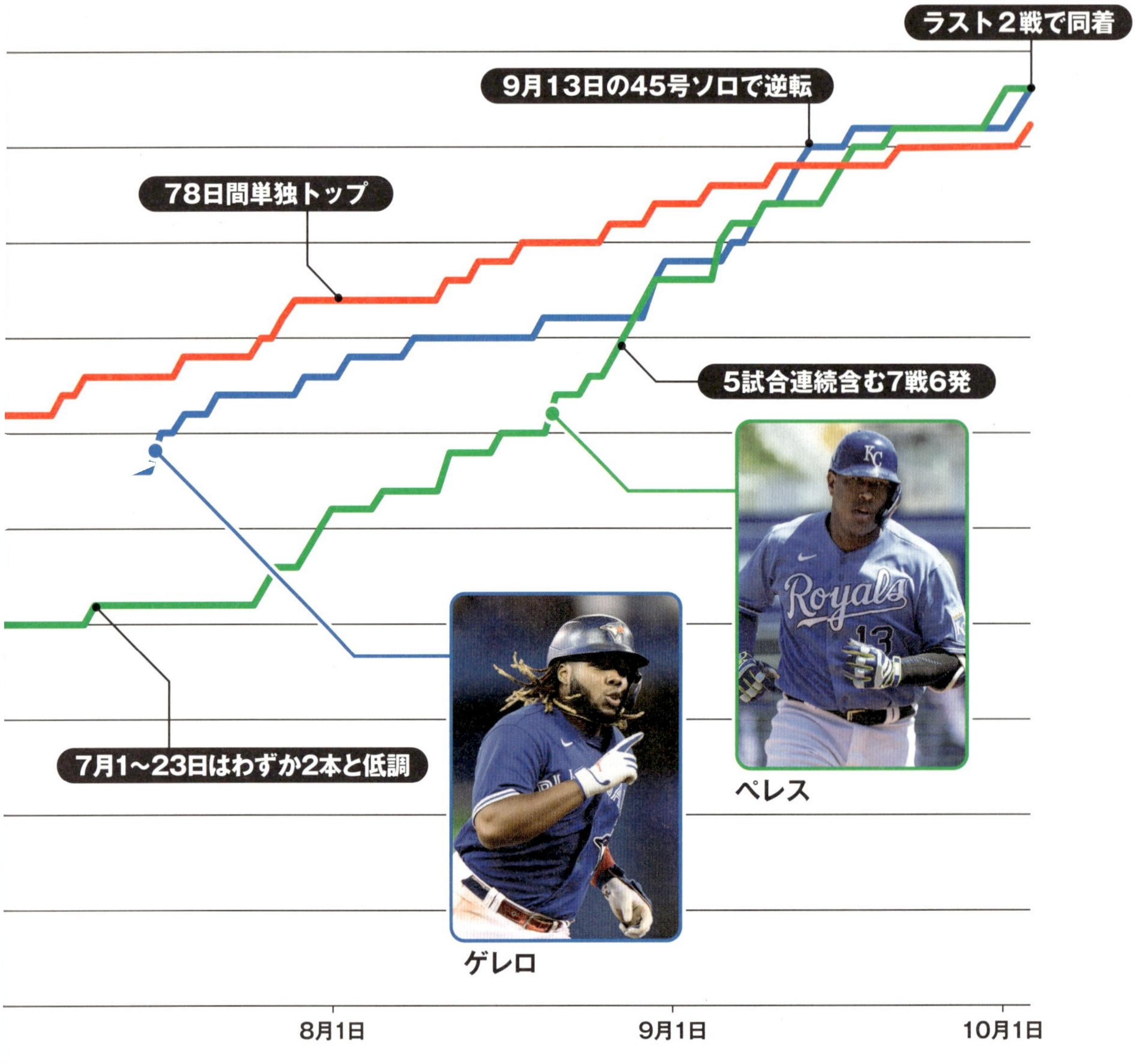

メジャーの本塁打王争いを、日本国民がこれほど注視したシーズンがかつてあっただろうか。

始まりは開幕2戦目だった。大谷は4月2日に今季1号2ランを放つと、同4日には今季初の二刀流出場を果たし、4回2/3を投げての2号ソロ。同25日に今季初の2試合連発となる7号ソロでトップタイに躍り出ると、約1カ月トップをキープした。

春先はまだ混戦。5月24日にゲレロ（ブルージェイズ）がマルチ本塁打で単独トップに立つと、逆に大谷は約1カ月、トップから最大5本差と引き離された。

怒濤《どとう》の追いあげは6月だ。6戦6発、3戦4発と大暴れ。ついに、同29日の2打席連発28号2ランで単独トップに返り咲いた。さらには、7月7日の32号ソロで、日本人シーズン最多本塁打記録31本を球宴前に更新し、シーズン60本ペースで前半戦を折り返した。

球宴明けは7試合1発と足踏みしたが、7月25日から4戦3発。同28日には2位ゲレロに5本差をつける37号3ランも飛び出した。

選手	4月	5月	6月	7月	8月	9月	10月	本数

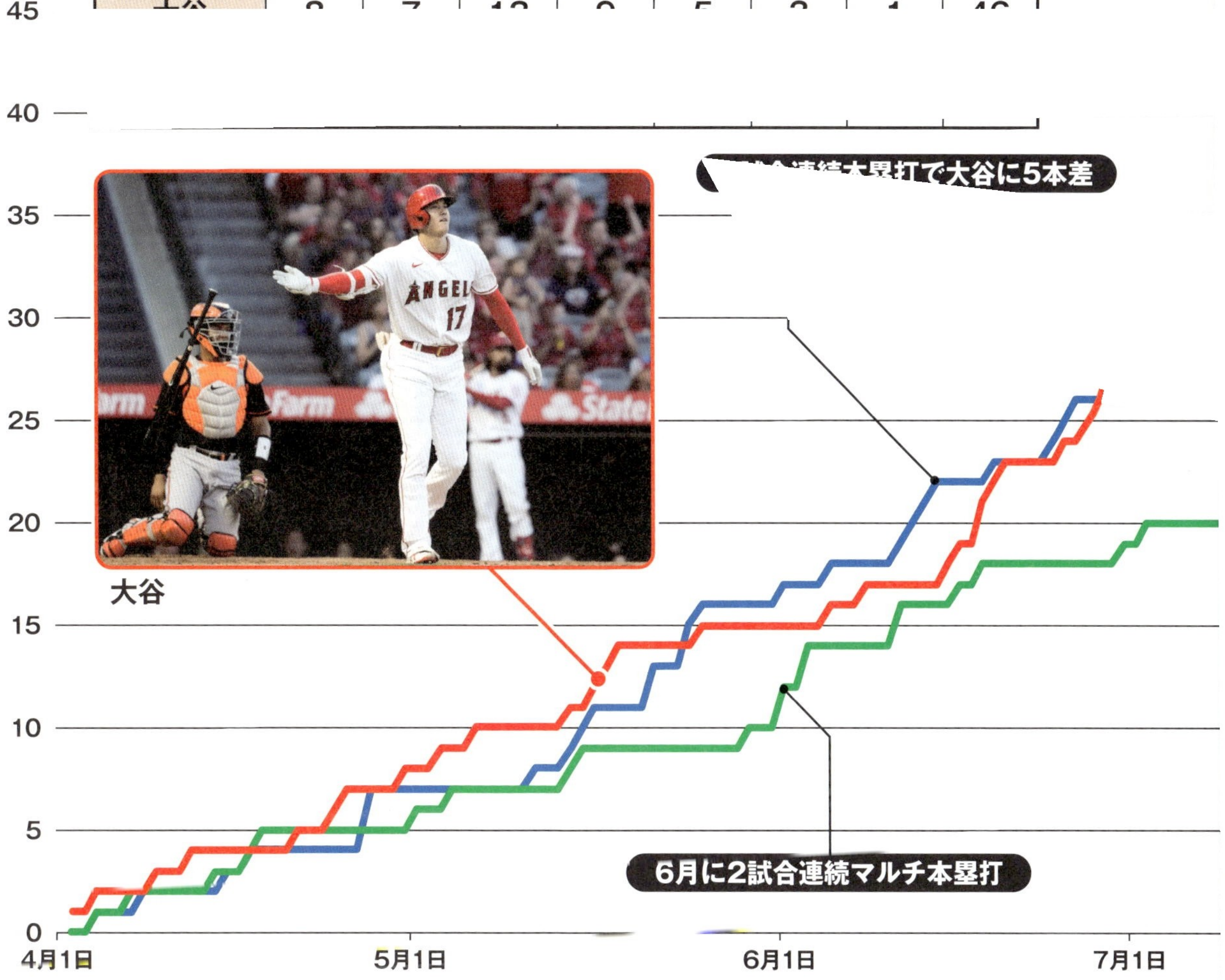

ここから長いトンネルに入り13試合音なし。それでも、38号2ランを2位ゲレロの目の前で放つと、8月18日には投げては8回1失点、打っては節目の40号ソロと異次元の活躍を見せた。

しかし、ここで伏兵登場。大谷、ゲレロがやや低調のなか、ペレス(ロイヤルズ)が8月25日から5試合連発であっという間にゲレロを抜き去った。9月に入ると、復調のゲレロとともに熾烈《しれつ》な2位争いを演じた。大谷も9月10日に44号ソロで応戦したが、ゲレロは翌11日から3日連続の3発でトップを奪取。すると、ゲレロ45本の翌日から、ペレスが負けじと3戦連続の3発で並んだ。その後、両者が46号を放つと、大谷は9月21日、11日ぶりの45号ソロで追撃した。

9月29日にペレスが48号を放ち、ゲレロがラスト2戦連発でタイに持ち込んでともに本塁打王に。大谷は2本届かず、日本人初の本塁打王はならなかった。しかし、日本中が一喜一憂した「2021年の大谷翔平」を、私たちは忘れることはないだろう。

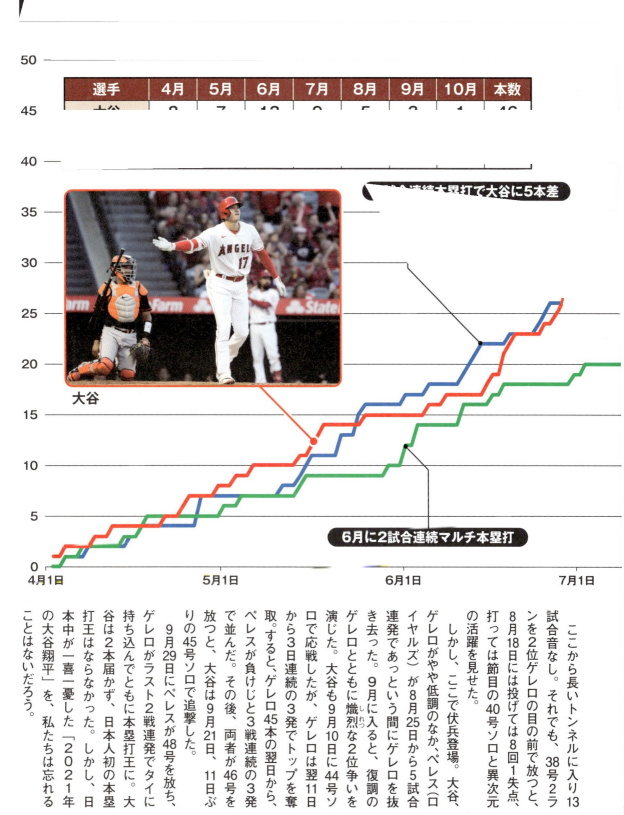

データ解析 02

▶フィジカル進化で「右方向」が急増

今季大きく変わったひとつが「本塁打の方向」だ。図は本塁打の打球方向を示したもので、上図は今季本塁打とその号数、下図は2018～20年の全本塁打。進化の跡が見て取れる。

■ 2021年シーズン全本塁打

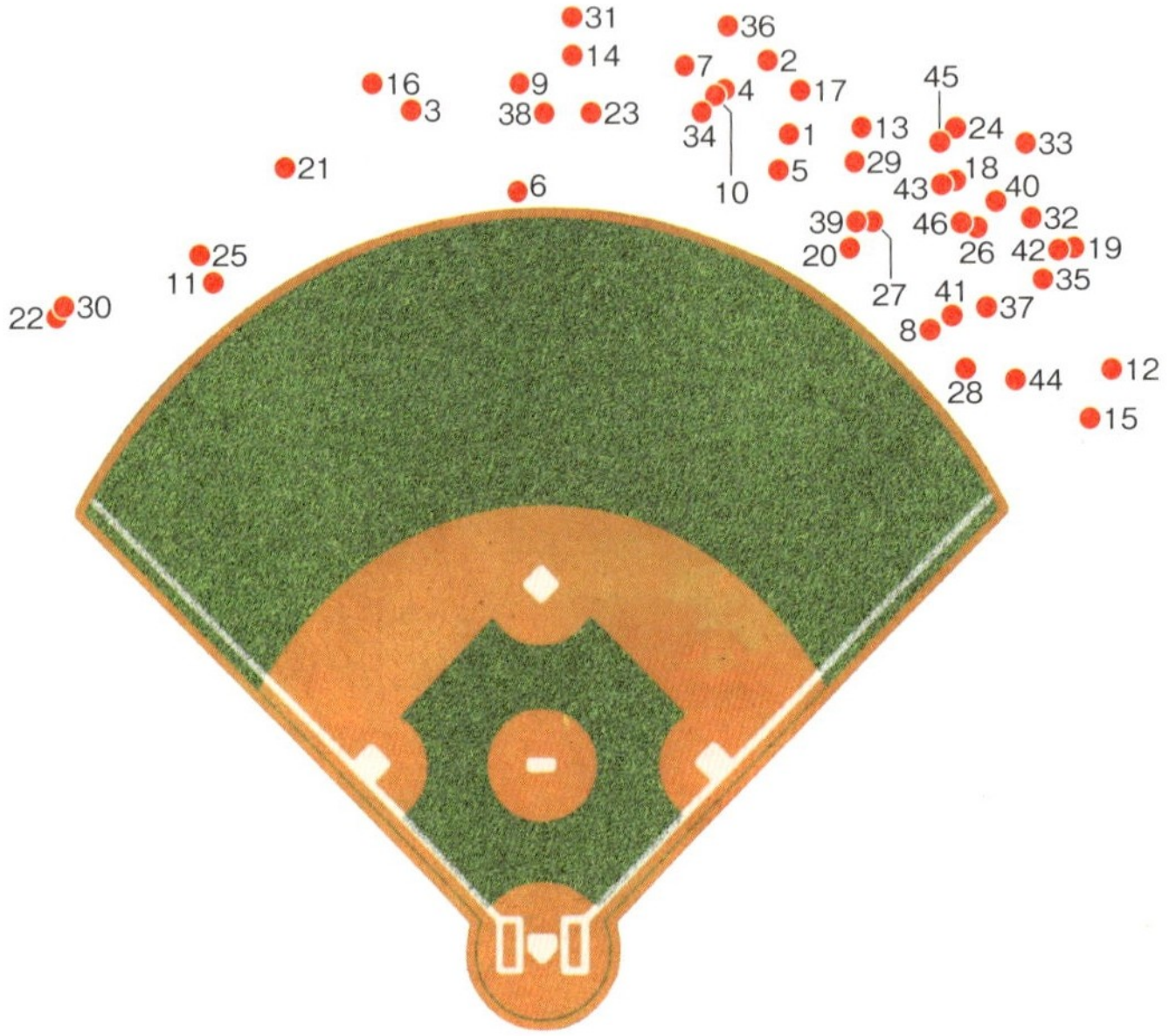

■ 2018～2020年全本塁打

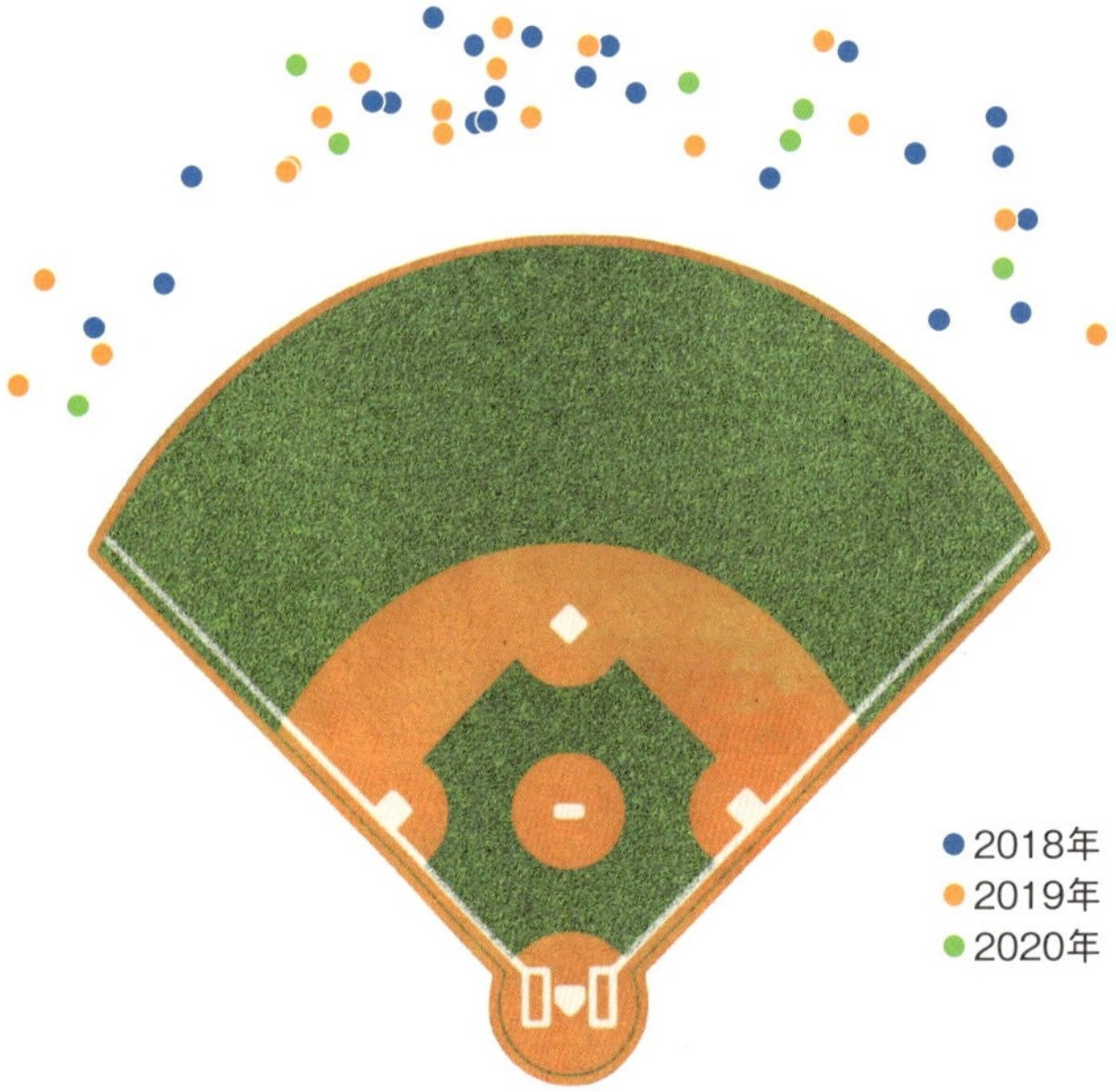

2021年の本塁打は、中堅から右にかけての本数が非常に多い。46本のうち、中越え、右中間、右越えの本数は41本。とくに右中間は13本、右越えは14本と、初めて2桁に到達した。一方、2020年までは右中間、右越えがいずれのシーズンも1桁止まり。2019年は、左中間、左越えが各3本ずつで、右方向よりも多かった。2020年にいたっては右中間が0本。同年の通算7本中、右方向はわずか1本にとどまっている。

この違いはメジャー4年目を迎え、積み重ねたフィジカル強化が実り、長打狙いの打撃フォームで右方向へ引っ張れるようになったことが理由だろう。また、今季の左方向5本は、6～7月に21戦16発と量産した18～33号のうち4本を数える。相手バッテリーからすると、引っ張らせない配球を考えても“打つ手なし”の状況だったに違いない。

2018～21年:打球方向別本塁打

年度	左	左中	中	右中	右
2018	1	2	12	5	2
2019	3	3	9	2	1
2020	1	1	4	0	1
2021	2	3	14	13	14

データ解析 03

▶内角真ん中の打率は5割に迫る

※図は投手目線

今季はとくに内角に強かった。投手目線のストライクゾーン9分割で、それぞれの打率、長打率、本塁打数を示した。2021年、そして過去3年間を比較すると違いが如実に表れた。

もともと内角には強い。2021年、それ以前と比較しても、高打率トップ2はど真ん中、そして内角真ん中だ。

しかし、今季は内角真ん中の打率が驚異の4割9分1厘。5割近い打率を誇り、かつ長打率もトップであり、相手投手にすれば〝投げてはいけない〟ゾーンと化した。本塁打はど真ん中のゾーンが11本とトップで、甘い球を逃さずに打ったことがうかがえる。また、7月2日のオリオールズ戦では、9分割最低打率の真ん中高めを攻められたが、2打席目にそのゾーンで29号ソロ。球宴後は徹底した外角攻めに苦戦し、来季はその対策が見どころだ。

さらに、変化球への対応力もアップした。2021年46本塁打のうち、スライダー打ちは直球より多い12本。2020年までの3年間は合計5本とは思えない進歩だ。スライダー以外の変化球も軒並み増加し、死角はなくなりつつある。

2021年

ホットゾーン

※上から「打率」「長打率」「本塁打」
※長打率＝塁打÷打数

.288 .519 3本	.188 .469 2本	.194 .355 1本
.491 1.226 9本	.325 1.150 11本	.242 .515 4本
.194 .444 5本	.233 .567 5本	.214 .412 6本

2018〜20年

ホットゾーン

※上から「打率」「長打率」「本塁打」
※長打率＝塁打÷打数

.222 .397 2本	.232 .478 5本	.245 .528 4本
.310 .630 7本	.320 .667 5本	.266 .596 8本
.252 .453 6本	.257 .429 4本	.285 .430 6本

2018〜21年:球種別本塁打

球種名	2018年	2019年	2020年	2021年
フォーシーム	11	6	3	11
ツーシーム	7	5	2	8
チェンジアップ	2	1	0	7
スライダー	1	3	1	12
カーブ	1	2	0	4
カットボール	0	1	0	4
スプリット	0	0	1	0

2021年:MLB バレル率ランキング

順位	選手名	チーム	バレル率
1	大谷 翔平	エンジェルス	22.6%
2	F・タティス Jr.	パドレス	21.3%
3	R・アクーニャ Jr.	フィリーズ	18.5%
4	T・オニール	カージナルス	17.9%
5	A・ジャッジ	ヤンキース	17.6%

※バレル打球…一定の打球速度と角度を備えた長打になりやすい打球
※バレル率＝バレル打球÷全打球
※300打球以上の選手を対象

2021年:MLB 最速打球速度ランキング

順位	選手名	チーム	打球速度
1	G・スタントン	ヤンキース	196.7
2	M・マチャド	パドレス	192.5
3	大谷 翔平	エンゼルス	191.5
3	A・ジャッジ	ヤンキース	191.5
5	F・コルデロ	レッドソックス	190.9

※打球速度の単位はkm/h

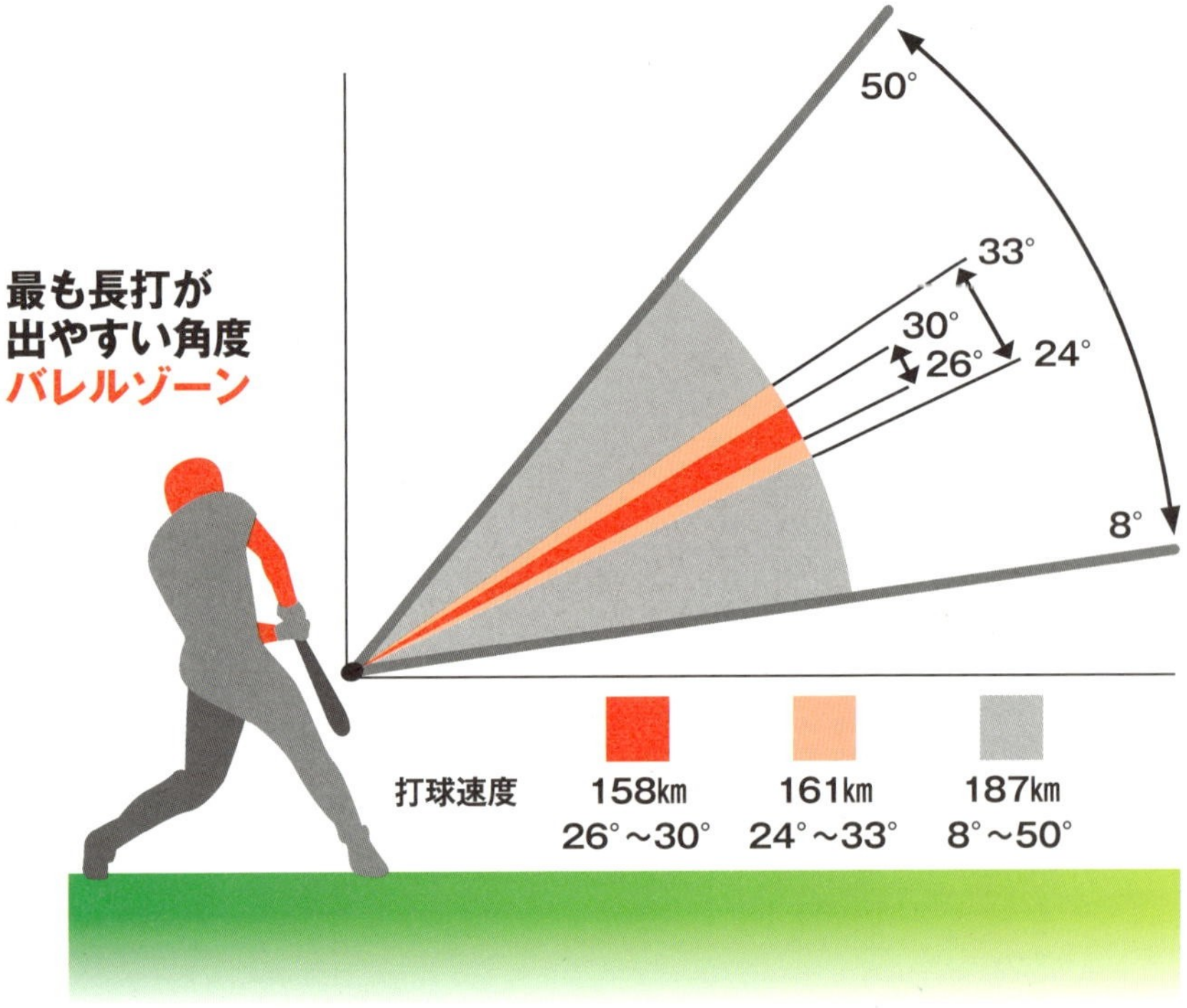

メジャーリーグが新時代に突入している。2015年に高精度ITデータ解析システム「スタットキャスト」が導入されて以来、走攻守すべてのプレーが数字で示されるようになった。高解像度カメラで投球、打球、守備、バットなどを追い、瞬時に80項目以上のデータで解析されている。

データの蓄積が後押しした転機が「フライボール革命」だ。メジャーでは守備シフトの進化でゴロでは野手の間を抜けにくくなった。スタットキャストのデータを解析したところ、打球にある一定の角度をつけて打ち上げると長打になる確率が高いことが判明した。その結果、長打が激増し、シーズン本塁打総数では2017年に過去最多の6105本をマークした。

データの解析で、打球速度と角度には長打となる確率が高い組み合わせ「バレルゾーン」があることが分かった。その組み合わせは、打球速度は時速158キロ以上、かつ打球角度は30度前後。速度が158キロであれば、角度は26～30度に限られるが、打球速度が

長打の新指標「バレル率」は

161キロに上がると、角度は24〜33度に広がる。また、打球速度が超高速であれば角度が8〜50度であったとしても、長打になりやすいバレルゾーンに含まれる。

この打球の指標を示す数字が「バレル率」。バレルゾーンの打球数を全打球数で割り、パーセンテージで示す。このバレル率において、2021年の大谷は両リーグトップをマークした。今季300打球以上の選手では、シーズンを終えて22・6%で、ただ1人の22%台。二刀流という温故知新の挑戦を続ける大谷は、新時代の指標「バレル」の申し子でもあるのだ。

2018〜21年：大谷の平均打球速度・角度

年度	打球速度	打球角度
2018	149.6	12.3
2019	149.3	6.7
2020	143.3	9.2
2021	150.6	16.7

※打球速度の単位はkm/h

2021年

2018年

両リーグ本塁打王・山﨑武司が解説

2021年の大谷翔平は究極の“戦闘機打法”

1996年に中日ドラゴンズ、2007年に東北楽天イーグルスで本塁打王に輝いた山﨑武司氏。打撃フォームを飛行機の離陸にたとえ、瞬時に最大出力を生む大谷のすごみについて解き明かした。

現役時代は豪快な本塁打で鳴らした山﨑氏も、今年の大谷には目を見張る。

「まず、体格がまったく違いますよね。メジャーで本塁打王争いをするには、体格は絶対必要条件。ただ、体を大きくするだけで通用するかといえば、そうではない。その過程でケガをした選手もたくさんいます。大谷選手は非常に恵まれた体格に、筋肉という鎧《よろい》をつけた。かつ、その体格を使いこなせているのは彼の努力のたまものです」

鎧をまとったうえで、2021

©GA Link, inc.

PROFILE

やまさき・たけし●1968年11月7日生まれ、愛知県出身。愛工大名電高。86年ドラフト2位で中日に入団。オリックスを経て2005年、楽天に移籍。13年、中日で引退。プロ通算2249試合出場、打率2割5分7厘、403本塁打、1205打点。最多本塁打2度、最多打点1度、ベストナイン3度。

2018年

2021年

年はパワーを瞬時に出力できるフォームを完成させた。

「決定的な違いのひとつがトップの位置。かなり深く入っています。弓をグッと引いてトップまでつくってから離すと、力強い矢が飛びますよね。この原理です。ボールを長く見ることもできているので、本塁打が量産できたのだと思います」

メジャー1年目の2018年のオープン戦では右足を上げていたが、現在はすり足からかかとで踏み込む。これもまた、2021年の大谷のパワーを示す指標となるという。

「ステップが小さければ小さいほど、ボールを打ちに行くときに頭や体の上下動が少なくなり、体が前に行きにくい。ただ、ボールが飛ばなくなるデメリットがある。大谷選手はこれをパワーで打ち消している。足1足分しか動かさない今のステップは、並外れた上半身の力がないと打てない。これができるということは、とくに体幹、上半身を鍛えあげた成果でしょう」

長距離砲の証し「反り」究極の打撃に近づいた

今季の大谷はフォロースルーの際、後ろに加重して大きく反る。これは本塁打打者ならではの動きだという。

「フォロースルーで後ろに体重をかけて振り切る。そうすると引っ張れるんです。大谷選手は以前、中堅から左中間にかけて打球が飛んでいましたが、今年はバンバン引っ張って本塁打を打つようになりましたよね」

山﨑氏が考える「究極の打撃」がある。かつて西武ライオンズなどで活躍した大砲、アレックス・カブレラを例にあげる。

「上半身と下半身をうまく併用して打つのが打撃。人間の体は、上半身は器用で俊敏だけど、足よりは力が弱い。下半身は手よりは不器用で鈍感だけど、力が強い。昔、西武にいたカブレラは足を広げて根を張って、ほとんどステップせずに、上半身の力でドーンと打っていた。これは、究極の打撃だと思うんです。これは力が必要なので、日本人でできる人がいなかったけれど、大谷はそうなりつつあります。日本人離れした桁外れのパワーがあるからこそです」

対して、メジャーで成功した日本人選手には、日米通算4367安打をマークしたイチローがいる。山﨑氏は大谷とのタイプの違いを飛行機にたとえた。

「イチローは足と上半身のバランス。足で振り子移動して、あおりをつくって勢いをつけてスイングに入る。予備動作、つまり飛行機の離陸です。飛行機は予備動作として、滑走路で何千メートルも走ってから離陸する。大谷選手はどちらかといえば戦闘機。戦闘機は止まっている状態からすぐに飛べる。大谷選手は俊敏な動きから瞬時にパワーを生み出せるんです」

大谷は若くして世界最高峰の舞台で活躍している。その背景は何だろうか。

「スポーツ全体として、アマチュアの指導者の質が上がったことが一番でしょう。プロ野球でも最近はプロ1〜3年目の若手が出てくる。そんな選手、僕らの時代は清原和博さんくらいしかいませんでした。今、泥くさいと嫌われる『気合と根性』『義理と人情』、これもいいふうに使ってほしいね。結局、トップクラスの人にぬるい人は一人もいませんから、今の子たちがそれを身につけたら、きっとすごい選手になれると思います」

大谷を見続けてきた球団OB、番記者たちの証言

メジャー4年目の進化はいかにして生まれたのか

二刀流でシーズンを完走し46本塁打、9勝をマーク。メジャー史上初となる「投打混合での5部門100」も達成。衝撃の進化、その秘密に迫る。

取材・文／齋藤庸裕（スポーツジャーナリスト）

4年目の進化はいかにして生まれたのか——。大谷を近くで取材してきたエンゼルスの球団OBや番記者たちの証言からひもとくと、いくつかの要因が見えてくる。

今季、試合後のヒーローインタビューも担当し、エンゼルス戦のコメンテーターを長年務めるホセ・モタ氏がまず挙げたことが、大谷の学習能力だ。

「非常に頭がよく、しっかり分析できる選手。マウンドでも打席でも、対戦相手について研究し、試合に向けて準備を整える。鍛錬して一生懸命やってきた。昨年、彼はベンチにいたんだ。（打撃の）状態はよくなかったね。ただ、それを今季に生かした。オフの冬に、やらなければいけないことを正確に把握した。彼にとって必要なことだった」

打撃の好調を支えた登板前後の休養日なし

コロナ禍で60試合に短縮された昨季、44試合の出場で打率1割9分、7本塁打。左腕の先発時は、とくにスターティングメンバーから外されることも多かった。足りないことや、今後へ必要な技術を明確にし次につなげた。モタ氏はさらに打撃開眼の要因を挙げた。

「ボールをとらえるスイング、パワーは、もともとある。打席に長くいることが、ただただ必要だったのです。昨年は打席が少なく、左腕に対してもよくなかった。一番大事なことは、もっと多くの時間をプレーをすること。継続し、安定的に出ること。彼は1年目のように登板前後の3日間、打者で休まなかった。それは、決して簡単なことではないが、今年は毎日、プレーしていた」

二刀流として活躍した1年目と、進化した4年目の大きな違い

は出場のスケジュールだ。1年目は北海道日本ハムファイターズ時代からのリズムを踏襲し、登板日の前後1日は休養日として投手としての準備や体のケアにあてた。1週間で言えば、DHとして打者で4試合出場し、1試合に登板する流れだった。エンゼルスのマドン監督はこれを撤廃し、登板前後1日も打者で起用。さらに、登板日も投打で同時出場する〝リアル二刀流〟として起用し続けた。

モタ氏は、このほぼフル出場が打撃に好影響を与えたと分析する。定期的な休みよりも、毎日の出場で多く打席に立ち、そして多くの投手と対戦する。結果的に本塁打を量産。キャリアハイの成績を残し、シーズン終盤まで本塁打王争いを繰り広げた。

3年間の経験と自信がもたらした精神的余裕

エンゼルスで初の新人王に輝き、通算299本塁打で右の強打者だったティム・サーモン氏も大谷の活躍に舌を巻く。現在はモタ氏と同様、エンゼルス戦の中継コメンテーターとして本拠地での大谷のプレーを見続けてきた。

「なんてことだ、って感じかな。今まで見てきた彼とはもう別人。ずっと強くなり、大きくなった。彼のホームラン、信じられないね。ストライクゾーンでは積極的に、仮にゾーンから少し外れていたとしても打てる」

同氏はさらに続ける。

「毎年、だんだんと感覚はよくなってくるし、より自信もついてくる。リーグを知り、投手を知り、1回目、2回目より、4回目、5回目。若い選手はみんな時間がかかるんだ。大谷も日本で実績はあったかもしれないが、米国に来れば新しいリーグ。投手を知り、スタジアムとその景色を知る。今も成長曲線にいると思うが、すごく自信を持っているように見える。それが大きいと思います」

3年間の慣れが、自然に精神的な余裕にもつながったのかもしれない。それは、チームの和だけでなく、打席でも好影響をもたらしたのだろう。サーモン氏は、その変化を感じ取った。

「自由にやっている。エキサイトしてよく笑い、エナジーや興奮に溢れている」

（エンゼルスOBのT・サーモン氏）

「最初の数年間は、少しおとなしかったような感じだったけど、今は自由にやっている感じ。ありのままに、エキサイトしてよく笑い、エナジーや興奮にあふれている。おそらく、メジャーリーグでプレーすることがより心地よく、落ち着いたんだろう。みんなが言うとおり、よくしゃべるようになった。彼は本当に今、メジャーリーガーに見える」

二刀流でシーズン完走フィジカル面の成長

風格が漂い、今やメジャーを代表するスター選手。グラウンド上に表れる精神面の変化は、状態が万全だからこそでもある。MLB公式サイトのエンゼルス番記者のレット・ボリンジャー氏は「すべては状態の問題だと思う」と言う。

大谷は1年目の2018年10月に右肘のトミー・ジョン手術を行い、2019年9月には左膝を手術した。度重なる手術から明けた2020年シーズンは、不振に故障も重なった。番記者で唯一、1年目から大谷を取材している地元紙オレンジカウンティ・レジスター紙のジェフ・フレッチャー氏もフィジカル面の成長を指摘する。

「2019年に膝を手術したことで、（2020年シーズンに向けて）通常のオフを過ごせなかったんだろう。昨年はシーズンがかなり短かったし、修正する時間もなかった。今年は肉体的により一層、強くなった。キャンプでどうなるかわからなかったけど、（シーズンで成功する）予兆はあったね」

3年間で経験を積み上げ、精神面と肉体面で成長し、歯車がかみあった。もともと認められていた才能を存分に発揮し、162試合のメジャーでも二刀流でプレーできることを改めて証明した。MLB公式サイトのボリンジャー記者は、全米における反響にも変化があったことを明かした。

「野球がそんなに好きではなかった人たちも、僕に大谷のことを聞いてくるようになった。友達とか、家族とかね。もちろん、彼らはすでに大谷のことを知っている。彼は今すごく有名で、唯一、投げて打てる選手だとみんなが知っているけれど、昨年までは詳しく知らなかった。オールスター出場が大きかっただろうね。100マイルを投げて、そしてホームランダービーにも出場した。それで、全米レベルの知名度になったと思う」

防御率とOPSは18年と同レベルだが……

監督、選手、相手チーム、そしてメディアは口をそろえる。「見ていて楽しい」――。この言葉は、1年目から変わらない。だが、それが長続きしなかった。フレッチャー記者は今年の最も大きな違いについて、冷静な意見を述べた。

「2018年は防御率3・31、OPS（長打率＋出塁率）0・925。そこまで大きな差はない。ただ、続かなかっただけ。1年目は、（好調を保った期間が）2カ月だった。今年はシーズンを通してやり遂げた。そこが最も大きな違い」

打者で本塁打王を争い、投手で10勝まであと1つ。目標には届かなかったが、シーズン終盤まで投打でファンを魅了した。2021年シーズンは、ベーブ・ルース以来100年ぶりの二刀流・大谷翔平が間違いなく主役だった。

女性ファン急増中！ 大谷ガールズが語る翔平の魅力

「チームメートと絡んでいるお茶目な姿が、かわいいんです」

「オータニサン」が登場すると、球場のスタンドに数多くのボードが立ち並ぶ。観客が掲げる「SHOHEI」「ITS〝SHO〟TIME」のボードの中に紛れ込む、「私とデートしませんか」の文字。熱狂的な女性ファンたち、通称「大谷ガールズ」による愛とユーモアのメッセージだ。

現地在住の日本人女性・カオルさんもその一人。北海道日本ハムファイターズ時代からのファンで、応援していたエンゼルスに2017年オフ、大谷の移籍が決まって大喜び。2019年は60試合を生観戦、2020年にはエンゼルスの本拠地から徒歩5分の場所に引っ越し、2021年は100試合以上を生観戦した。大谷グッズは1000個以上、大谷関連で費やした総額は1000万円以上だという。

「強い心を持ってやり遂げていくハートも好きですが、チームメートと絡んでいるお茶目な姿も好き。『本当にいたずら小僧だな』と感じるかわいらしさがあります」

大谷はフレッチャー、サンドバルらとよくベンチでじゃれ合う。「心は野球少年のまま」と評されるとおり、子どもが友達とはしゃぐような愛らしい姿にキュンとくる女性も多いという。

野球少年のよう、といわれる理由は無邪気さだけではない。ゴミを見つければ拾う。審判にお辞儀をしてから打席に入る。幼少期に学んだ基本的な習慣を今も続けている姿勢も理由のひとつだ。

「親御さんは子どもに大谷選手のことをよくお手本のように話してますね。子どもたちも憧れを抱いているみたいです。私は野球ファンというより大谷ファン。生で一番多く試合を見た人になりたいと思っています」

「大谷ガールズ」たちはこれからも大谷を追い続けるつもりだ。

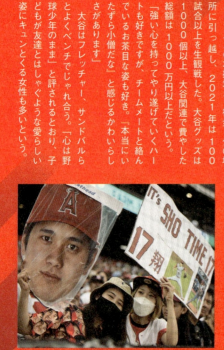

「飛距離」「角度」「速度」
「高さ」「滞空時間」「方向」

ビッグフライ
46発の「軌道」を
立体再現

あの興奮が
甦る!

SHOHEI OHTANI 1st HOMERUN

日本人3位タイのメジャー通算48本目

今季の本塁打量産を予感させる号砲だった。筋骨隆々とした〝2021年バージョン〟の肉体で登場した大谷が4月2日、リーグで最高のリリーフ投手に贈られる「マリアノ・リベラ賞」を昨季受賞したホワイトソックスの右腕・ヘンドリクスを早速打ち崩して今季1号。本拠地での開幕カード2戦目での本塁打は、チーム4試合目（出場2試合目）でシーズン1号を放った北海道日本ハムファイターズ時代を通じて、シーズン最速のアーチとなった。

その打席は、9回裏2死二塁で回ってきた。相手右腕の6球目、この日最速の157キロ直球を右中間へ運んだ。長打狙いの新しい打撃フォームで右中間方向へ引っ張れるようになった証し。渡米4年目でメジャー通算48本塁打とし、日本人歴代3位の城島健司に並んだ。

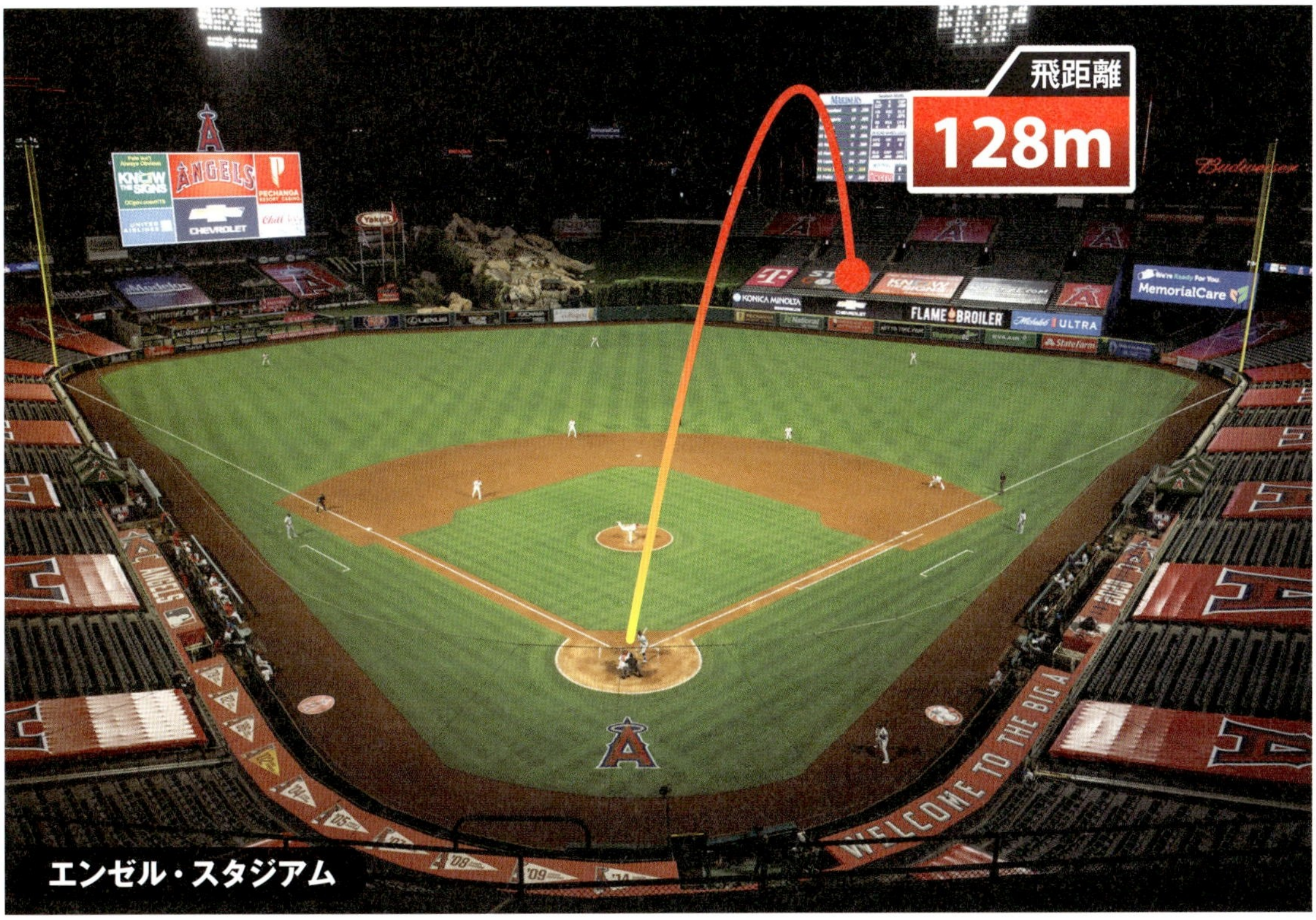

4月2日　試合結果:エンゼルス 8−12 ホワイトソックス

本塁打時のスコアボード	1	2	3	4	5	6	7	8	9	R	H	E
ホワイトソックス	0	0	4	3	0	0	0	0	5	12	13	1
エンゼルス	1	0	0	3	2	0	0	0	2	8	8	1

9回　B　S　O

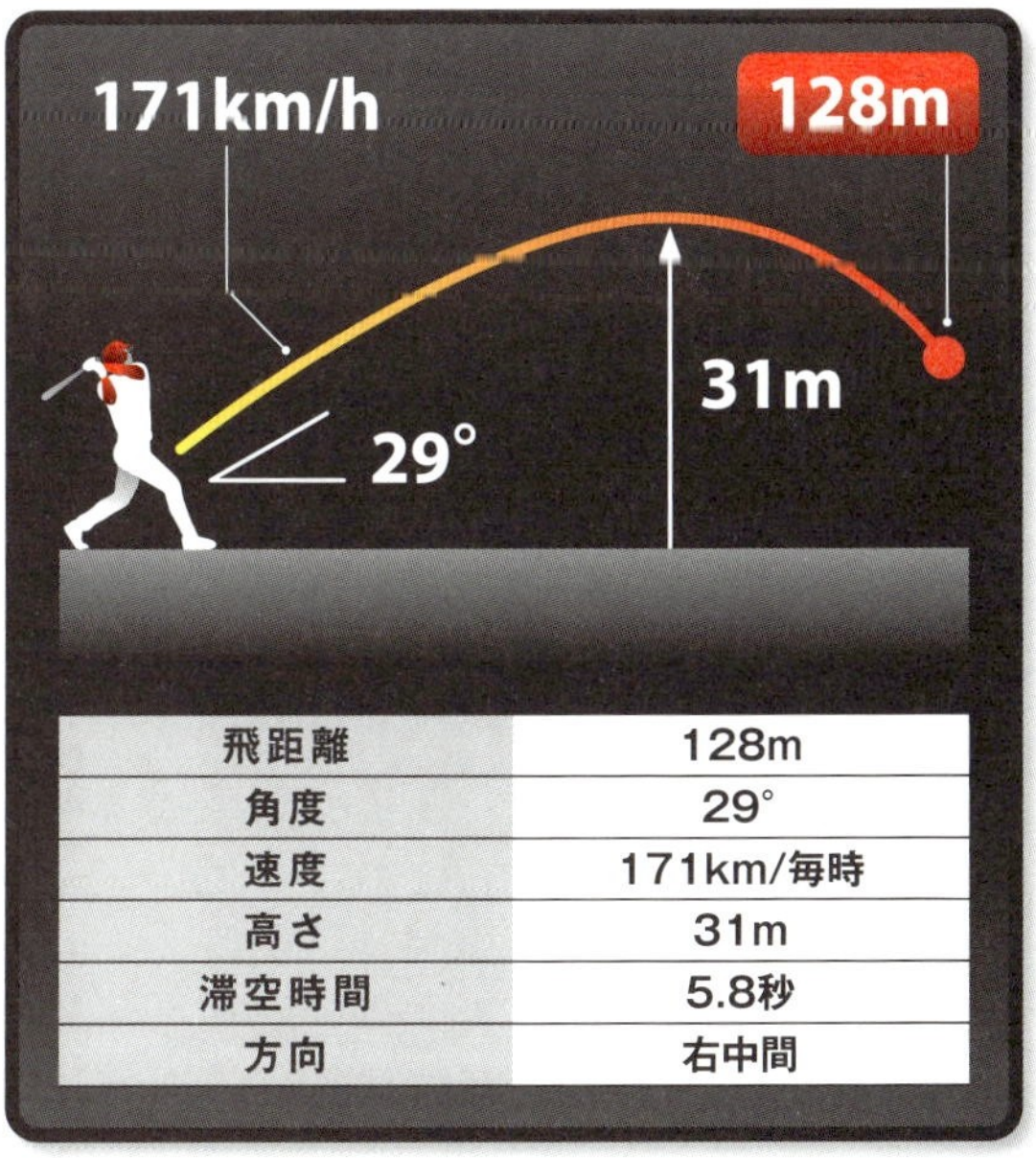

飛距離	128m
角度	29°
速度	171km/毎時
高さ	31m
滞空時間	5.8秒
方向	右中間

投手

L・ヘンドリクス(右)

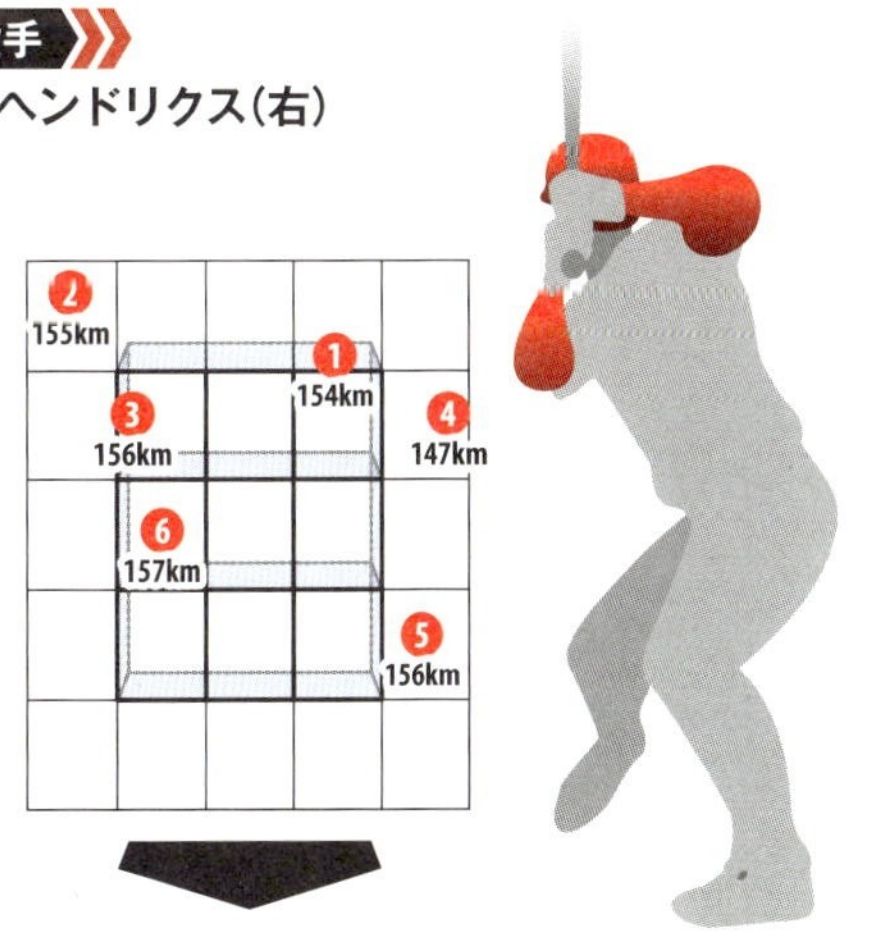

フォーシーム　ツーシーム　カットボール
スプリット　チェンジアップ　スライダー
カーブ

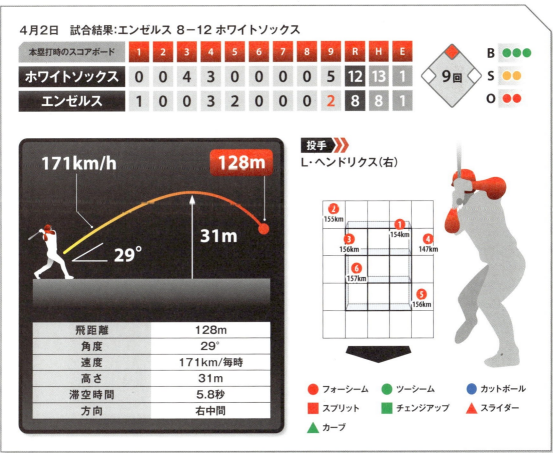

2号

2番・投手

二刀流で初本塁打！

4月4日

SHOHEI OHTANI 2nd HOMERUN

打球速度自己ベストは投手本塁打最速

メジャーの歴史に名を刻んだ日を今季2号で自ら祝った。4月4日、開幕カード4戦目のホワイトソックス戦で、メジャー4年目にして「2番・投手」で公式戦初の投打同時出場を果たした。1901年以降の近代野球で「2番・投手」として出場したのは1903年ダンリービー（カージナルス）以来118年ぶり2人目だった。

まずは初回表を投手として無失点に抑え、その裏は1死走者なしで打席へ。二刀流のライバルでもある右腕シーズの初球を中堅右寄り間へ放り込み、二刀流の真骨頂を見せた。1～7番で先発した投手が本塁打を放つのは1933年のベーブ・ルース（ヤンキース）以来88年ぶりの偉業。打球速度約185キロ、飛距離約137メートルは自己ベストを更新し、日本人通算本塁打数で単独3位となった。

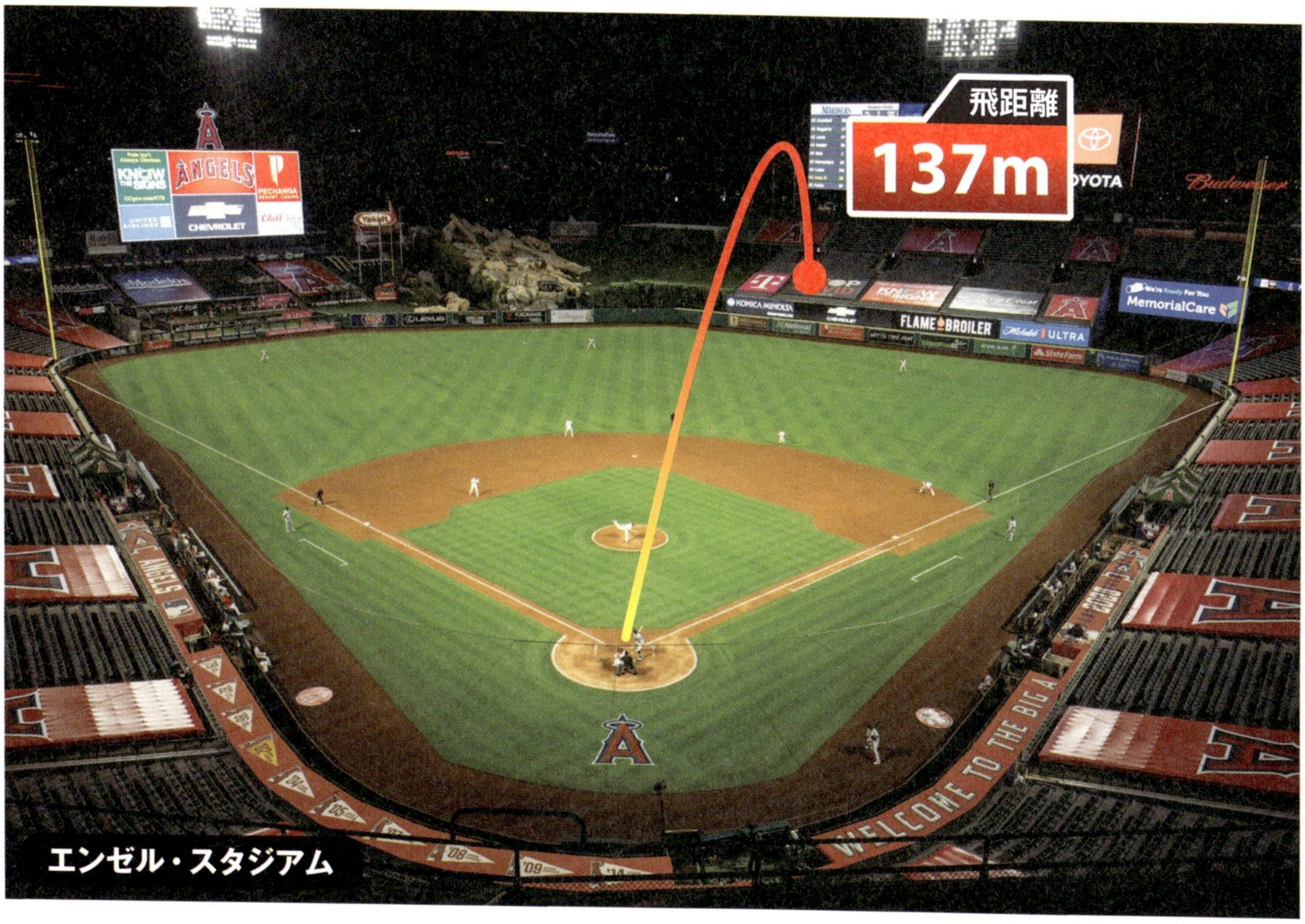

4月4日　試合結果:エンゼルス 7−4 ホワイトソックス

本塁打時のスコアボード	1	2	3	4	5	6	7	8	9	R	H	E
ホワイトソックス	0									0	0	0
エンゼルス	1									1	1	0

1回
B
S
O ●

飛距離	137m
角度	21°
速度	185km/毎時
高さ	22m
滞空時間	4.7秒
方向	中堅右

投手
D・シーズ(右)

● フォーシーム　● ツーシーム　● カットボール
■ スプリット　■ チェンジアップ　▲ スライダー
▲ カーブ

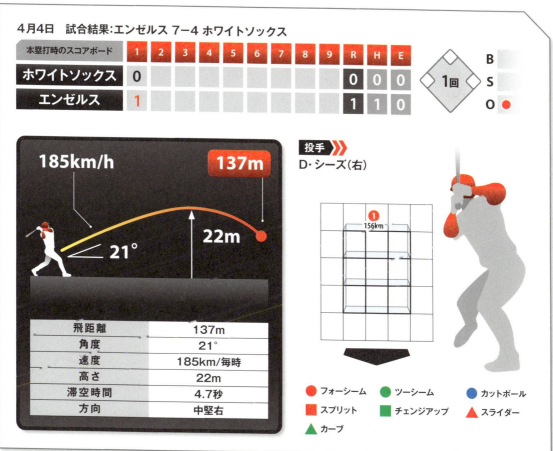

大台達成で記録ラッシュ

3号

2番・DH

4月9日

SHOHEI OHTANI 3rd HOMERUN

松井・イチロー超えた日本人最速50号

あの松井秀喜氏（ヤンキースGM付特別アドバイザー）とイチロー氏（マリナーズ会長付特別補佐兼インストラクター）を超えた。4月9日、ブルージェイズ戦でメジャー通算50号ソロ。5回、先頭打者の第3打席で相手右腕・ゾイクの初球、外角低めに来た１４８キロのツーシームを振り抜き、新型コロナウイルス感染拡大の影響で使用されたフロリダ州のTDボールパークの中堅へ放り込んだ。通算本塁打数では松井氏の１７５本塁打、イチロー氏の１１７本塁打に続き、日本人選手3人目となる大台に到達した。

本塁打はメジャー１年目に22本、2年目に18本、3年目は7本をマーク。投手のみで出場した12試合を含む通算２７４試合、９９７打席目での50号到達は、試合数、打席数いずれも日本人選手最速となった。

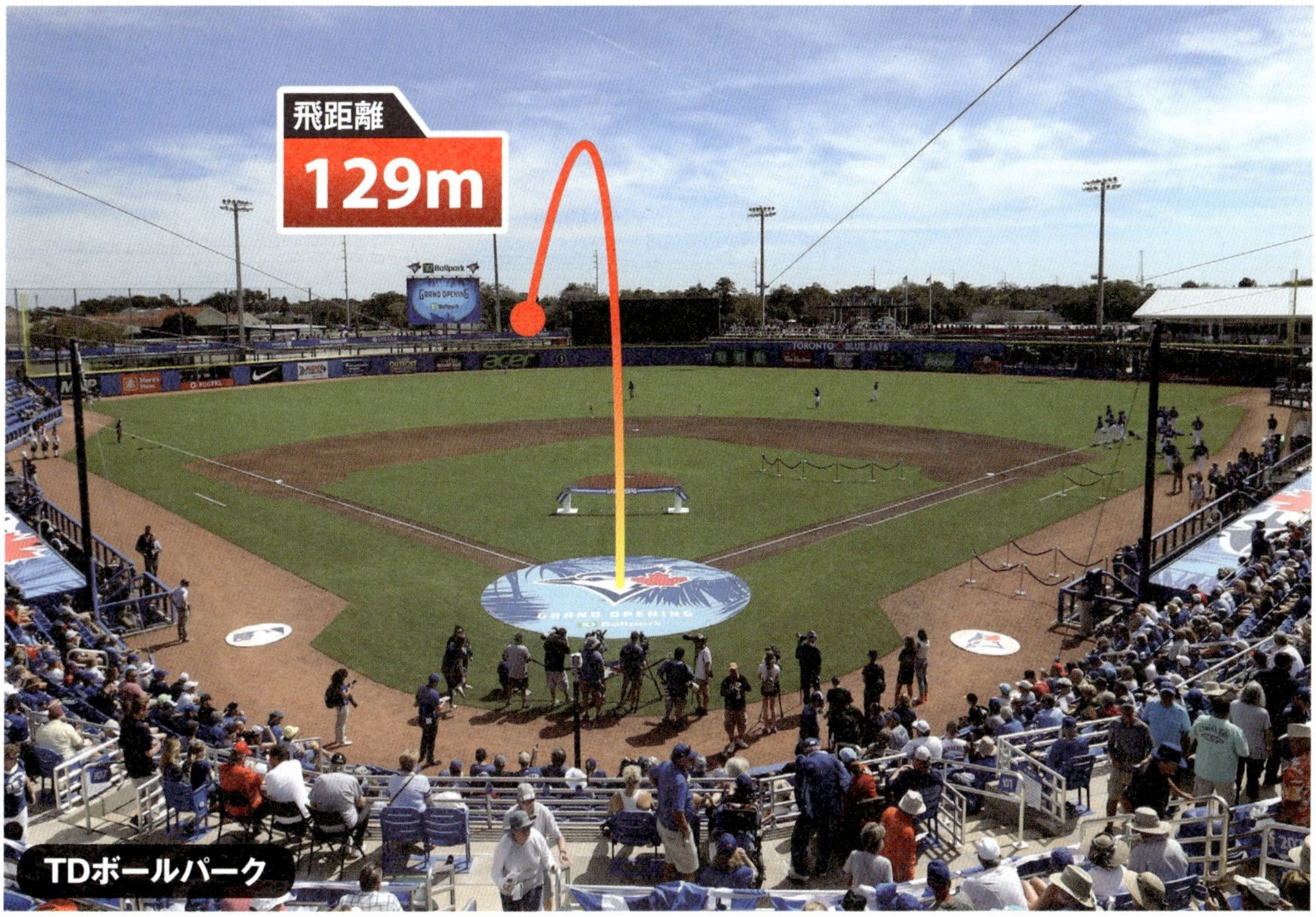

4月9日　試合結果:ブルージェイズ 1−7 エンゼルス

本塁打時のスコアボード	1	2	3	4	5	6	7	8	9	R	H	E
エンゼルス	0	4	0	0	1					5	4	0
ブルージェイズ	0	0	0	0						0	1	1

5回　B　S　O

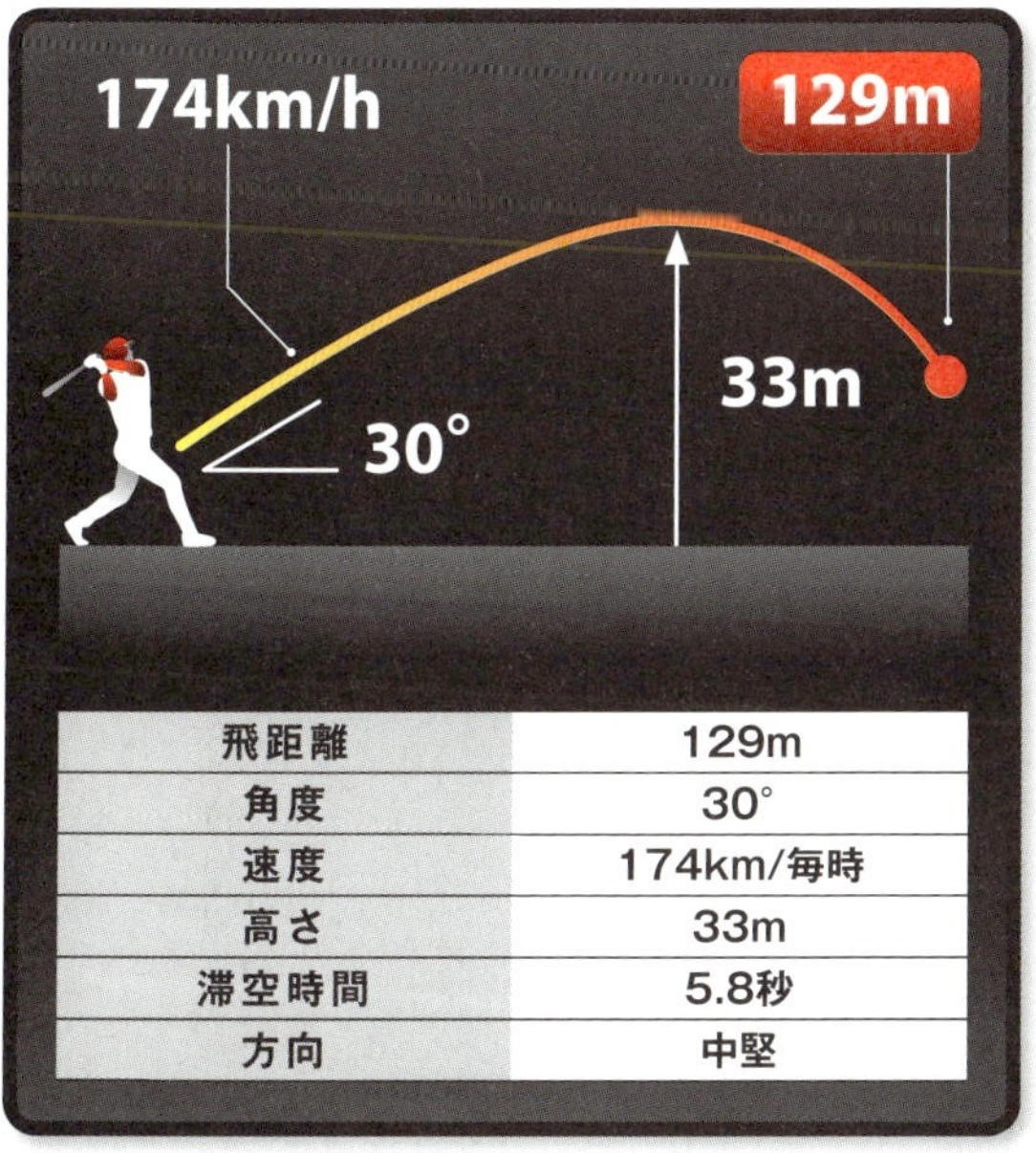

飛距離	129m
角度	30°
速度	174km/毎時
高さ	33m
滞空時間	5.8秒
方向	中堅

投手
T･ゾイク(右)

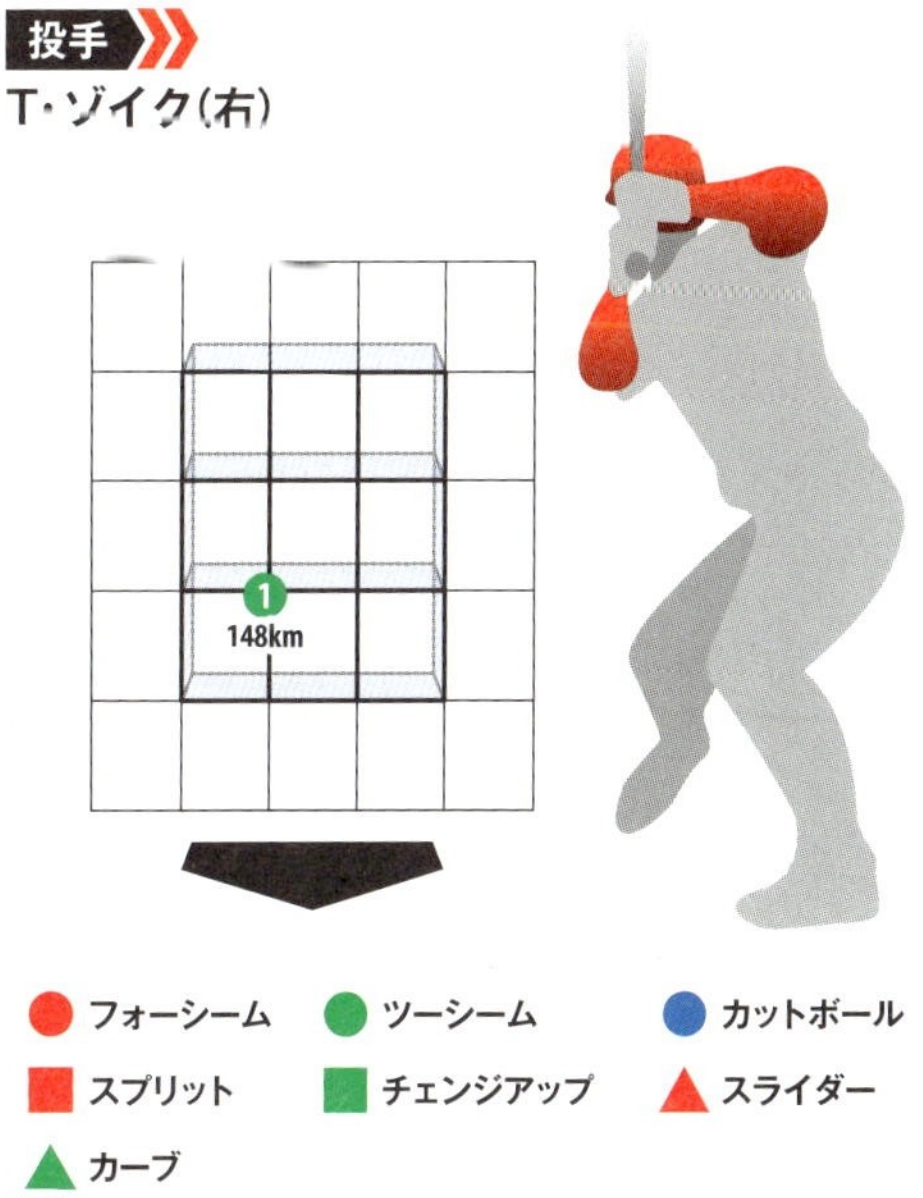

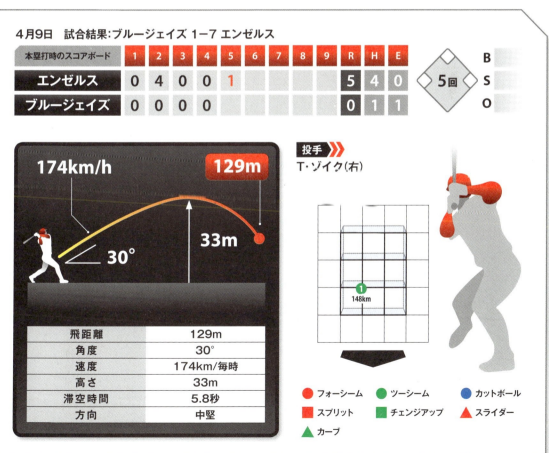

SHOHEI OHTANI 4th HOMERUN

今季量産〝スライダー打ち〟で大台王手

バレル率で両リーグトップ

4月13日

4号ソロで日米通算99号とし、大台の100号に王手をかけた。4月13日のロイヤルズ戦では、開幕から10イニング連続無失点をマークしていた相手左腕ダフィーから5回、甘く入った134キロのスライダーを中堅右へ運んだ。

スライダーによる本塁打は今季初。2020年までは主にストレート系の球を本塁打にしてきたが、今季全体ではスライダーによる本塁打が12本と、変化球への対応が光るシーズンでもあった。この試合では6試合連続安打をマークしたほか、第1打席の内野安打、第5打席の右安打も含め、渡米後初となる2試合連続の猛打賞。また、カウフマン・スタジアムは通算で18打数9安打と打率5割、1本塁打、7打点と好相性の球場。バレル率19・6%は、この時点で両リーグトップとなった。

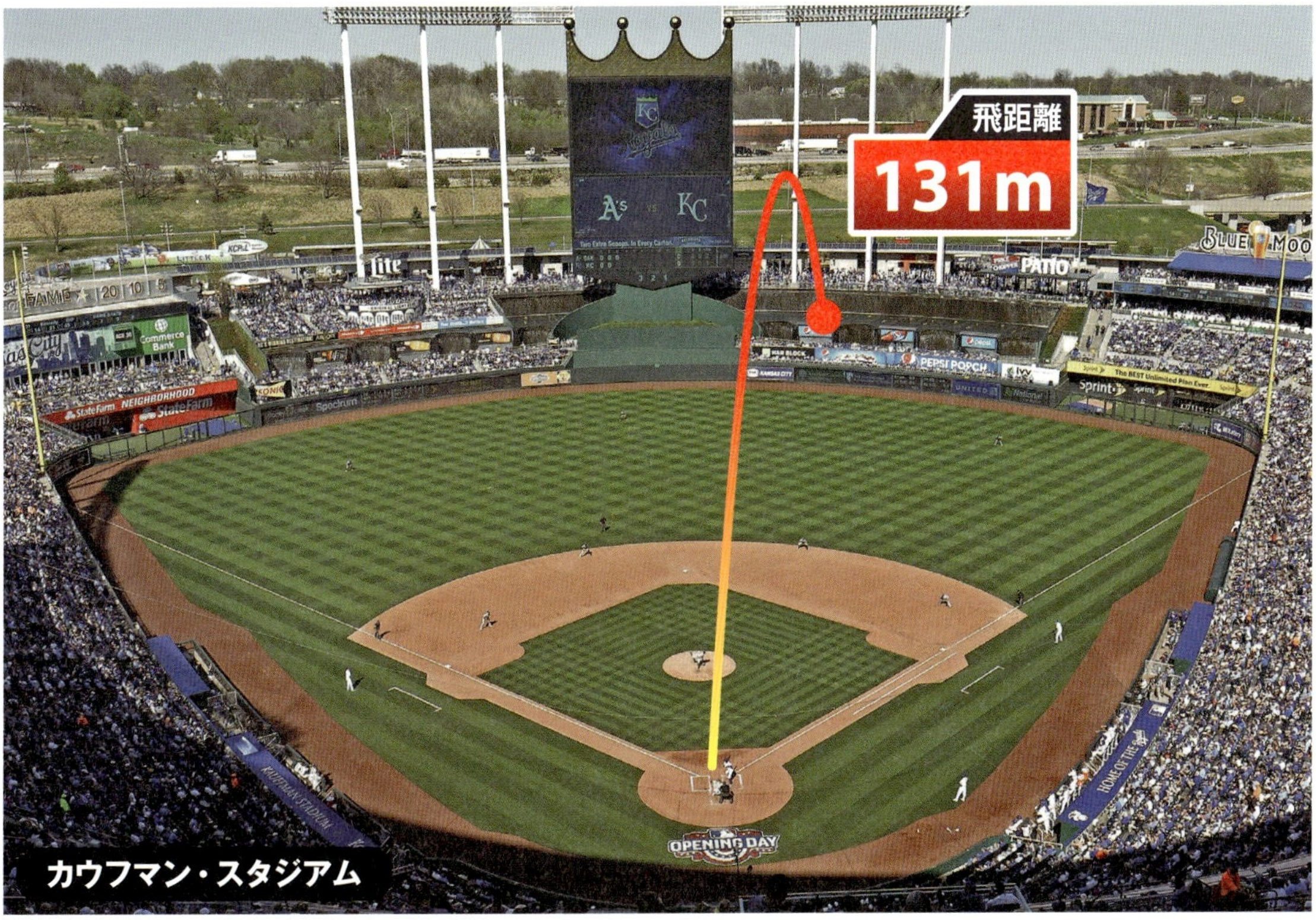

4月13日　試合結果:ロイヤルズ 3−2 エンゼルス

本塁打時のスコアボード	1	2	3	4	5	6	7	8	9	R	H	E
エンゼルス	0	0	0	0	1					1	5	0
ロイヤルズ	1	0	1	0						2	3	0

5回

B
S
O

飛距離	131m
角度	29°
速度	175km/毎時
高さ	31m
滞空時間	5.6秒
方向	中堅

投手

D・ダフィー(左)

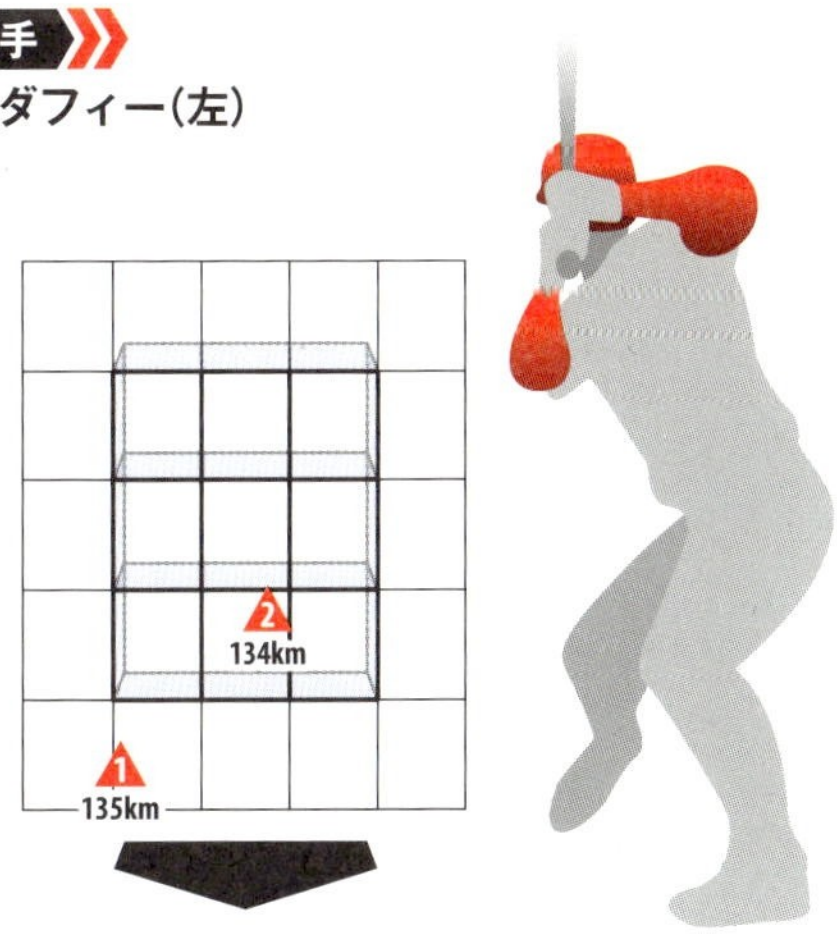

フォーシーム　ツーシーム　カットボール
スプリット　チェンジアップ　スライダー
カーブ

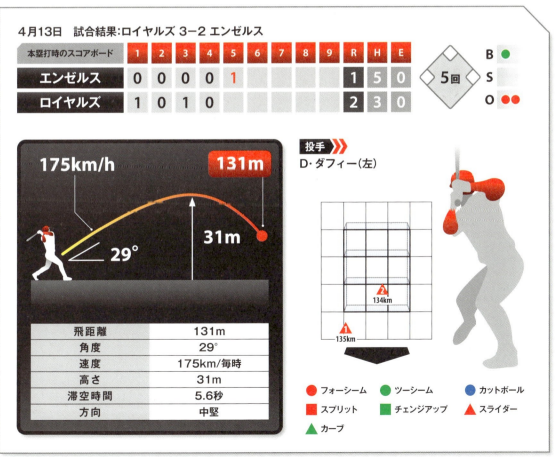

SHOHEI OHTANI 5th HOMERUN

日米通算100号は先発翌日スタメン

メモリアルアーチは本拠地で決めた。4月21日、レンジャーズ戦で5号ソロを放ち、日本人では2013年青木宣親（ブルワーズ）以来となる日米通算100本塁打の大台に到達した。3回、相手先発フォルテネービッチの甘いスライダーを逃さなかった。打球角度38度、打球最高到達点45メートルは今季2番目。6・7秒と滞空時間の長い一発だった。

前日のナイターは投手で先発。この日はデーゲームで2番・DHで出場し、登板翌日の本塁打どころか、先発出場も自身初だ。ここまでの5本塁打はいずれも400フィート（約122メートル）を超え、長距離砲として覚醒。一方で、打ってから17・3秒でのホームインは今季本塁打を放ったメジャーの打者で最速という〝全力野球〟ぶりを見せていた。

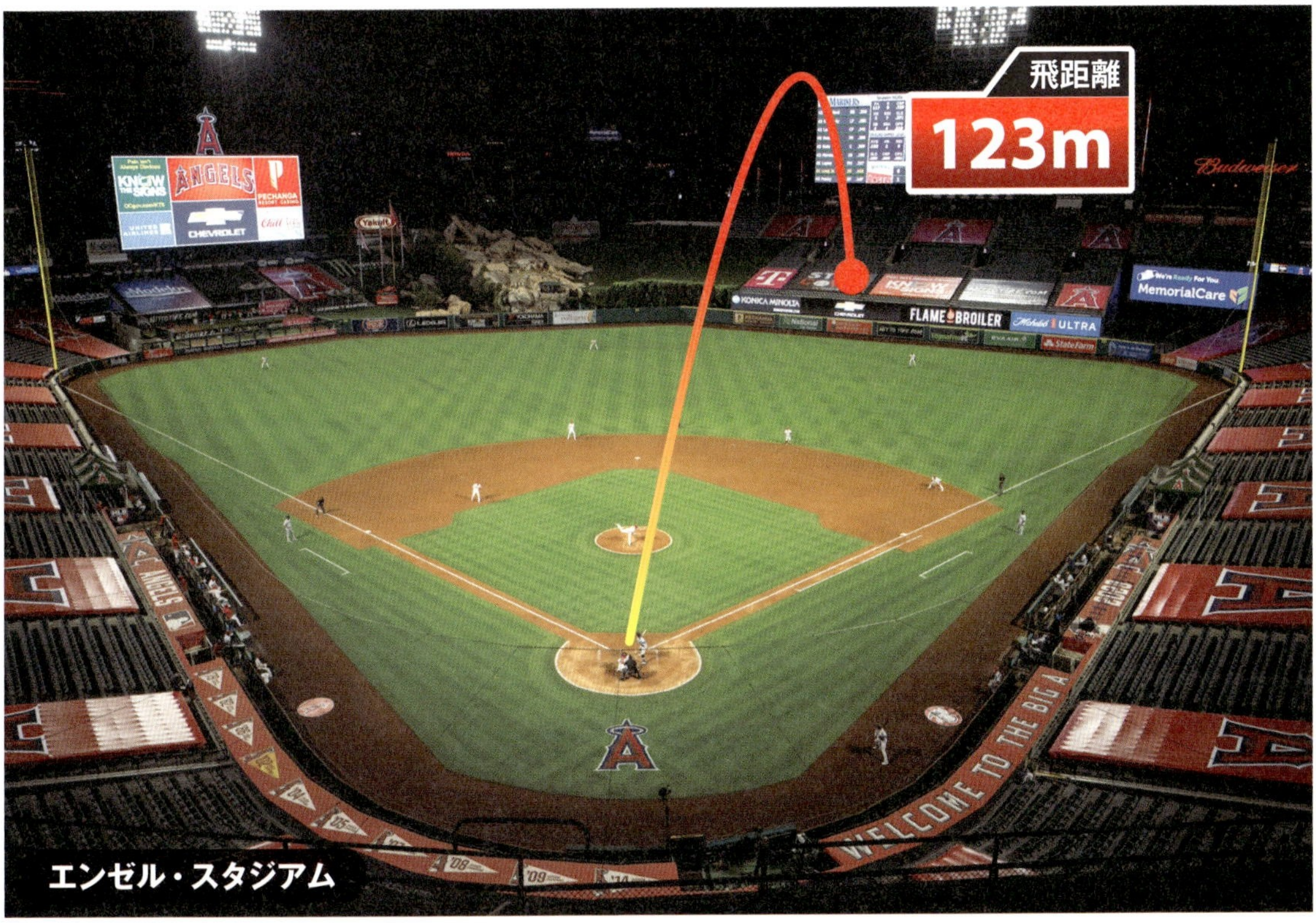

エンゼル・スタジアム

4月21日　試合結果:エンゼルス 4−7 レンジャーズ

本塁打時のスコアボード	1	2	3	4	5	6	7	8	9	R	H	E
レンジャーズ	0	0	0							0	1	0
エンゼルス	1	0	1							2	3	0

3回　B ●●　S ●●　O ●●

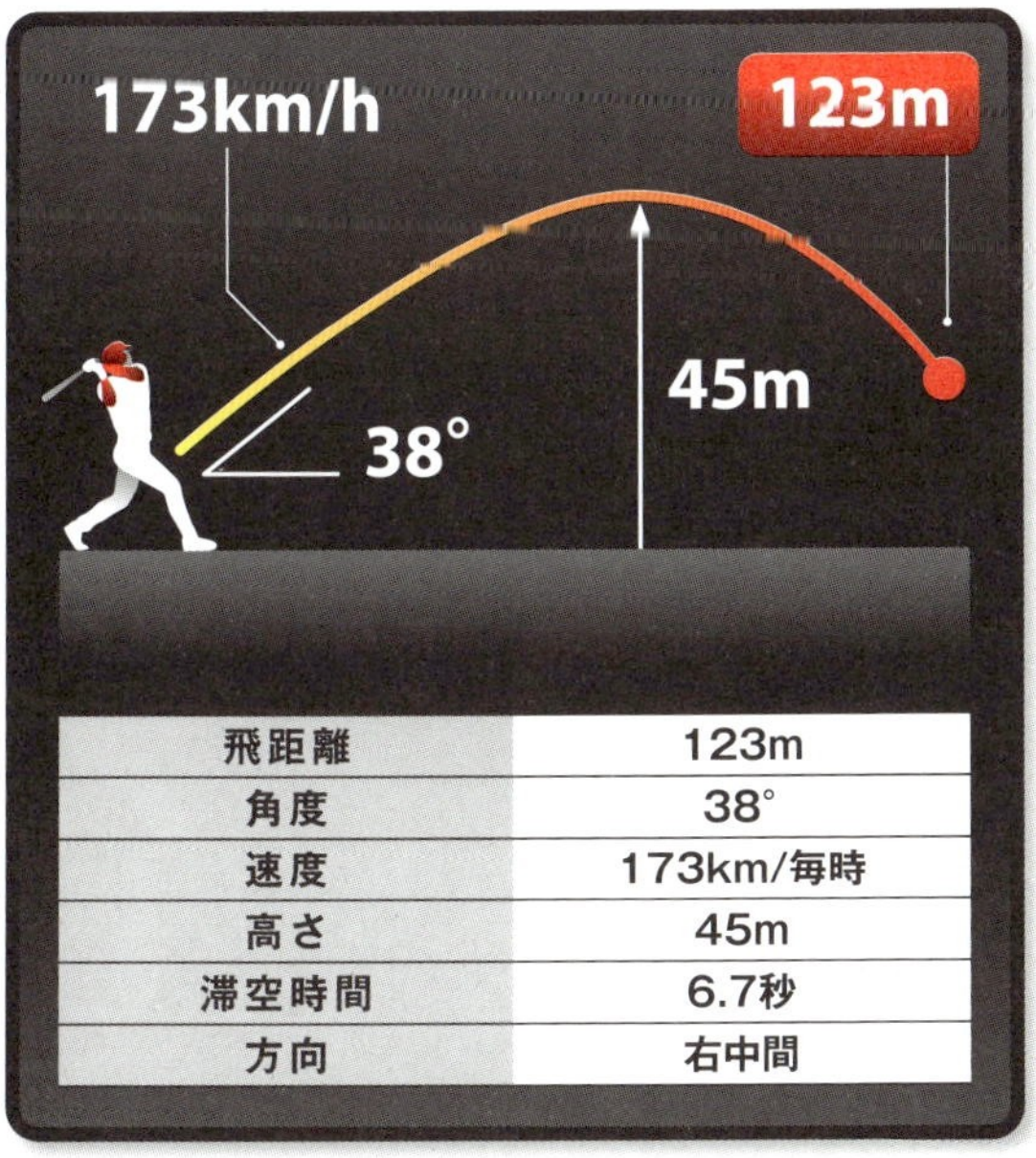

飛距離	123m
角度	38°
速度	173km/毎時
高さ	45m
滞空時間	6.7秒
方向	右中間

投手
M・フォルテネービッチ(右)

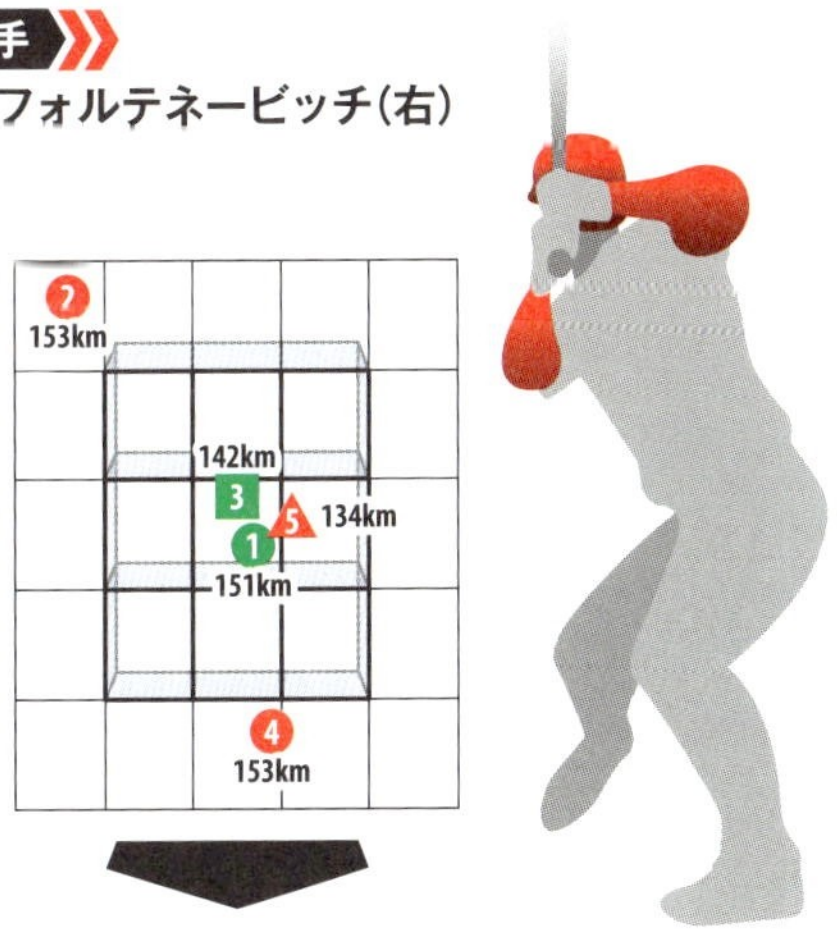

● フォーシーム　● ツーシーム　● カットボール
■ スプリット　■ チェンジアップ　▲ スライダー
▲ カーブ

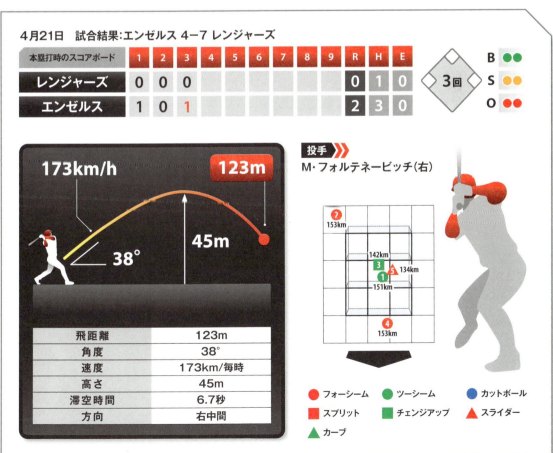

4月24日

6号

2番・DH

SHOHEI OHTANI 6th HOMERUN

三塁を回るまで全力疾走の快足アーチ

打って走って さらに守って

大谷のひたむきな姿勢は攻守だけにはとどまらない。4月24日のアストロズ戦、第2打席となった3回2死走者なしの場面で、1ボールの後、相手左腕エマニュエルが投じた真ん中の148キロのツーシームをとらえた。最高到達点38メートルまで上がった打球は、敵地ミニッツメイド・パークの中堅フェンスを越えてから柱に当たり、フィールドに跳ね返った。

滞空時間6・1秒という打球の行方を見つめながら全力疾走していた大谷は、その跳ね返りでインプレーの可能性を考え、さらに加速。三塁を回るまで全力疾走は続き、3試合ぶりの6号ソロは1周約18秒でホームインするという〝快足アーチ〟となった。試合終盤にはメジャーで初めて左翼の守備につくなど、走攻守すべてで大谷を堪能できた試合でもあった。

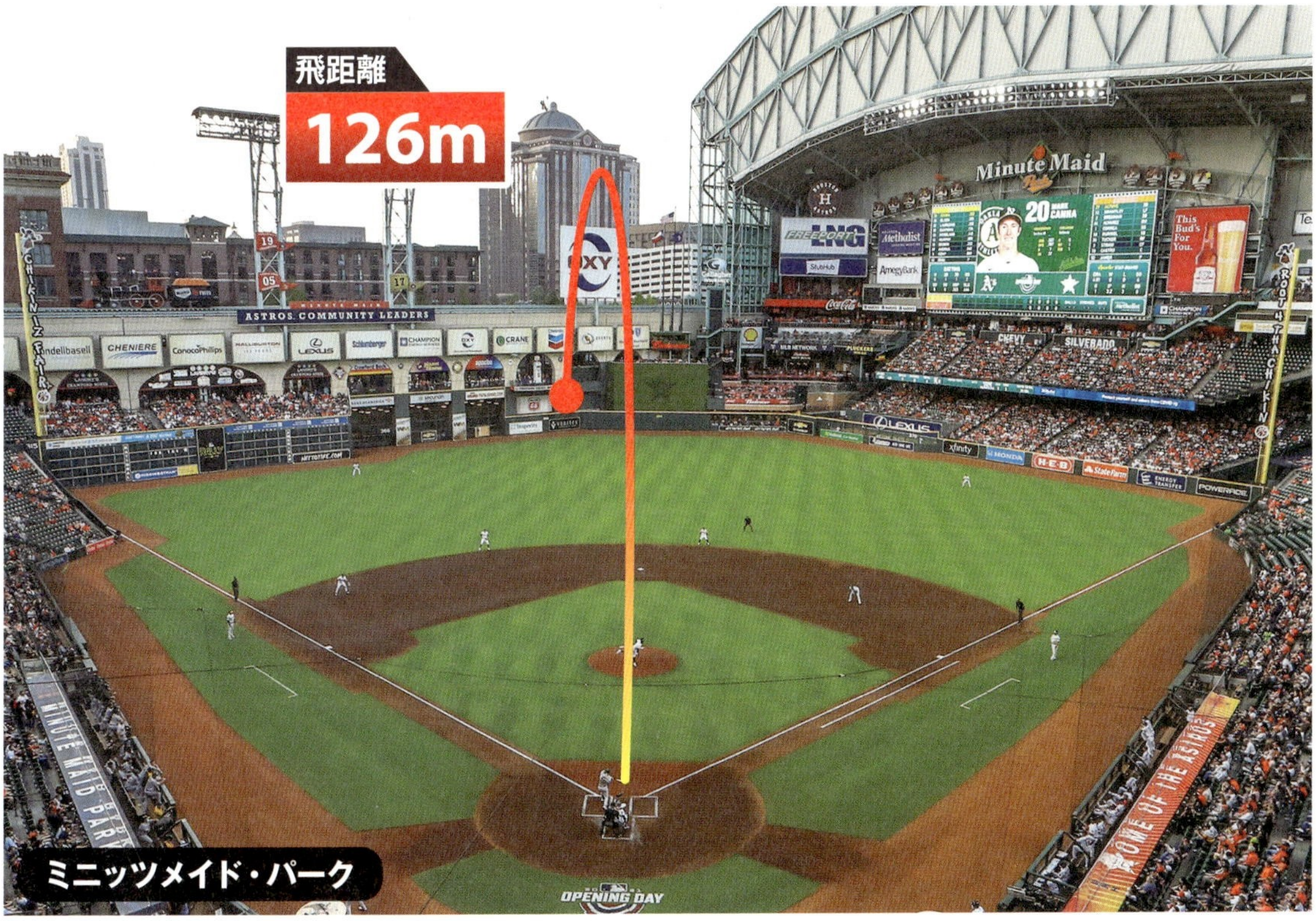

4月24日　試合結果:アストロズ 16−2 エンゼルス

本塁打時のスコアボード	1	2	3	4	5	6	7	8	9	R	H	E
エンゼルス	0	1	1							2	3	0
アストロズ	3	0								3	3	0

3回
B
S
O

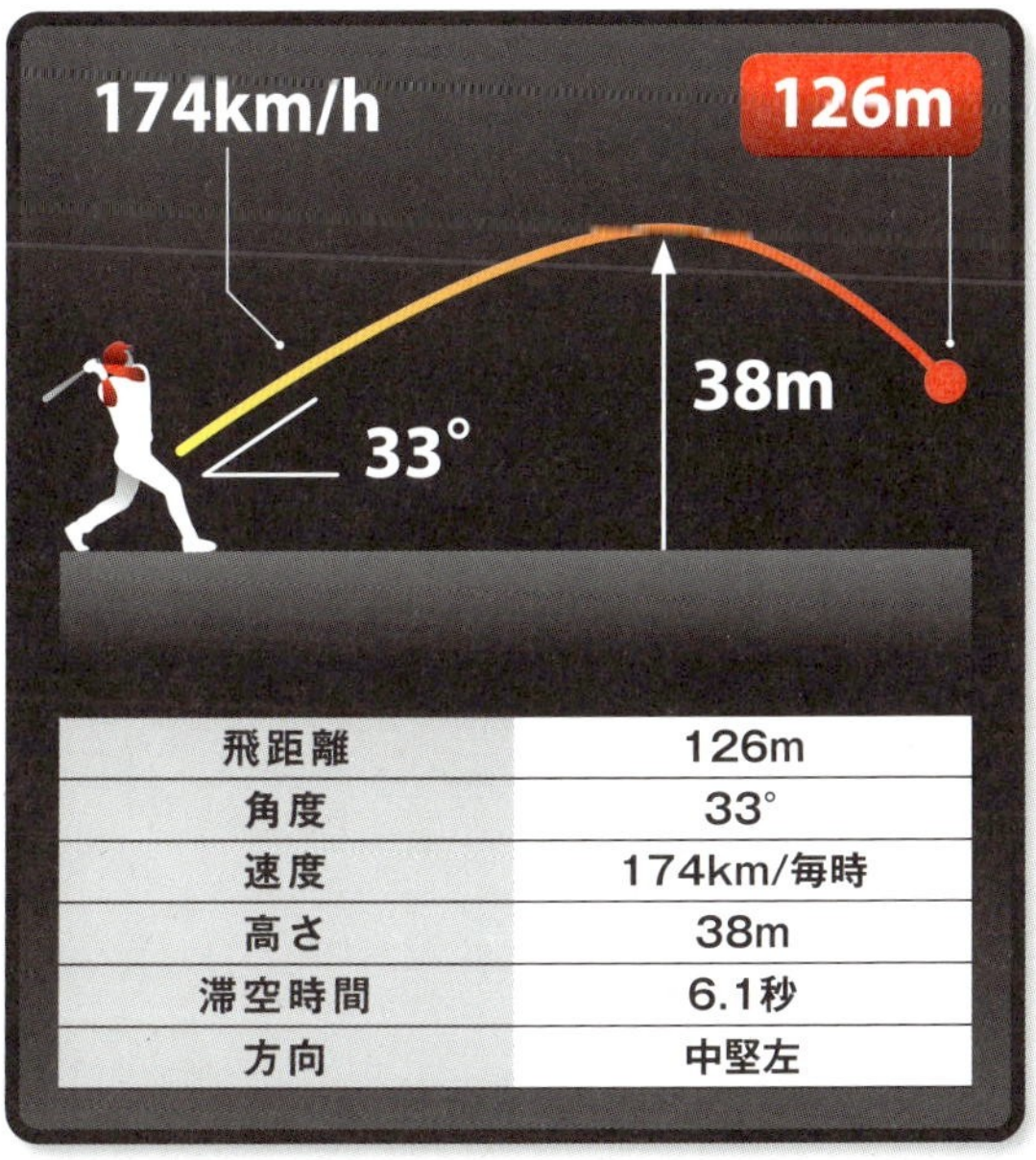

飛距離	126m
角度	33°
速度	174km/毎時
高さ	38m
滞空時間	6.1秒
方向	中堅左

投手
K・Tマニュエル(左)

フォーシーム　ツーシーム　カットボール
スプリット　チェンジアップ　スライダー
カーブ

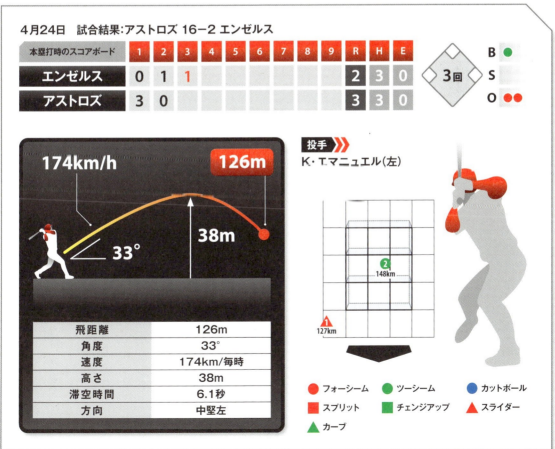

7号

2番・DH

SHOHEI OHTANI 7th HOMERUN

2戦連発で本塁打王争いトップタイに

早くも本塁打王争いの先頭に並んだ。4月25日、アストロズ戦で両リーグトップタイとなる7号ソロを放った。同点の8回、相手右腕ガルシアが投じた１４８キロの外角直球を中堅右へ。同点にされた直後の１３４メートル勝ち越し弾で、チームの勝利に貢献した。

もうフロックとは呼ばせない。7本塁打は、60試合の短縮日程で行われた２０２０年（44試合出場）と、今季19試合目にしてすでに並んだ。２試合連続本塁打は２０２０年7月30日のマリナーズ戦以来で、２戦とも真ん中付近の絶好球を見逃さず、前日と同様に中堅へ運んだ。ビジターでの連続アーチは２０１８年9月の３戦連発以来2度目で、過酷な移動を伴うメジャーリーグにおいてコンディションをキープして臨んでいる様子がうかがえる。

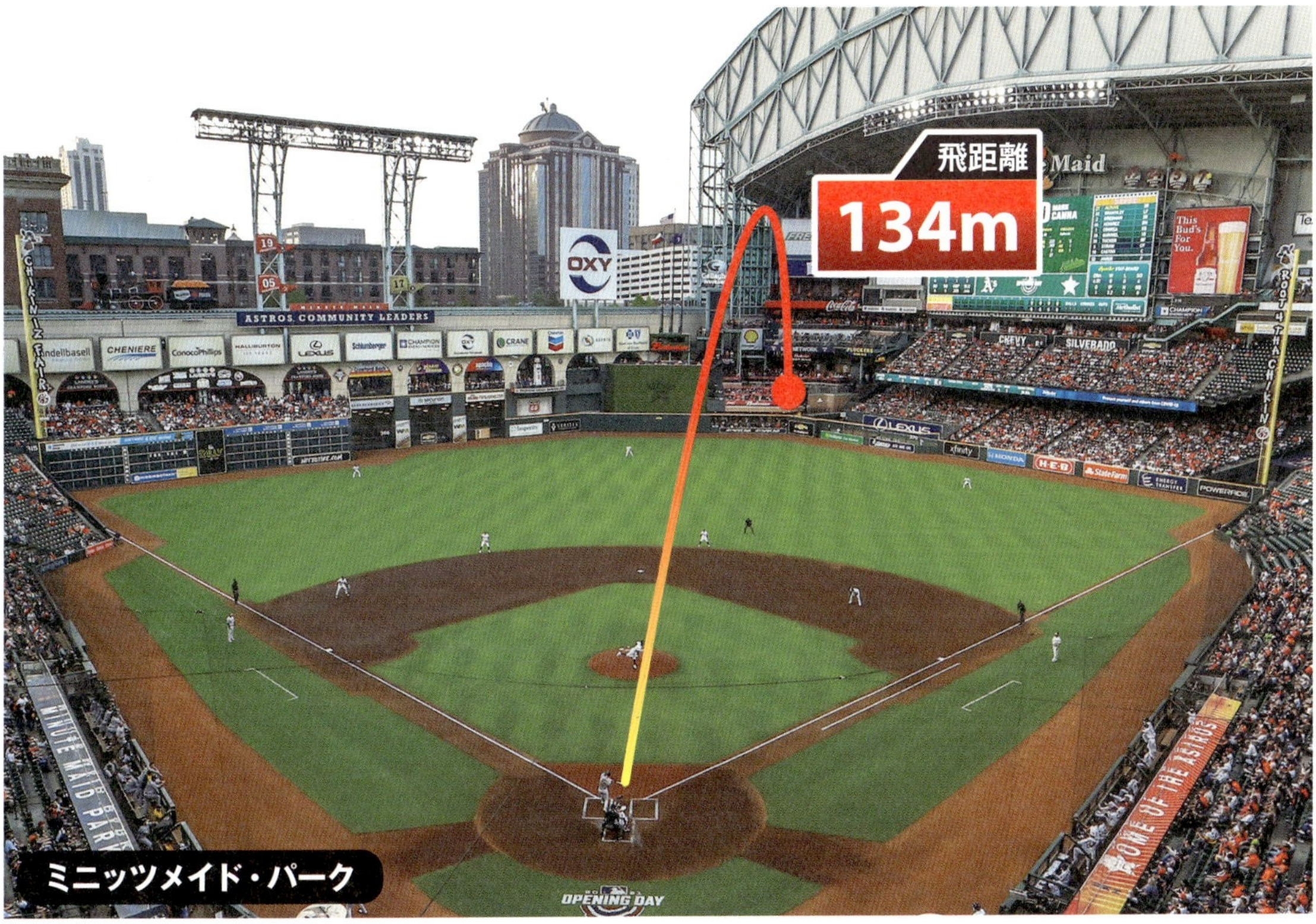

4月25日　試合結果:アストロズ 2−4 エンゼルス

本塁打時のスコアボード	1	2	3	4	5	6	7	8	9	R	H	E
エンゼルス	0	0	0	0	2	0	0	1		3	5	0
アストロズ	0	0	0	0	0	0	2			2	3	0

8回

B
S
O

飛距離	134m
角度	27°
速度	172km/毎時
高さ	21m
滞空時間	5.5秒
方向	中堅右

投手
L・ガルシア(右)

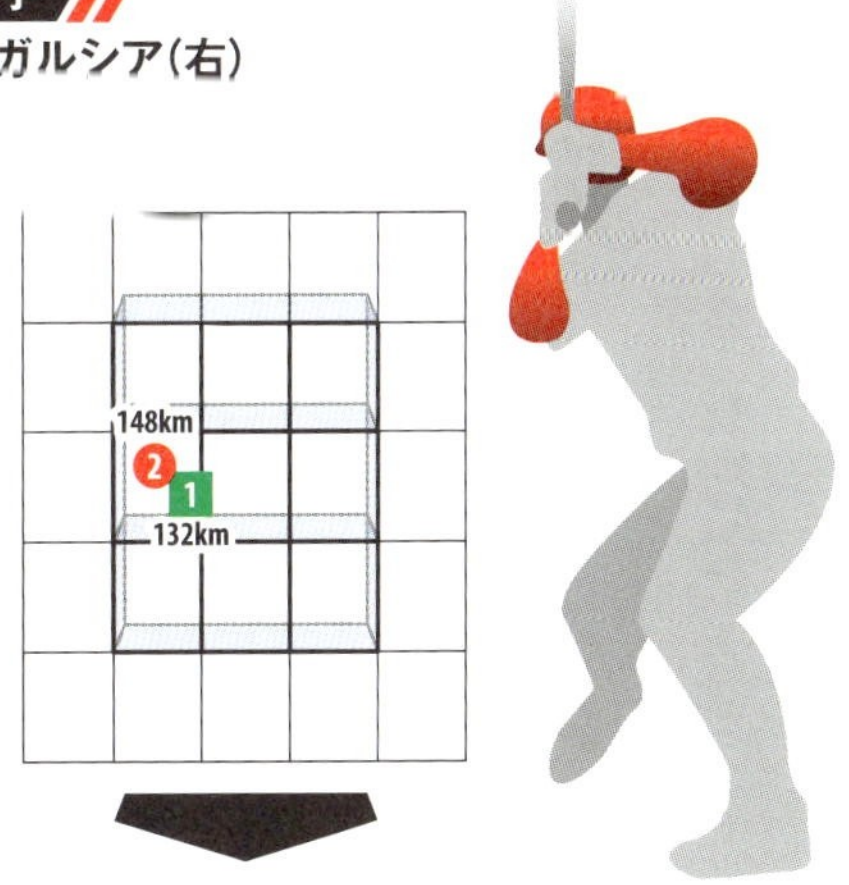

フォーシーム　ツーシーム　カットボール
スプリット　チェンジアップ　スライダー
カーブ

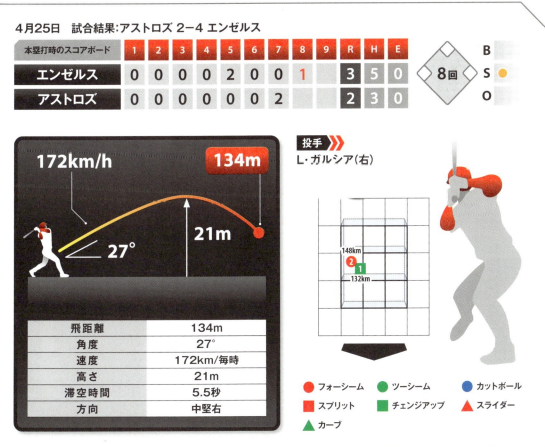

4月30日

8号

2番・DH

SHOHEI OHTANI 8th HOMERUN

バレルゾーン「外」でも規格外アーチ

数字だけを見れば、最も〝のんびり〟した本塁打。しかし、今季の大谷にはそれを打破するパワーがあった。

4月30日、マリナーズ戦の8号ソロは打球速度約156キロ、飛距離約111メートル。今季の自己ランキングではいずれも下から数えて2番目。打球速度はこの日時点でメジャー移籍後、最も遅かったほどだ。

3回、第1打席で左飛に仕留められていたチェンジアップをすくい上げて右翼席へ運んだ。打球角度は34度。長打や本塁打になりやすい打球速度と打球角度の組み合わせを示す「バレルゾーン」は、角度26～30度、速度98マイル（約158キロ）以上とされるが、この8号はいずれもバレルゾーンに当てはまらない。早くも2020年の7本塁打を超え、過去最高のシーズンとなる予感を漂わせた。

4月30日　試合結果:マリナーズ 7−4 エンゼルス

本塁打時のスコアボード	1	2	3	4	5	6	7	8	9	R	H	E
エンゼルス	2	0	1							3	4	0
マリナーズ	1	1								2	4	0

3回　B S O

飛距離	111m
角度	34°
速度	156km/毎時
高さ	31m
滞空時間	5.6秒
方向	右

投手
C·フレクセン(右)

フォーシーム　ツーシーム　カットボール
スプリット　チェンジアップ　スライダー
カーブ

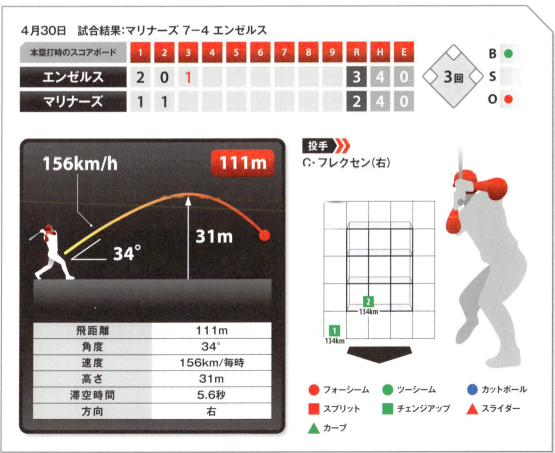

5月3日

9号

2番・DH

SHOHEI OHTANI 9th HOMERUN

死球登板回避も特大「ムーンショット」

MLB公式Twitterもびっくり!

本来はこのレイズ戦に投手として先発予定だったが、前日に右肘に死球を受けて登板回避。2番・DHで出場していた6回、打者として巨大な放物線を描いた。5点ビハインドの無死一塁の場面で、相手右腕グラスノーの甘く入ったスライダーに反応し、滞空時間6・3秒、最高到達点40メートルのバックスクリーン弾。9号2ランはMLBの公式Twitterに「ムーンショット」と表現された。

前月4月には、先発投手を務めた選手として1921年ベーブ・ルース以来100年ぶりに8本塁打以上を記録した。5月最初の本塁打「ムーンショット」で、両リーグ本塁打ランキングタイ再浮上。エンゼルスではシーズン最多47本塁打の2000年グラウスが当時シーズン36試合目で9号に到達したが、大谷は27試合で手が届いた。

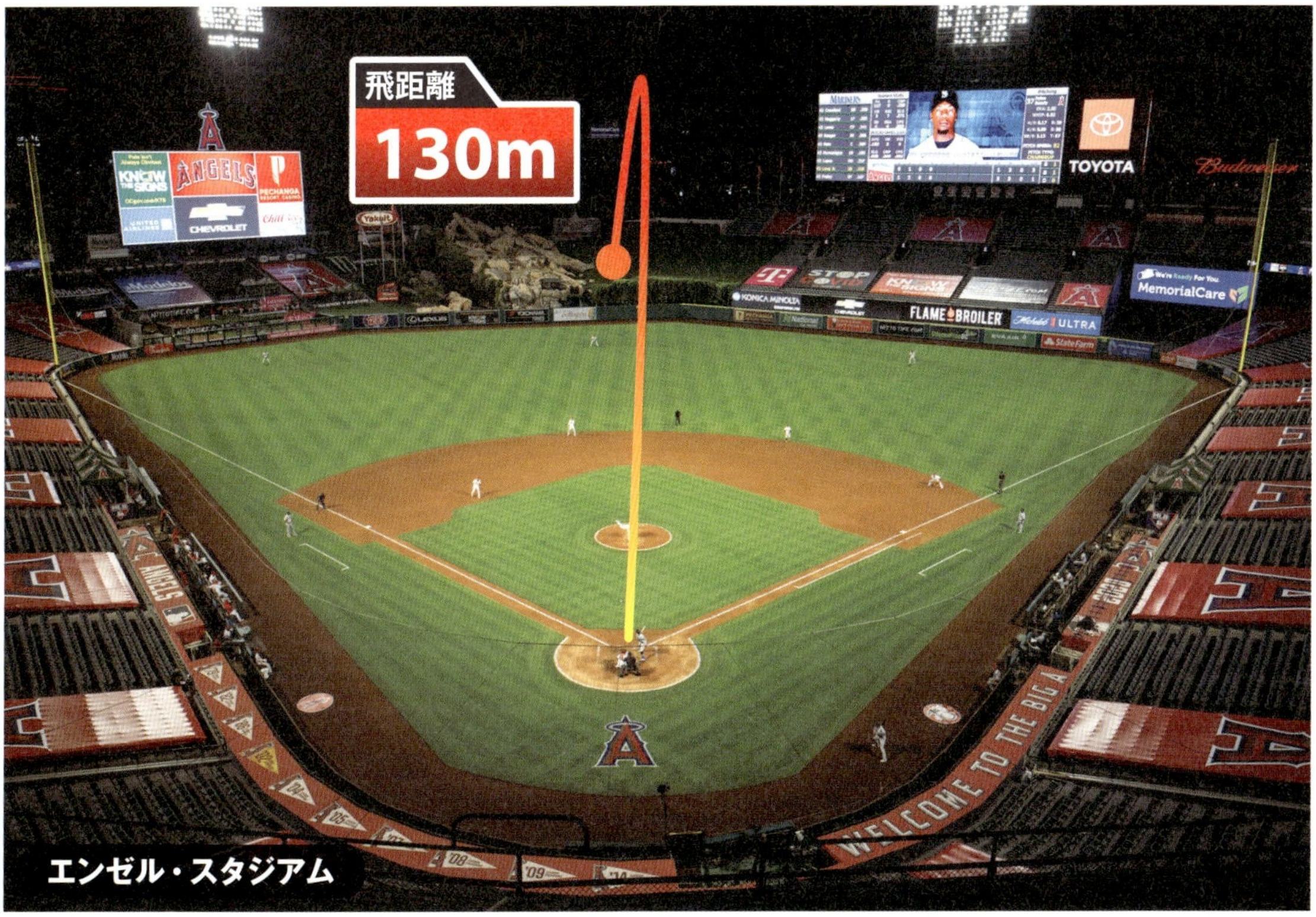

5月3日　試合結果:エンゼルス 3−7 レイズ

本塁打時のスコアボード	1	2	3	4	5	6	7	8	9	R	H	E
レイズ	0	0	4	1	0	0				5	6	0
エンゼルス	0	0	0	0	0	2				2	3	0

6回　B S O

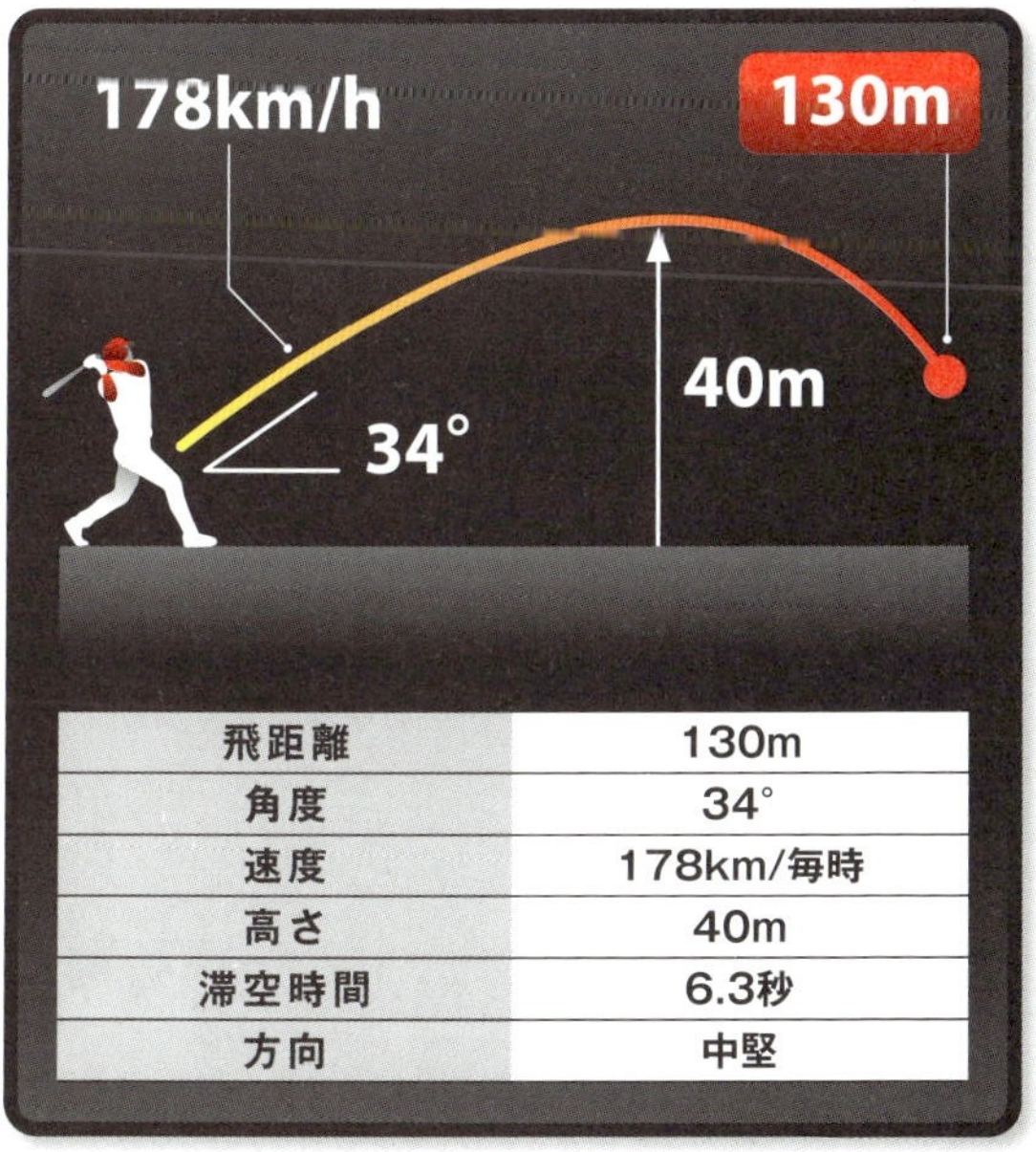

飛距離	130m
角度	34°
速度	178km/毎時
高さ	40m
滞空時間	6.3秒
方向	中堅

投手
T・グラスノー(右)

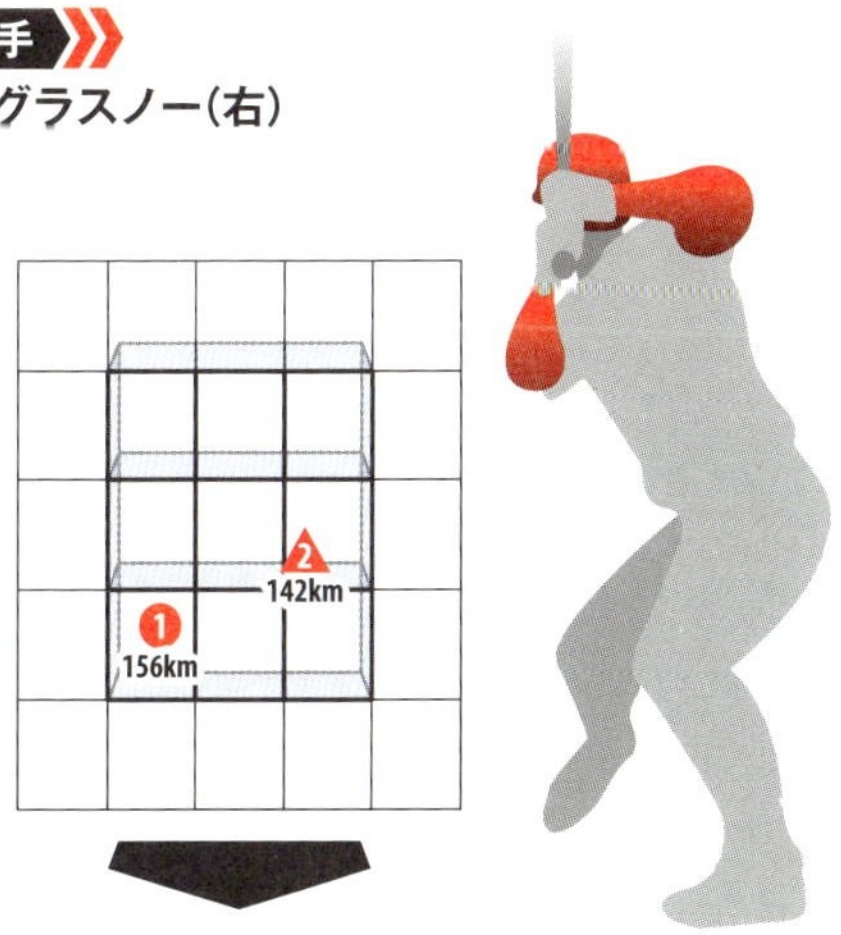

フォーシーム　ツーシーム　カットボール
スプリット　チェンジアップ　スライダー
カーブ

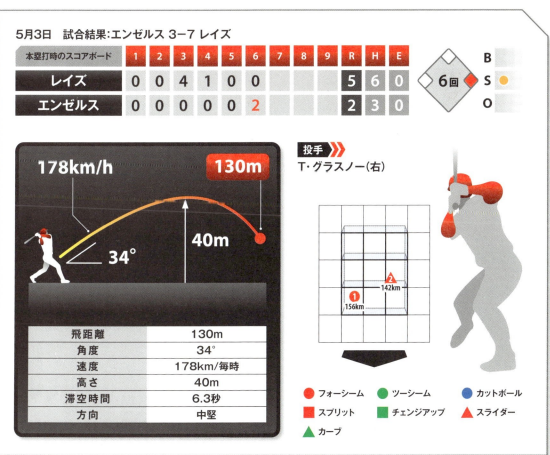

10号

2番・DH

SHOHEI OHTANI 10th HOMERUN

5月で2桁到達は日本人でメジャー初

5月6日

日本人最速記録を次々と打ち破る。5月6日、本拠地のレイズ戦で2年ぶりの2桁本塁打となる10号2ラン。登板試合を含む出場30試合での10本塁打到達は、2019年の出場44試合を上回って日本人最速となった。これまでの最速は2004年6月4日松井秀喜（当時ヤンキース）だったが、大谷は5月早々に到達した。

節目のアーチは特大だった。3回、2死二塁の場面で相手左腕フレミングの初球、148キロ内角真ん中のツーシームをとらえ、打った瞬間にそれと分かる放物線を描いた。1927年にベーブ・ルースが自己最多の60本を記録した際は、チーム33試合目で10号をマーク。一方、大谷はチーム30試合目での2ケタ本塁打。この一発で再び両リーグ本塁打ランキングトップタイに立った。

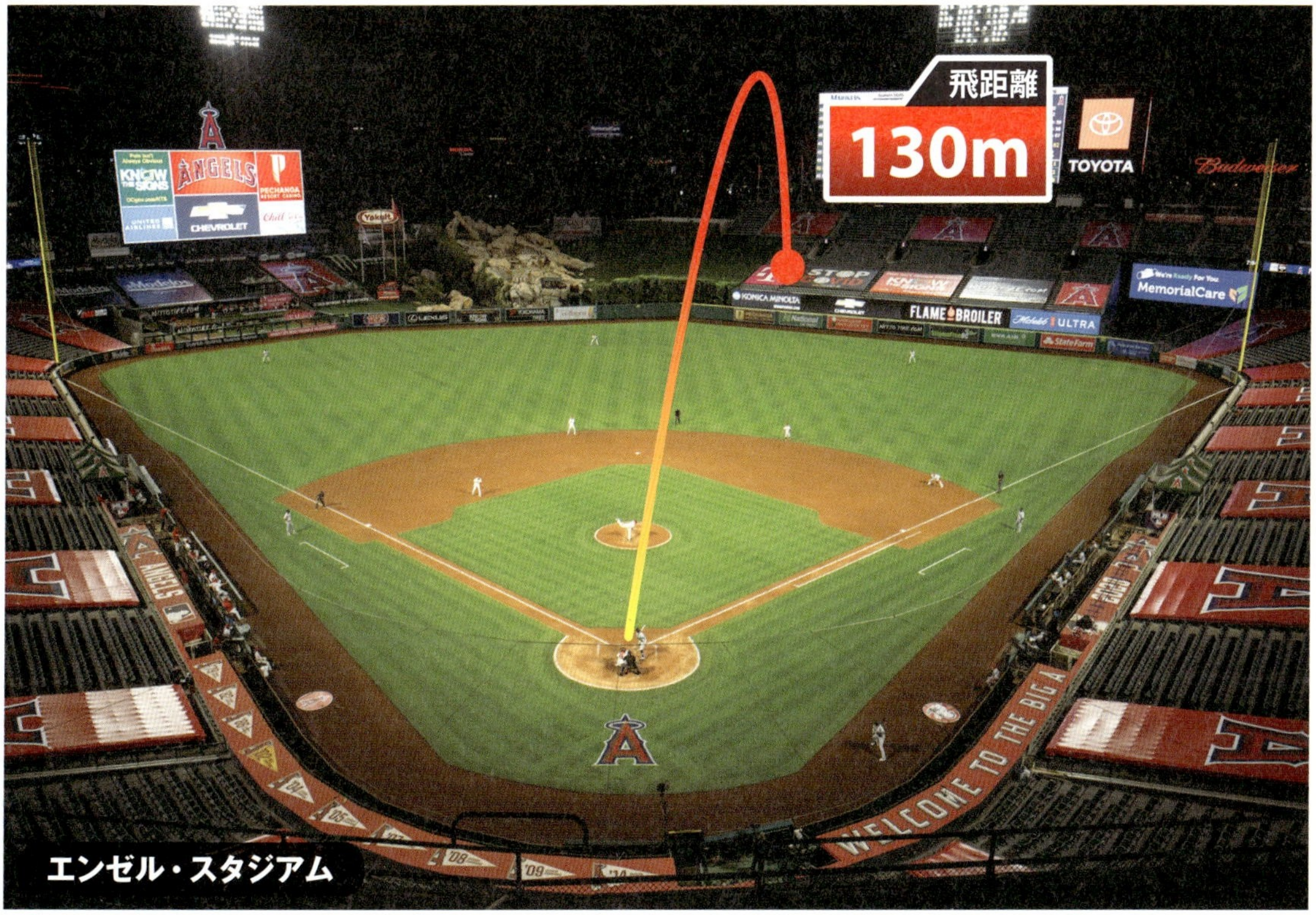

5月6日　試合結果:エンゼルス 3−8 レイズ

本塁打時のスコアボード	1	2	3	4	5	6	7	8	9	R	H	E
レイズ	0	0	0							0	2	0
エンゼルス	0	0	3							3	4	1

3回　B　S　O ●●

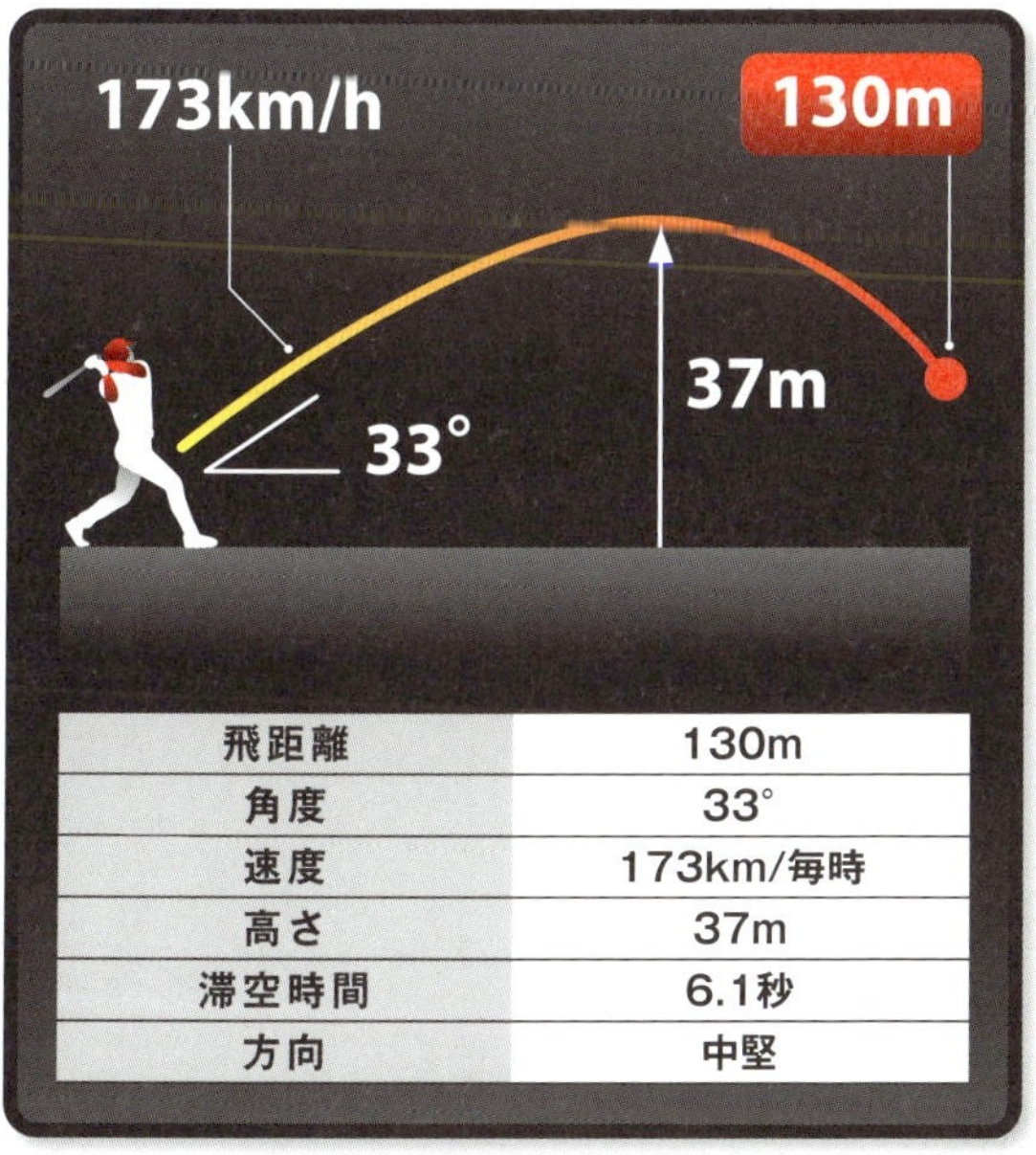

飛距離	130m
角度	33°
速度	173km/毎時
高さ	37m
滞空時間	6.1秒
方向	中堅

投手
J·フレミング(左)

● フォーシーム　● ツーシーム　● カットボール
■ スプリット　■ チェンジアップ　▲ スライダー
▲ カーブ

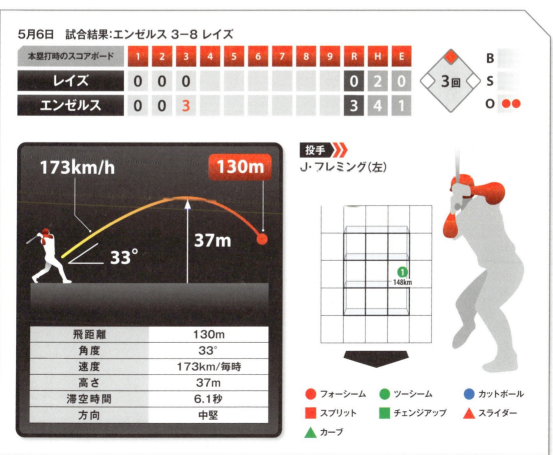

11号

2番・DH

SHOHEI OHTANI 11th HOMERUN

自身初の「グリーンモンスター」越え！

メジャー最古の球場の"壁"を初めて越えた。5月14日、敵地フェンウェイ・パークのレッドソックス戦。6回、相手右腕ピヴェッタの外角低めのカーブに体勢を崩しながらもバットを振り上げ、最後は右手1本で逆方向の左翼スタンドに運んだ。1912年開業のフェンウェイ・パークで自身初の本塁打。球場名物の高さ約11・3メートルの壁「グリーンモンスター」を越えた。日本人のグリーンモンスター越えは井口資仁、岩村明憲に続いて3人目。メジャー全体の左打者では、今季3人目の壁越えで、ビジターの左打者では初めてだった。

レッドソックス戦の一発で、エンゼルスを除くア・リーグ全14球団から本塁打を記録。二刀流の元祖ベーブ・ルースがプレーしていた球場に、新たな伝説を刻み込んだ。

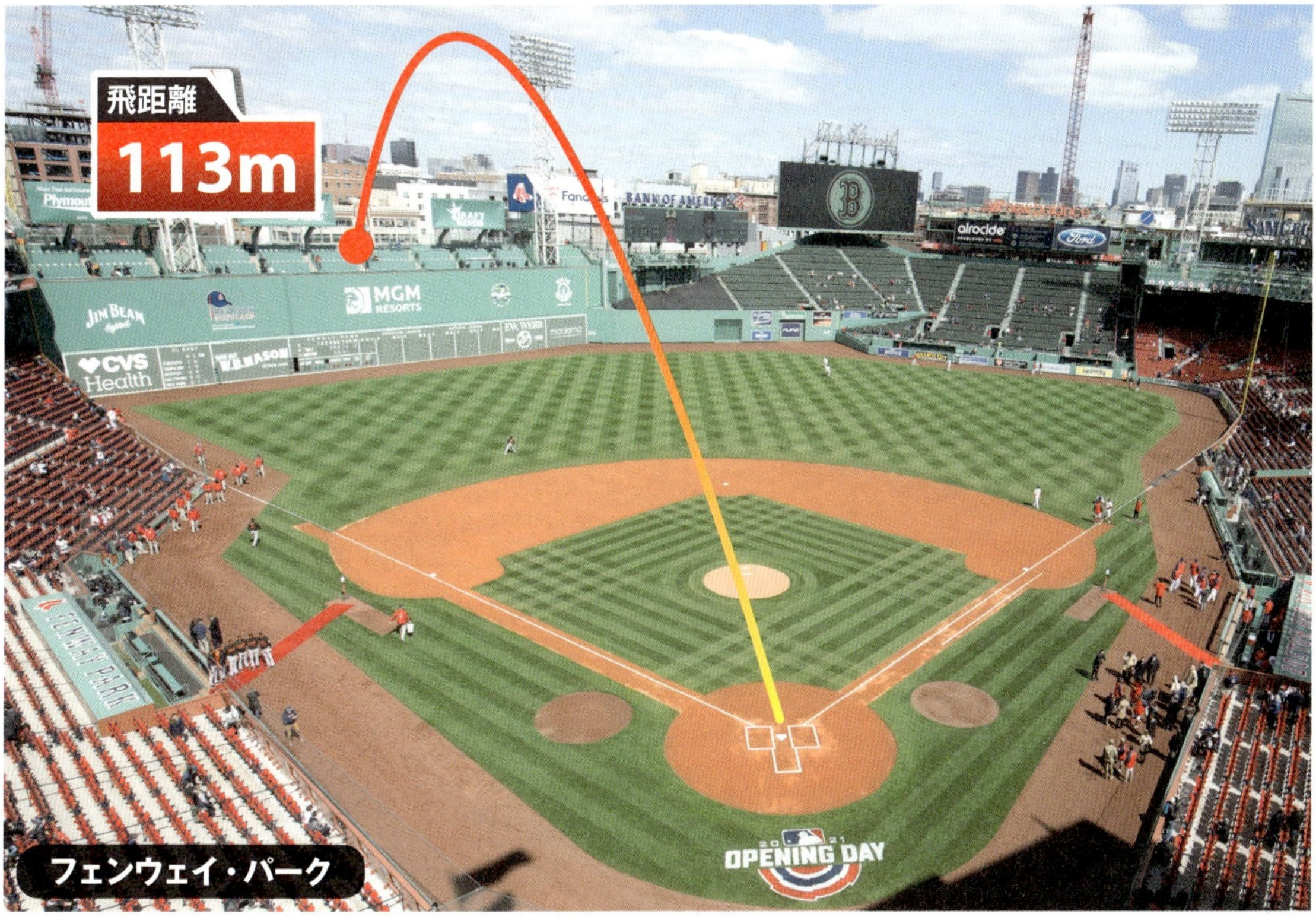

5月14日　試合結果:レッドソックス 4−3 エンゼルス

本塁打時のスコアボード	1	2	3	4	5	6	7	8	9	R	H	E
エンゼルス	0	0	0	0	0	1				1	3	0
レッドソックス	0	2	0	0	0					2	5	0

6回　B ●　S ●　O ●●

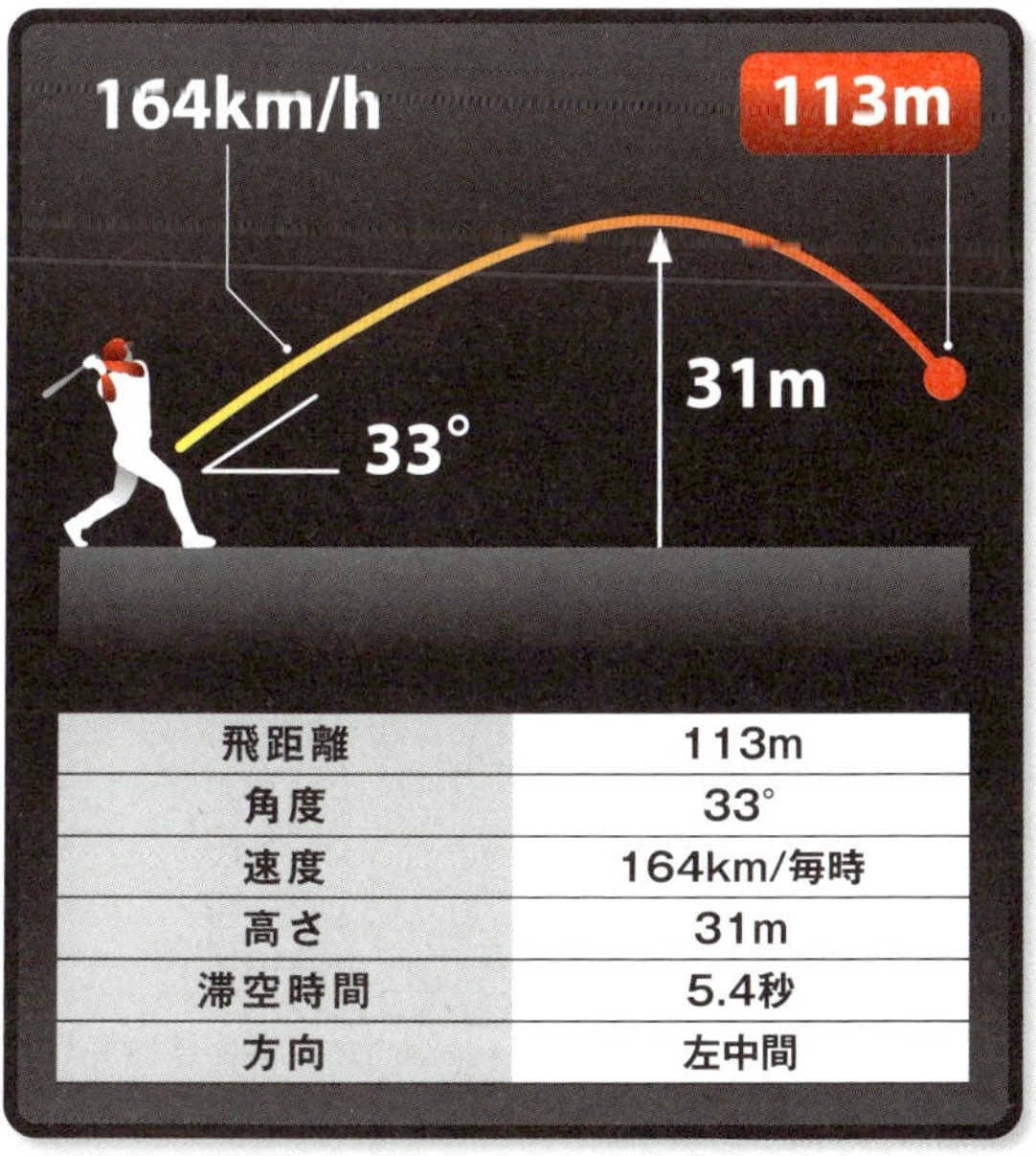

飛距離	113m
角度	33°
速度	164km/毎時
高さ	31m
滞空時間	5.4秒
方向	左中間

投手
N·ピヴェッタ(右)

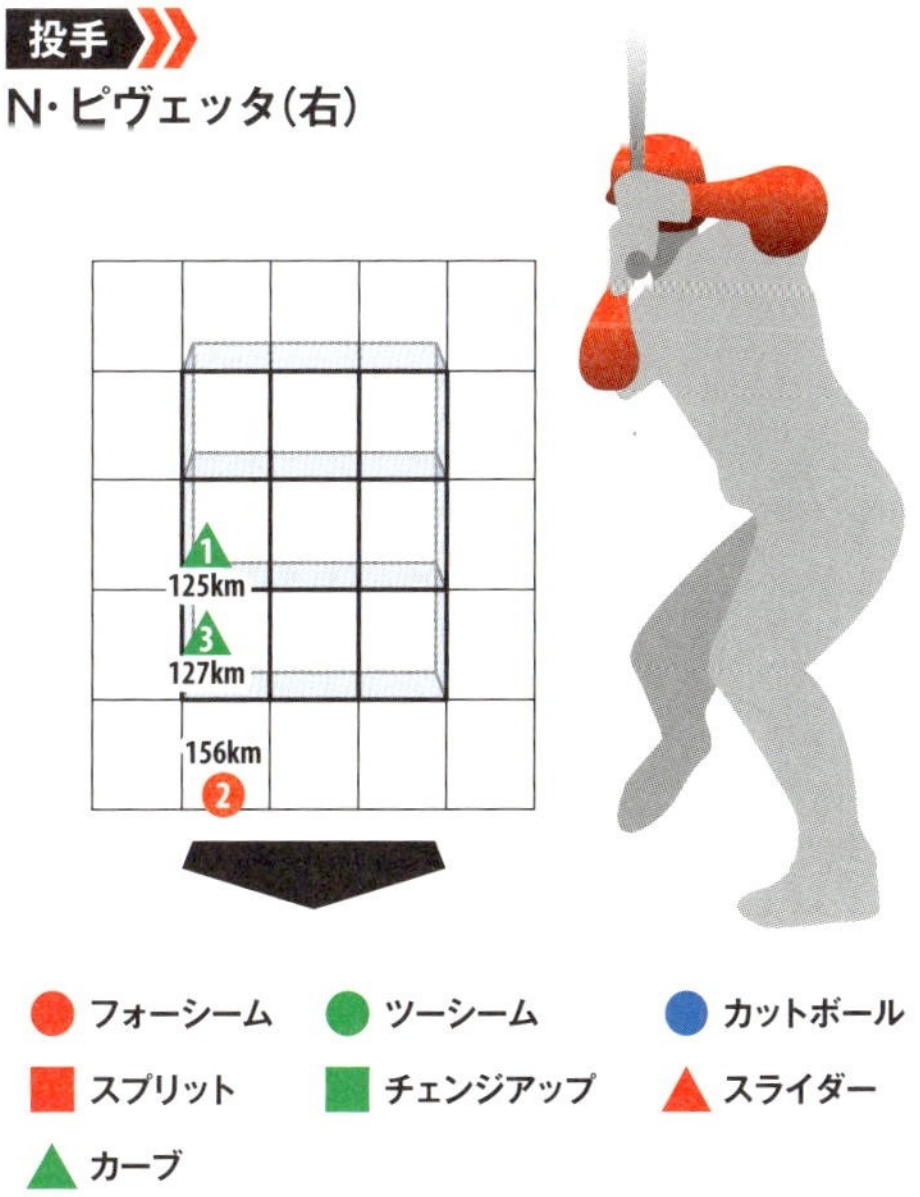

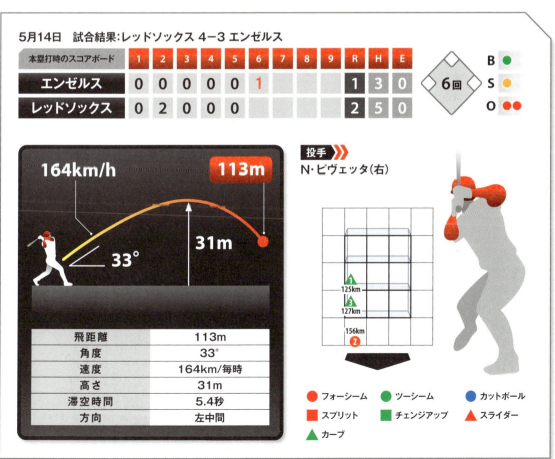

12号

3番・DH

SHOHEI OHTANI 12th HOMERUN

打球速度「最遅」も名物ポール際へ決勝弾

フェンウェイ・パーク名物をまたも攻略した。5月16日、敵地でのレッドソックス戦。1点ビハインドの9回2死一塁、相手守護神の右腕バーンズに対し、初球の内寄り156キロの直球をとらえた。高さ20メートルの低空飛行は、メジャー球団本拠地で最短92メートルの右翼スタンドに着弾した。約155・5キロの打球速度は今季自己ランキングで最も遅かったがファウルにならず、同14日には高さ11・3メートルの壁「グリーンモンスター」を初めて越えたばかりだったが、今度は右翼名物の「ペスキーズ・ポール」に突き刺した。

シーズン初の3番起用に応える一撃は、自身初となる9回以降の決勝アーチ。日本人による9回以降の逆転弾は、マリナーズ時代のイチロー以来、12年ぶり通算3本目となった。

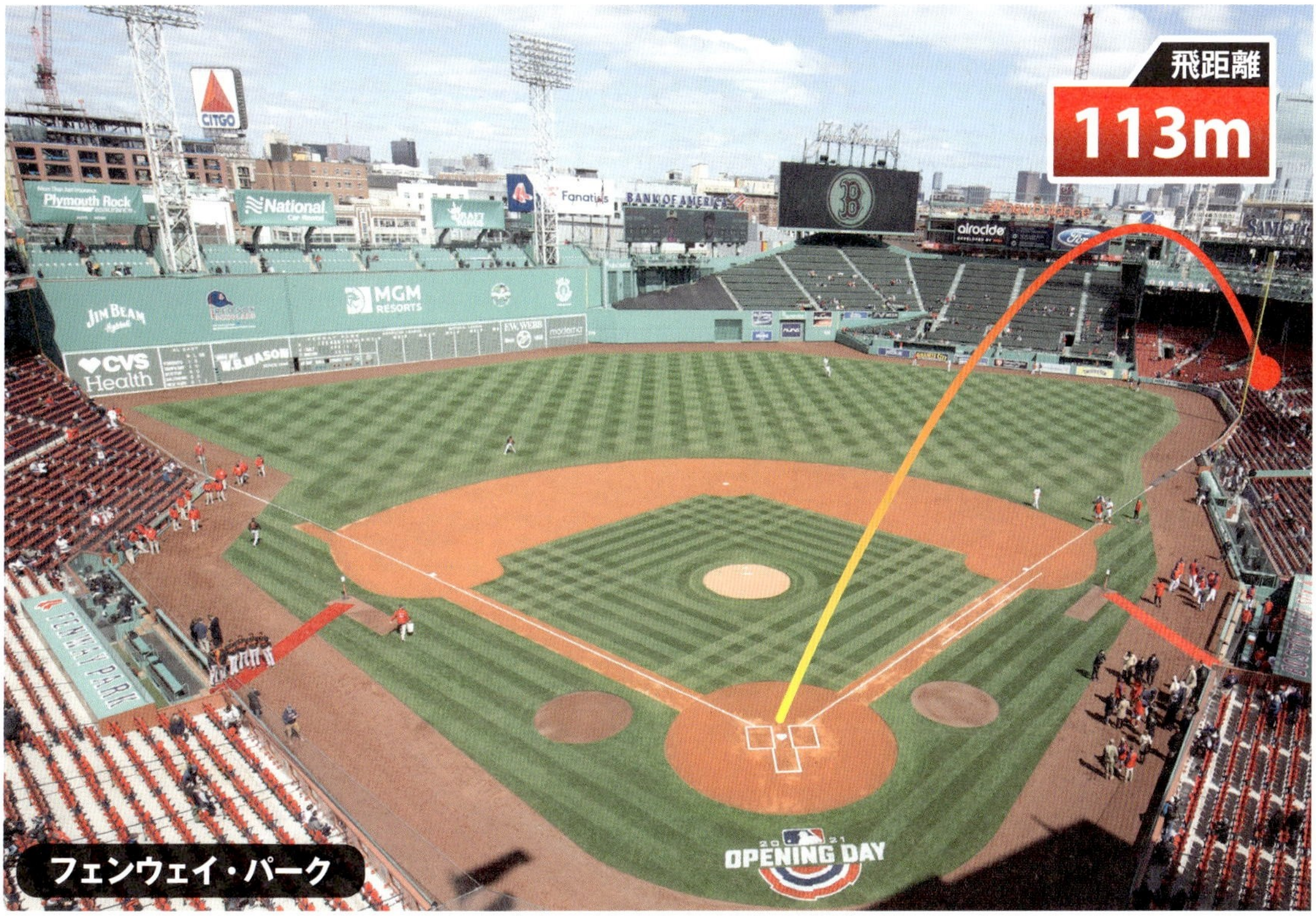

5月16日　試合結果:レッドソックス 5−6 エンゼルス

本塁打時のスコアボード	1	2	3	4	5	6	7	8	9	R	H	E
エンゼルス	0	4	0	0	0	0	0	0	2	6	9	0
レッドソックス	0	0	1	0	4	0	0	0		5	9	1

9回　B　S　O

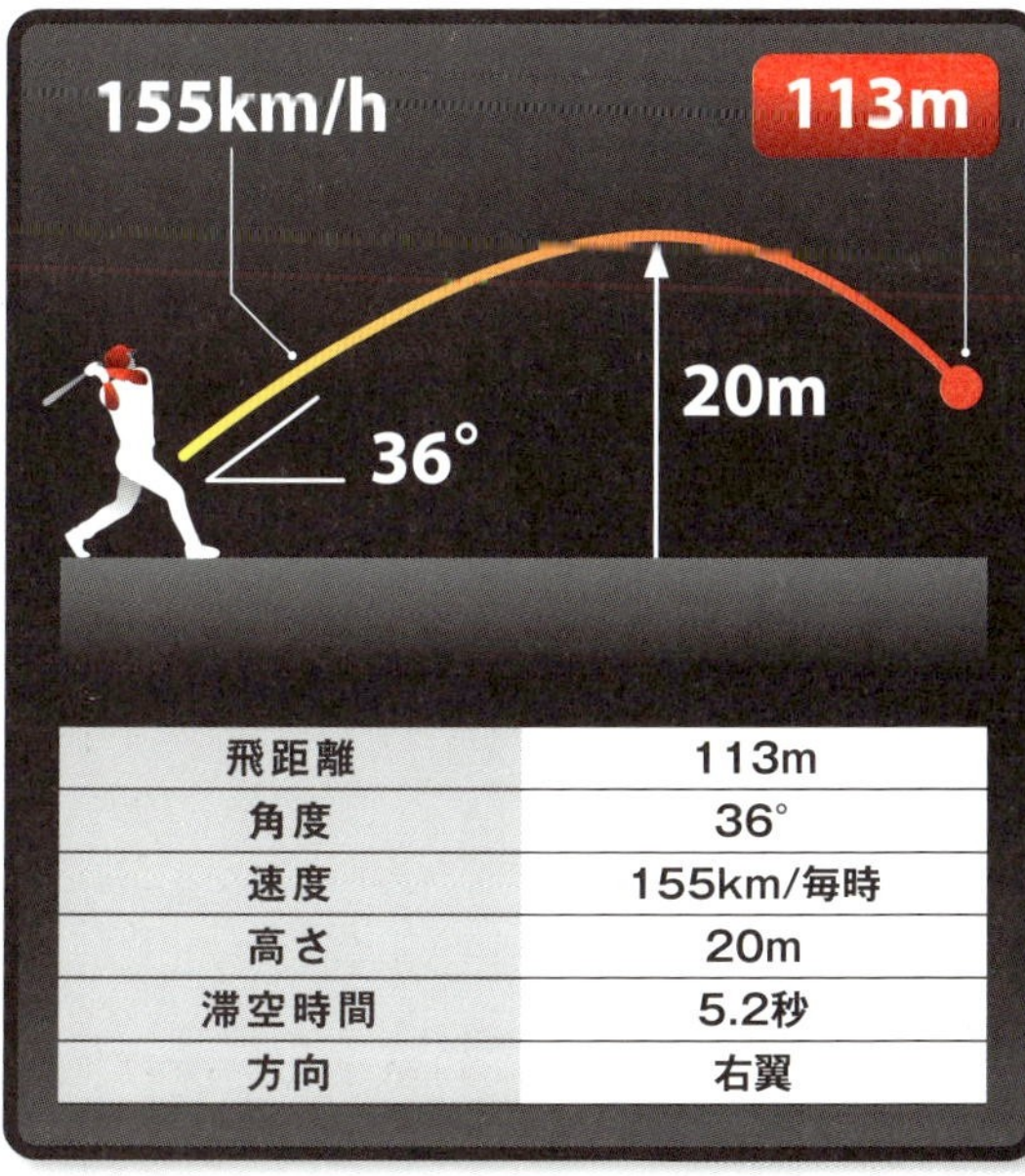

飛距離	113m
角度	36°
速度	155km/毎時
高さ	20m
滞空時間	5.2秒
方向	右翼

投手
M・バーンズ(右)

フォーシーム　ツーシーム　カットボール
スプリット　チェンジアップ　スライダー
カーブ

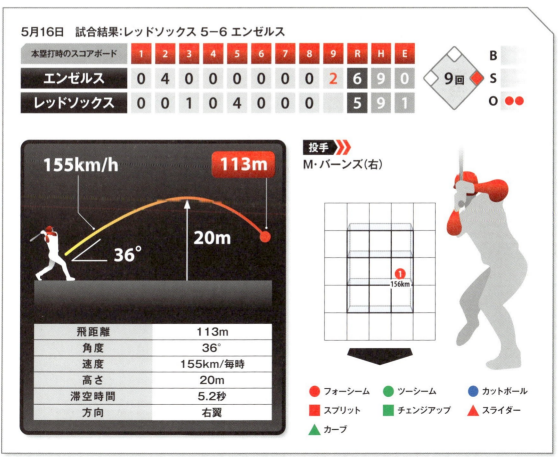

SHOHEI OHTANI 13th HOMERUN

悪球打ちで本塁打王争い単独トップに

明らかなボール球も余裕でスタンドイン。今季の大谷は本当に恐ろしい。5月17日、本拠地でのインディアンス戦、2点を勝ち越した2回裏、1死一、三塁の場面だ。左腕ヘンジェスの4球目、外角高めの直球は見逃せばボールになっていた。しかし、その151キロの直球を振り抜き、ライナー性の打球は右中間へ飛び込む13号3ランに。この悪球打ちで本塁打ランキングで単独トップに躍り出た。

打った球は、地面から約1・28メートルの高さ。頭の高さでも安打にしてしまう同僚のフレッチャーにちなみ、悪球位置はチーム内で「フレッチ・スペシャル」と呼ばれている。

平均打球角度は過去、打者専念の2019年は6・7度、2020年は9・2度。今季はシーズン通算で16・7度と最も高い数値をマークした。

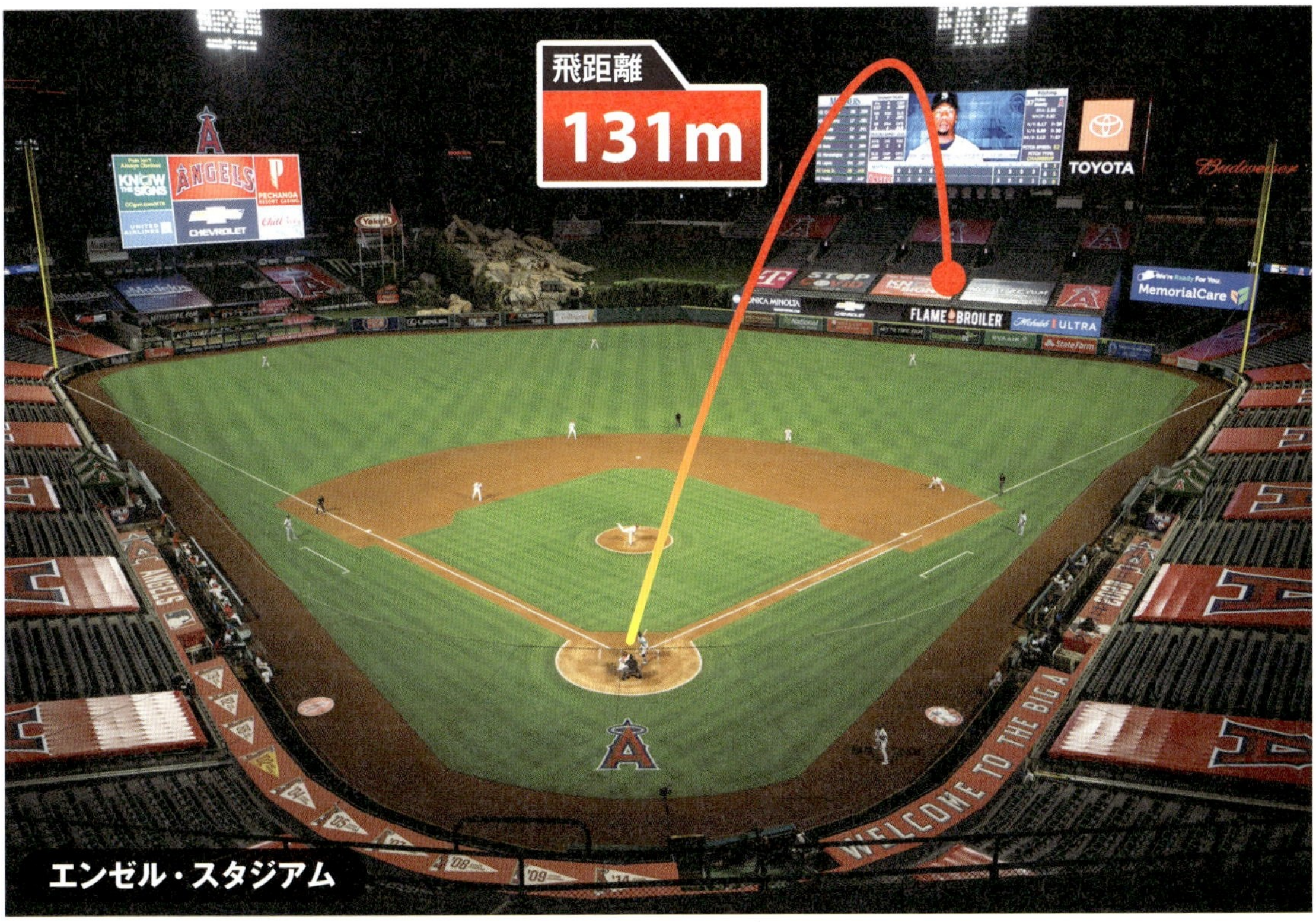

5月17日　試合結果:エンゼルス 7−4 インディアンス

本塁打時のスコアボード	1	2	3	4	5	6	7	8	9	R	H	E
インディアンス	1	0								1	2	0
エンゼルス	1	5								6	4	0

2回　B　S　O

飛距離	131m
角度	27°
速度	170km/毎時
高さ	25m
滞空時間	5.3秒
方向	右中間

投手

S・ヘンジェス(左)

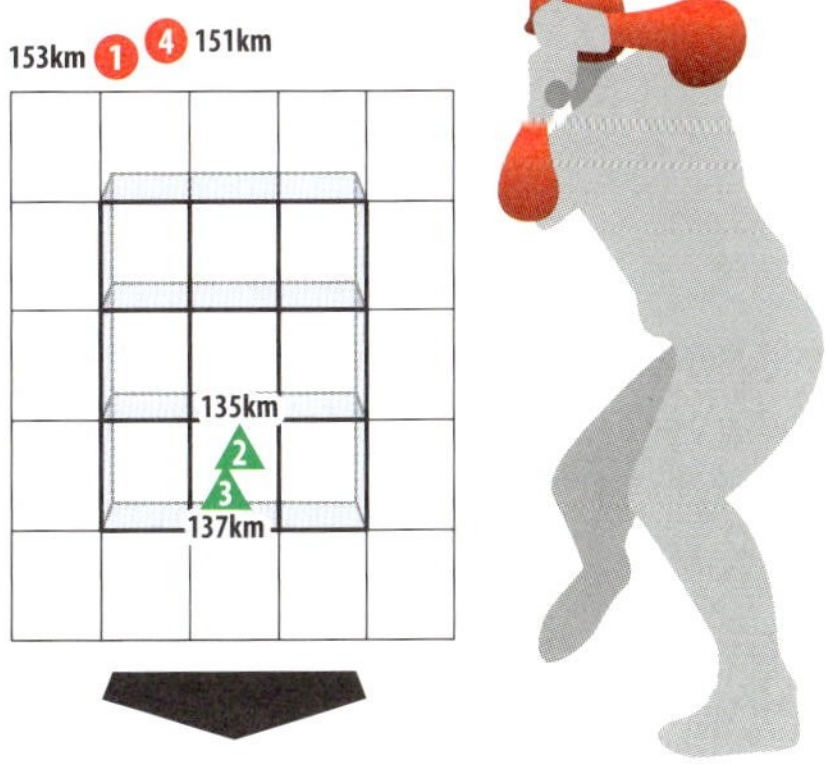

フォーシーム　ツーシーム　カットボール
スプリット　チェンジアップ　スライダー
カーブ

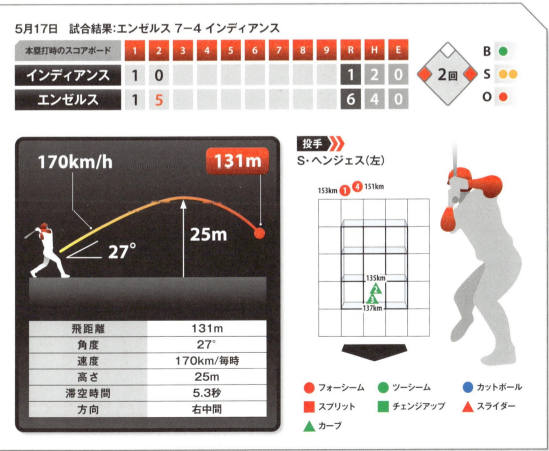

14号

2番・DH

SHOHEI OHTANI 14th HOMERUN

日本人初 メジャー3度目の3試合連発

5月18日

またも日本人初の記録を打ち立てた。5月18日インディアンス戦の1回、先発右腕プリーサックの151キロの直球を中堅へはじき返した。14号ソロは約134メートルの特大アーチ。今季の自己ランキングでも上位に入る高さ約37・5メートル、打球速度約180キロで、打球に確信を持ってゆっくりとダイヤモンドを一周した。

3試合連続の本塁打は、2018年4月3〜6日、同年9月4〜7日以来自身3度目。日本人では2004、2007年にヤンキース時代の松井秀喜がマークしたが、3度目の3戦連発は日本人で初だ。連続試合本塁打の自身最長は、北海道日本ハムファイターズ時代の2016年5月4〜17日の5試合。メジャー最長は8試合だが、「もしかして」の期待を抱かせる快進撃ぶりだった。

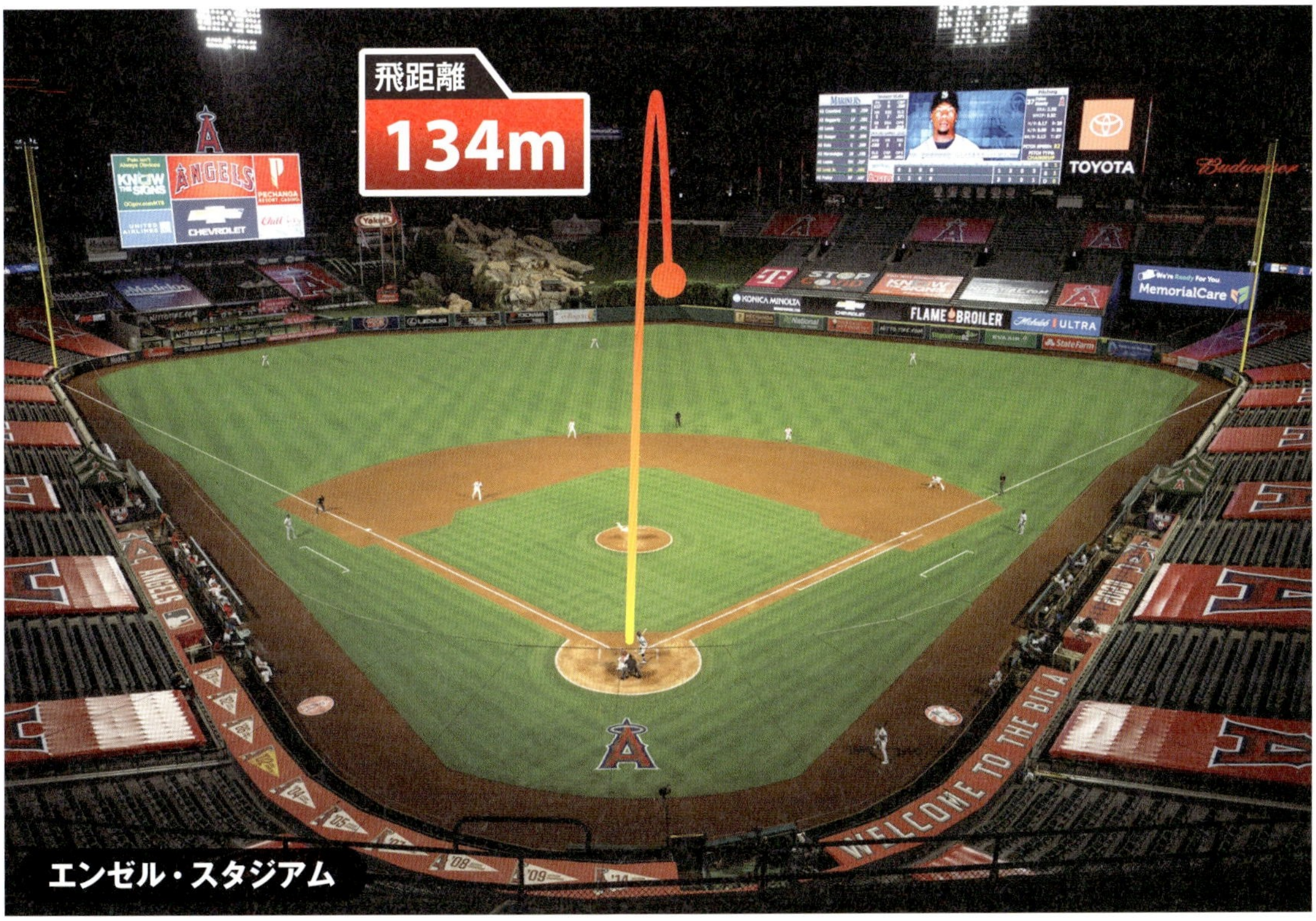

5月18日　試合結果:エンゼルス 5−6 インディアンス

本塁打時のスコアボード	1	2	3	4	5	6	7	8	9	R	H	E
インディアンス	5									5	4	0
エンゼルス	1									1	1	1

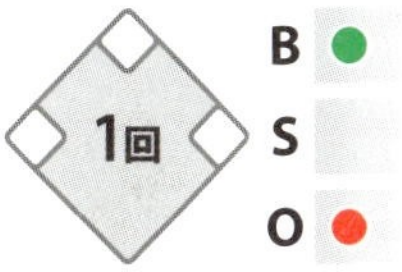

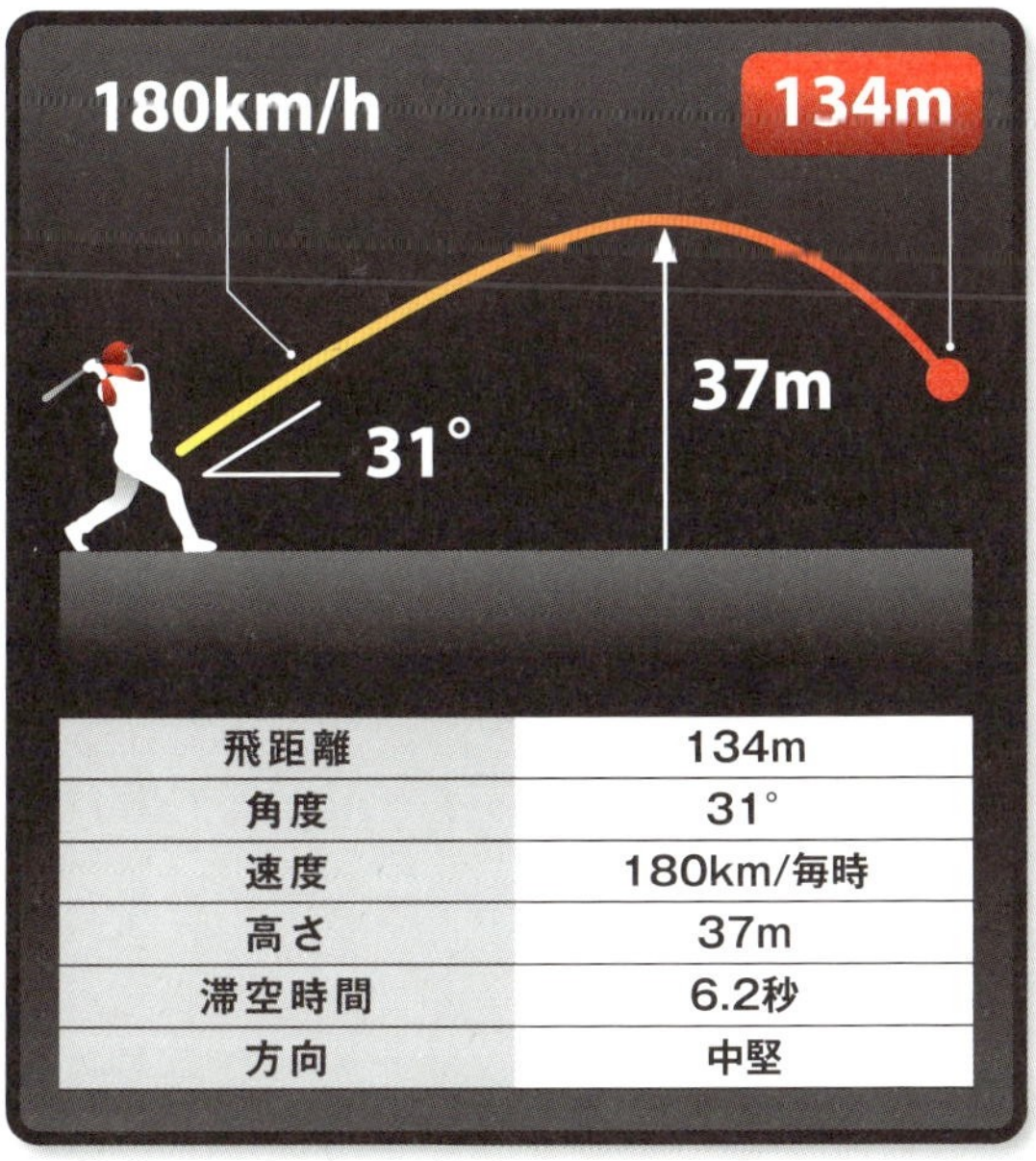

飛距離	134m
角度	31°
速度	180km/毎時
高さ	37m
滞空時間	6.2秒
方向	中堅

投手

Z・プリーサック(右)

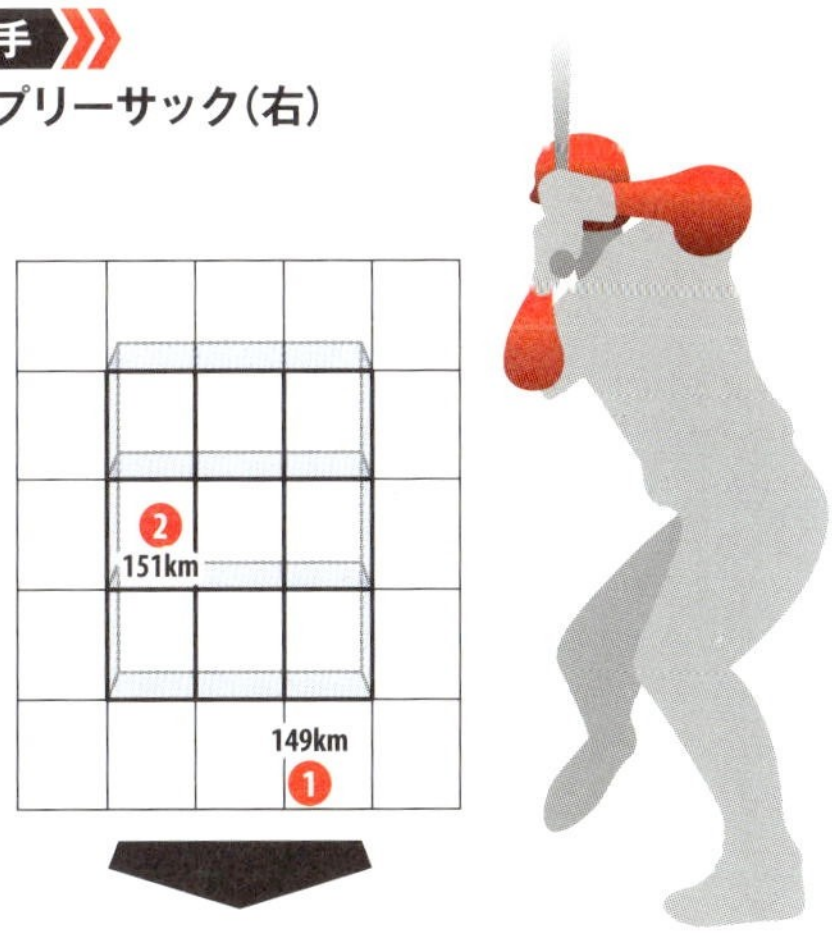

フォーシーム　ツーシーム　カットボール
スプリット　チェンジアップ　スライダー
カーブ

15号

2番・DH

二刀流史上初の記録も!

5月25日

SHOHEI OHTANI 15th HOMERUN

球団記録更新の超高速レーザーアーチ

弾丸ライナーで球団記録を塗り替えた。5月25日、本拠地で放った15号は、4月の2号で記録した打球速度約185キロを上回る約188・3キロをマーク。チーム全体の打球速度としても、データ解析システム「スタットキャスト」が導入された2015年以降で最も速い数値だった。

4回、2死一、三塁の場面で、フルカウントからの7球目、左打者に食い込んでくる内角カットボールを思い切り引っ張った。MLB公式Twitterで「レーザー」と表現された打球は右翼ポール際へ対空時間わずか3・7秒で一直線。高さは今季では比較的低い18メートル、飛距離は116メートルという、まさに弾丸ライナーだ。2018年に続き、2度目の「投手5先発&15本塁打」となり、史上初の快挙となった。

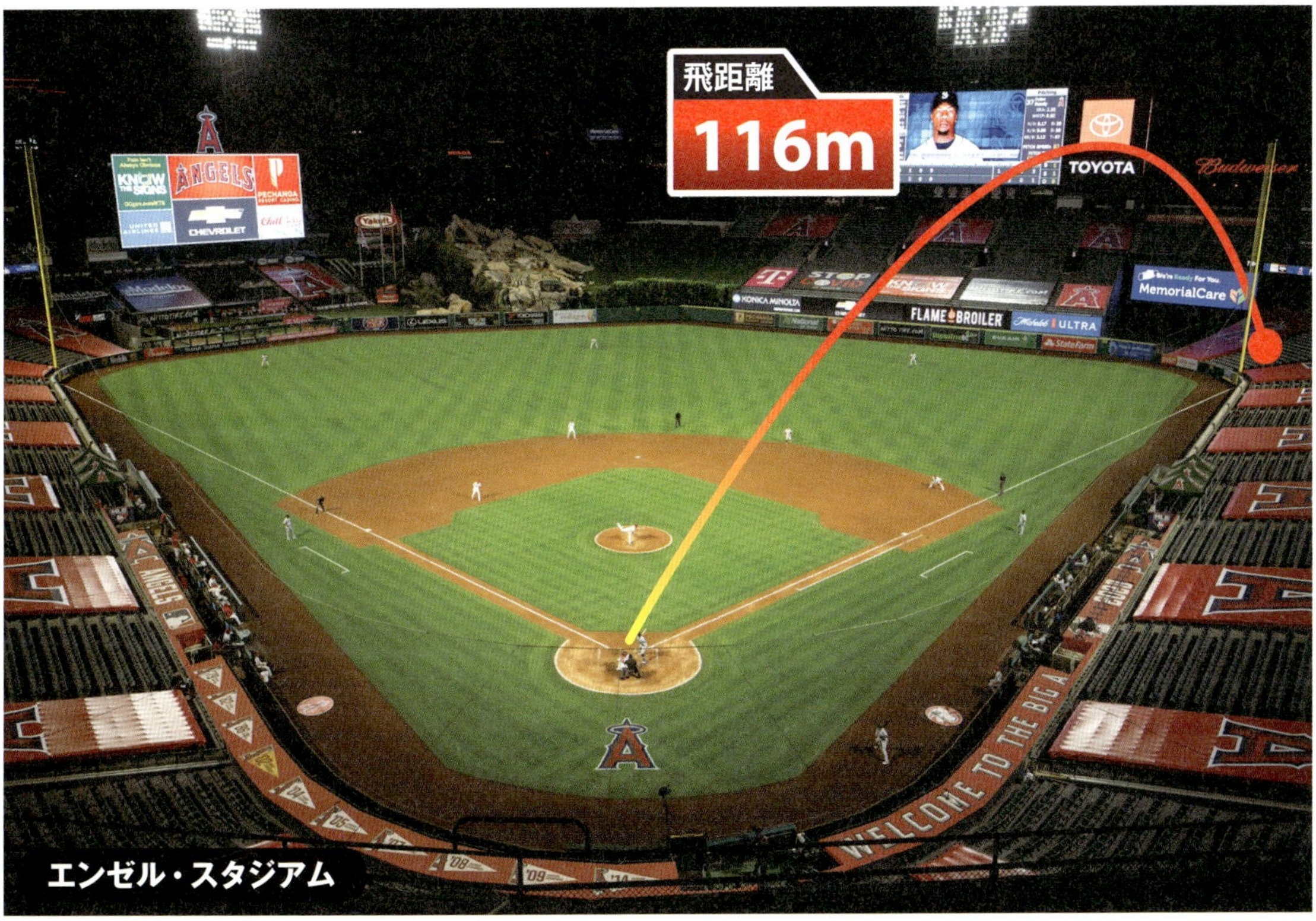

5月25日　試合結果:エンゼルス 11−5 レンジャーズ

本塁打時のスコアボード	1	2	3	4	5	6	7	8	9	R	H	E
レンジャーズ	0	0	0	1						1	1	0
エンゼルス	1	2	0	6						9	7	0

4回　B ●●●　S ●●　O ●●

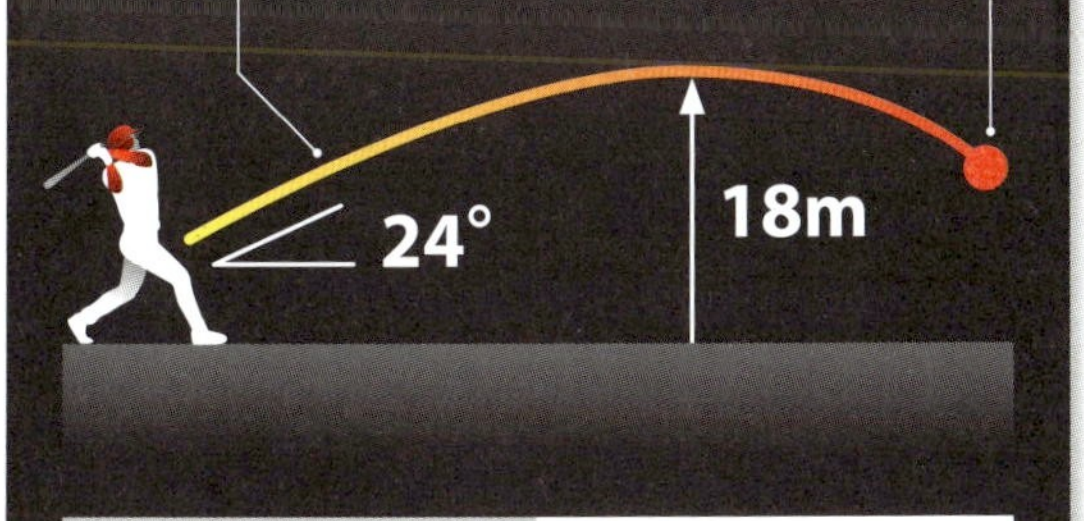

飛距離	116m
角度	24°
速度	188km/毎時
高さ	18m
滞空時間	3.7秒
方向	右翼

投手
B･デゲウス(右)

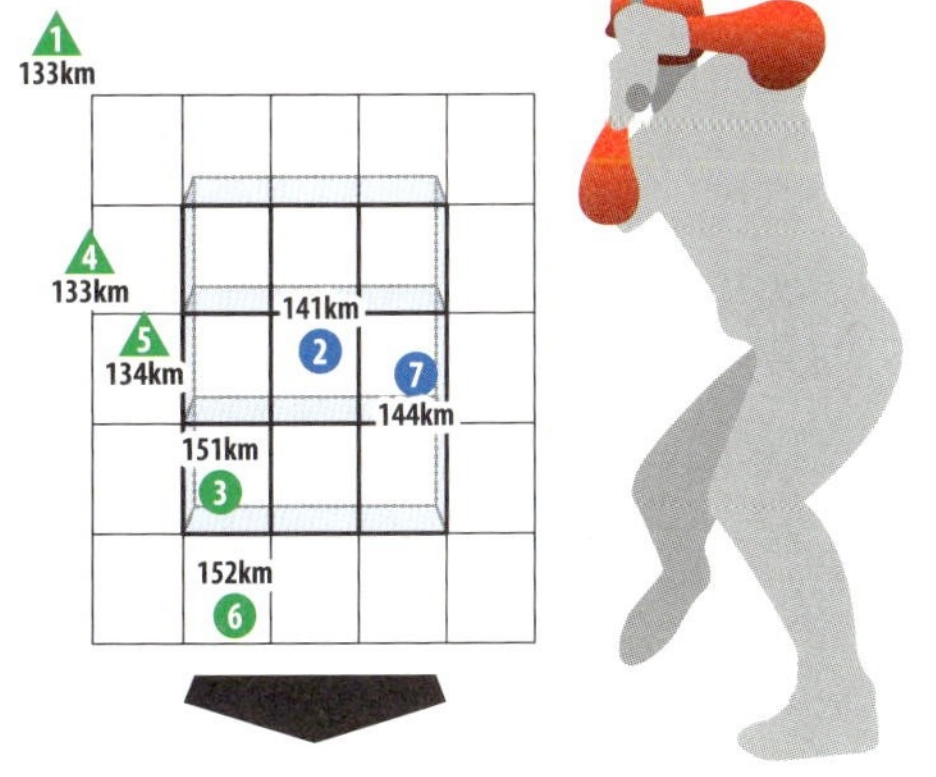

フォーシーム　ツーシーム　カットボール
スプリット　チェンジアップ　スライダー
カーブ

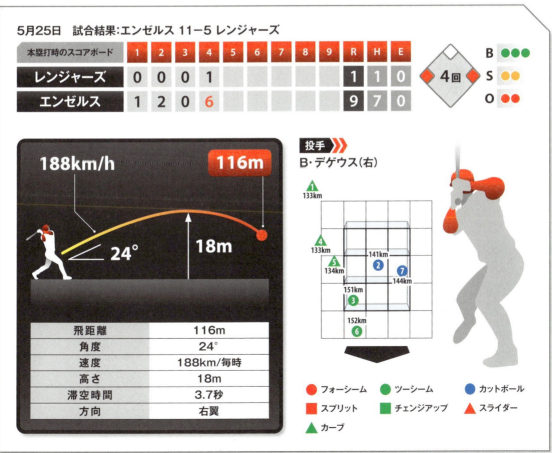

16号

2番・DH

SHOHEI OHTANI 16th HOMERUN

今季初「花巻東」対決は弾丸アーチで決着

先輩・菊池討ち

6月5日

同門対決は一振りで決着した。

6月5日の本拠地マリナーズ戦は、岩手・花巻東高の先輩、菊池雄星と今季初対決。1回1死の場面で、真ん中に入ってきた初球、152キロのカットボールをスイング。今季自己ランキングで4番目に低い弾道の打球はバックスクリーン左へ飛び込み、飛距離約133メートル、速度約181キロを計測した。

菊池からの一発は2019年の6月8日、メジャー初対決の時以来2年ぶり通算2本目。メジャーの日本人対決で同じ選手から2発は初めてだ。2019年には前田健太（ツインズ）からも1本打っており、1人で合計3本目も初。また、投打同時出場翌日の試合は今季11打数無安打だったものの、初安打が本塁打となった。また、この日2打席目は空振り三振で、以降は菊池が降板した。

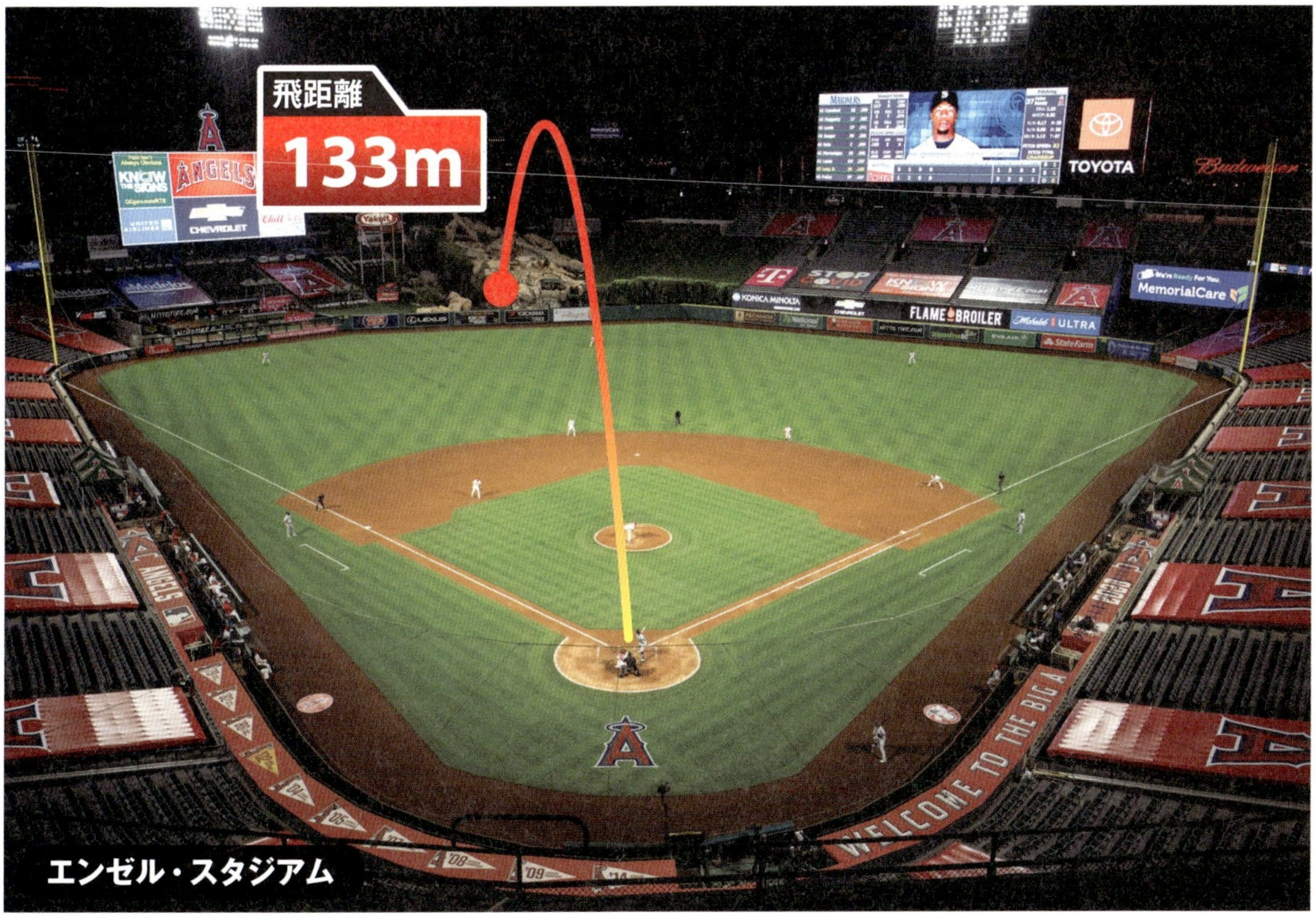

6月5日　試合結果:エンゼルス 12−5 マリナーズ

本塁打時のスコアボード	1	2	3	4	5	6	7	8	9	R	H	E
マリナーズ	0									0	0	0
エンゼルス	1									1	1	0

1回
B
S
O ●

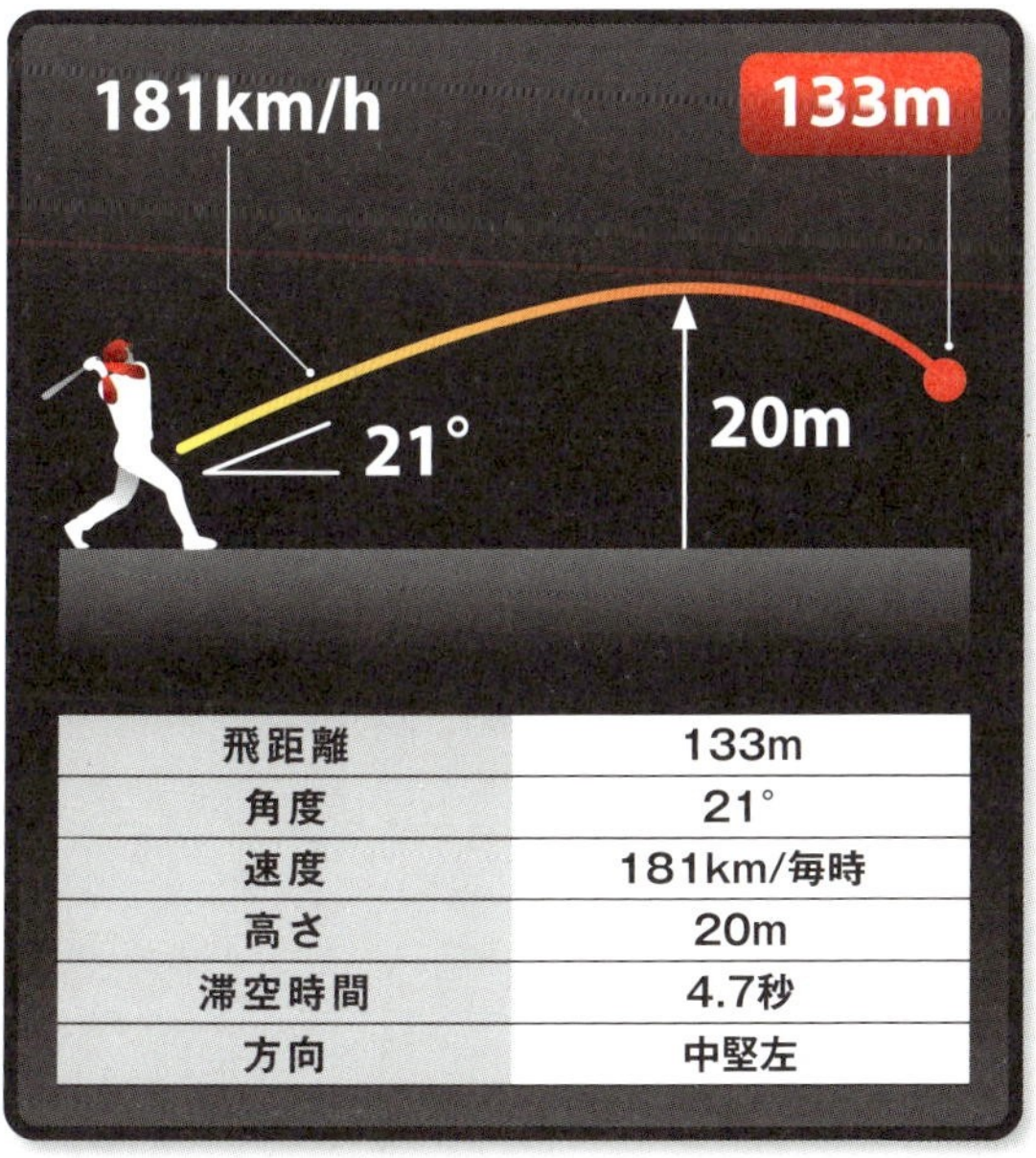

飛距離	133m
角度	21°
速度	181km/毎時
高さ	20m
滞空時間	4.7秒
方向	中堅左

投手
菊池雄星(左)

● フォーシーム　● ツーシーム　● カットボール
■ スプリット　■ チェンジアップ　▲ スライダー
▲ カーブ

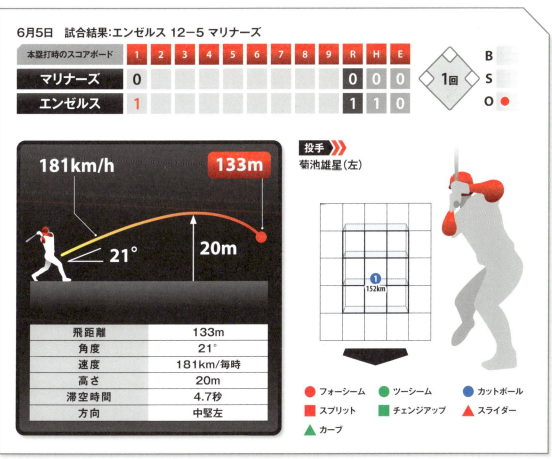

17号

2番・DH

SHOHEI OHTANI 17th HOMERUN

メジャー自己最長の143メートル特大弾

圧巻の飛距離だった。6月8日、本拠地ロイヤルズ戦の1回、左腕ブビックのど真ん中カーブを逃さず右中間へ。その距離約１４３・３メートル。超特大の17号2ランで先制点を挙げた。これまでの最長は、4月4日の第2号で約１３７メートル。約2カ月で自己ベストを更新してみせた。今季は、ここまで約１３４メートル（４４０フィート）以上の本塁打は4本目。両リーグでも2位タイにつけるほか、左打者が左投手から放った本塁打の飛距離では２０１９年以降で3番目。もはやメジャー屈指の長距離砲といえる。

　更新することが当たり前となってきた日本人記録では、前半戦17本は２００４年ヤンキース時代の松井秀喜と並ぶ日本人最多タイ。同年に松井が放った日本人シーズン最多31本更新へカウントダウンが始まった。

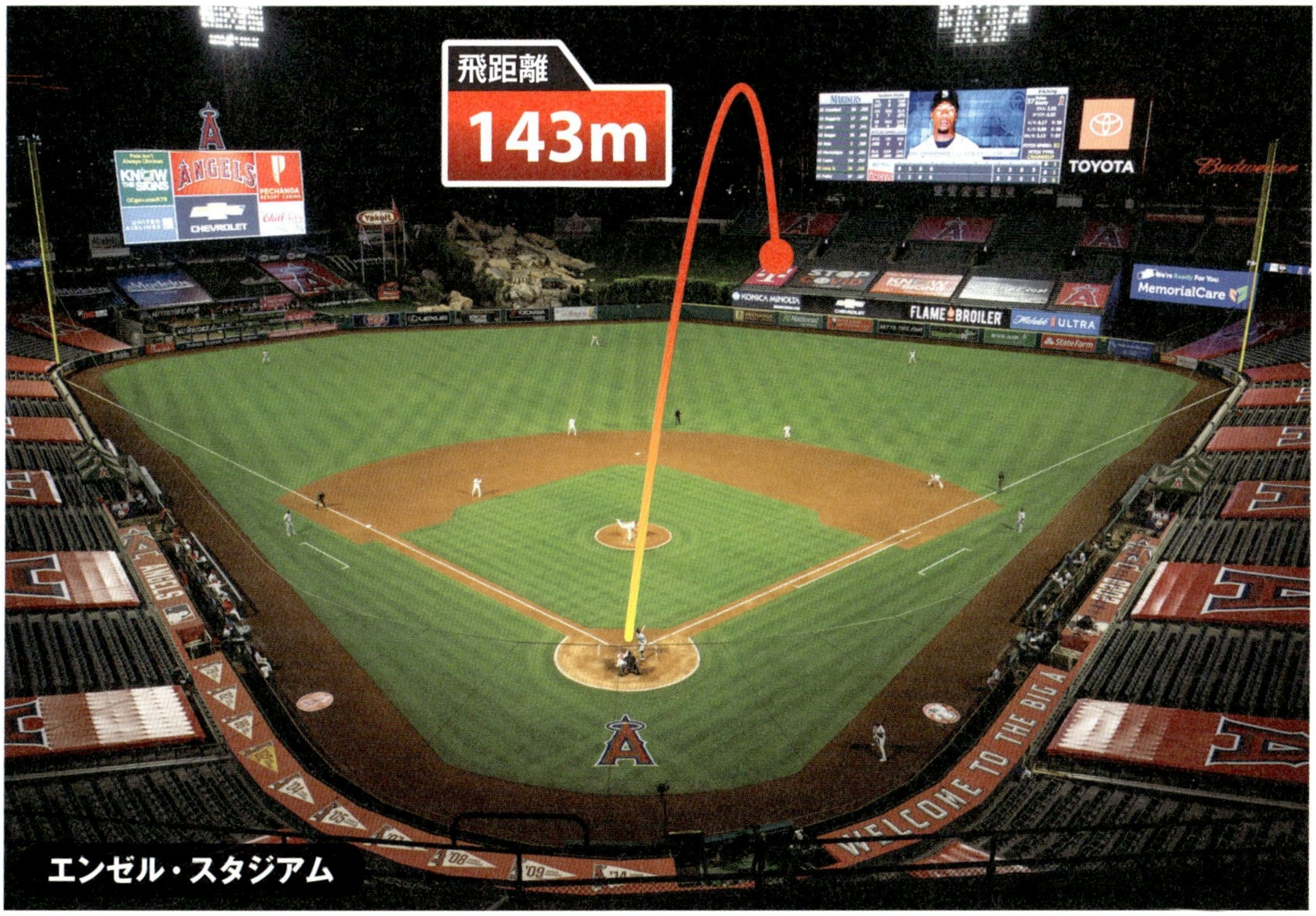

6月8日　試合結果:エンゼルス 8−1 ロイヤルズ

本塁打時のスコアボード	1	2	3	4	5	6	7	8	9	R	H	E
ロイヤルズ	0									0	0	0
エンゼルス	2									2	1	0

1回　B　S　O

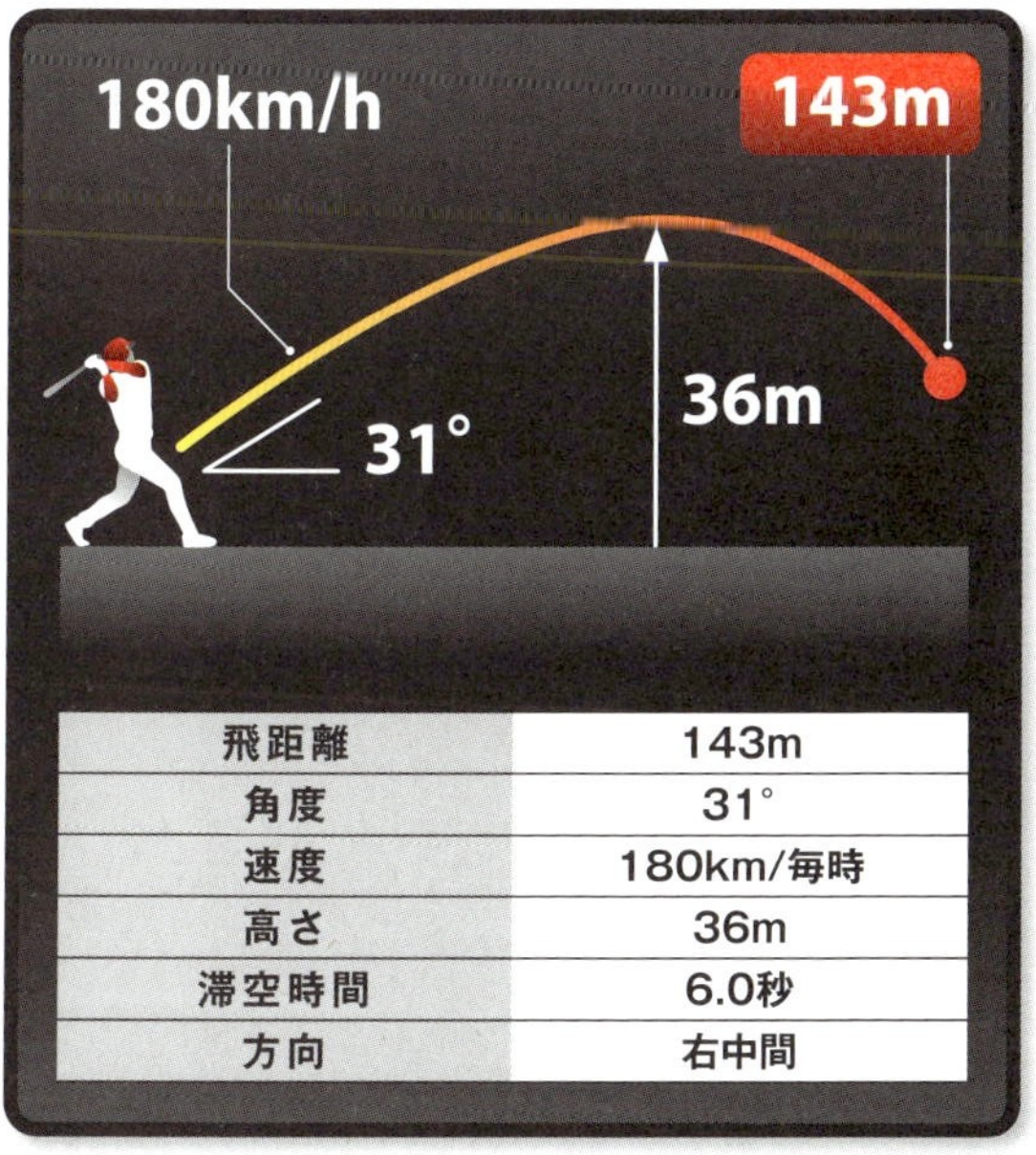

飛距離	143m
角度	31°
速度	180km/毎時
高さ	36m
滞空時間	6.0秒
方向	右中間

投手
K・ブビック(左)

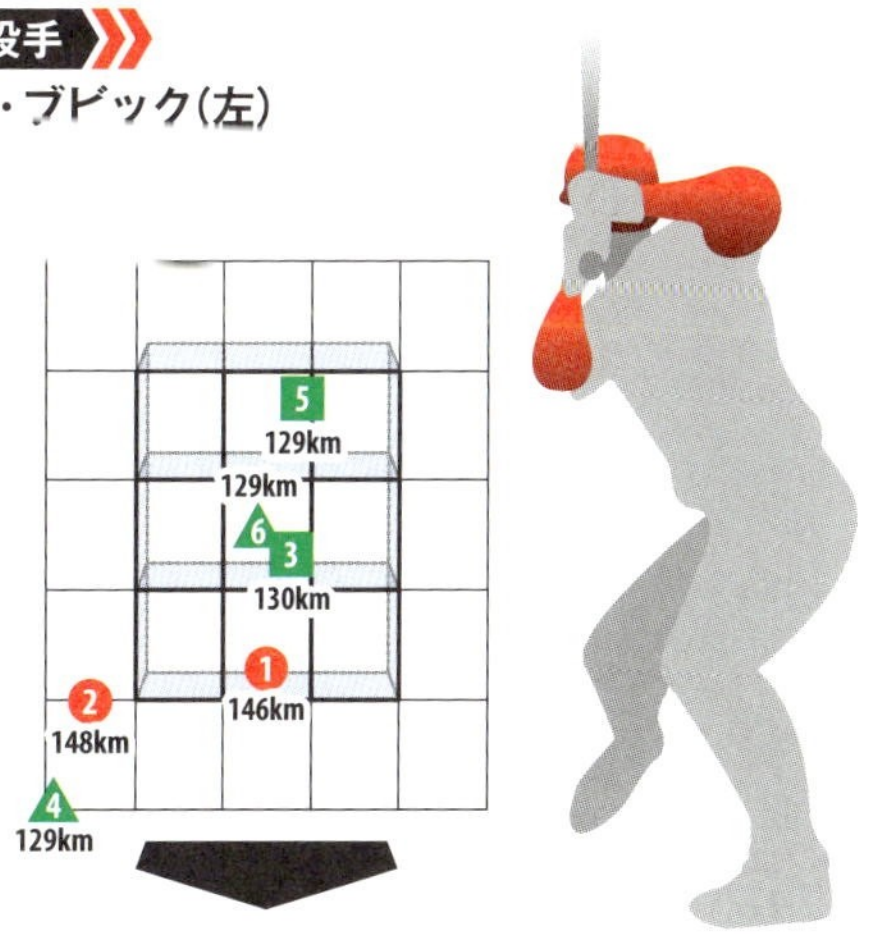

フォーシーム　ツーシーム　カットボール
スプリット　チェンジアップ　スライダー
カーブ

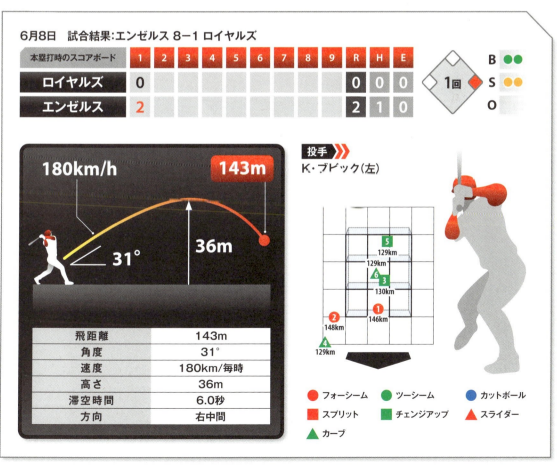

18号

2番・DH

SHOHEI OHTANI 18th HOMERUN

「ゴジラ超え」の前半戦〝日本人最多弾〟

「ゴジラ超え」がおなじみとなってきた。18号ソロは、6月15日、敵地オークランドコロシアムのアスレチックス戦で6試合ぶりの一発。前半戦の本塁打数では、２００４年ヤンキース時代の松井秀喜の17本を超えて日本人最多となった。

　3点を追う8回、左腕ルサルドが投じた5球目、今季本塁打時の相手投手では最速約１５８キロ直球がど真ん中に来たところを右中間に放り込んだ。

　左対左の対戦だが、打球速度約１８６キロは今季左腕から放った本塁打では上位。飛距離は約１３１メートルとまったく苦にしていない。今季の本塁打は、ここまで18本のうち左投手からが7本。過去3年間の47本中わずか6本と比べれば、差は歴然。日本人シーズン最多の31本超えも、今年の大谷にははっきりと見えている。

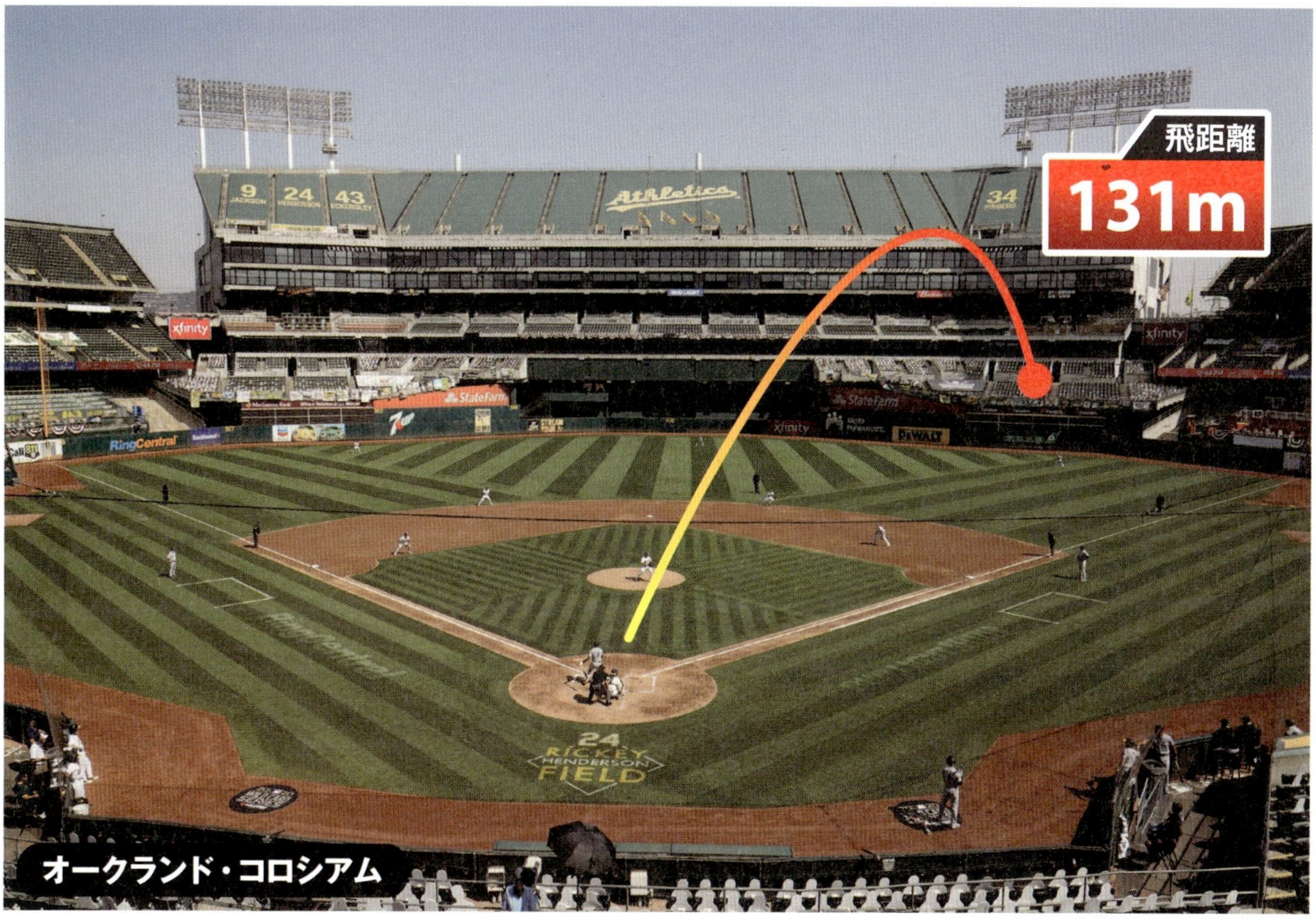

オークランド・コロシアム

6月15日　試合結果:アスレチックス 6–4 エンゼルス

本塁打時のスコアボード	1	2	3	4	5	6	7	8	9	R	H	E
エンゼルス	0	0	1	0	1	0	0	1		3	6	0
アスレチックス	0	0	2	0	0	3	0			5	6	0

8回　B　S　O

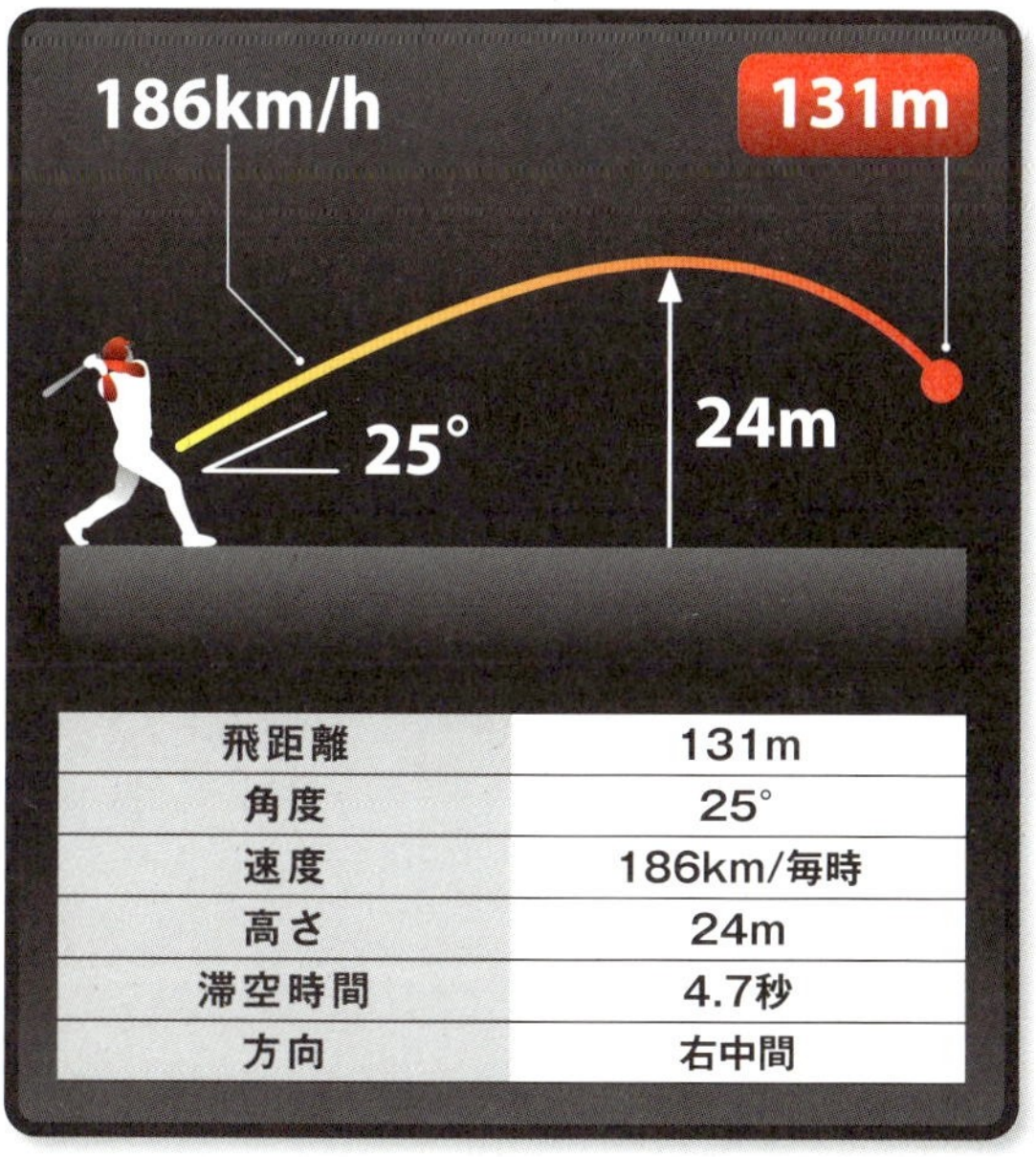

飛距離	131m
角度	25°
速度	186km/毎時
高さ	24m
滞空時間	4.7秒
方向	右中間

投手
J・ルサルド(左)

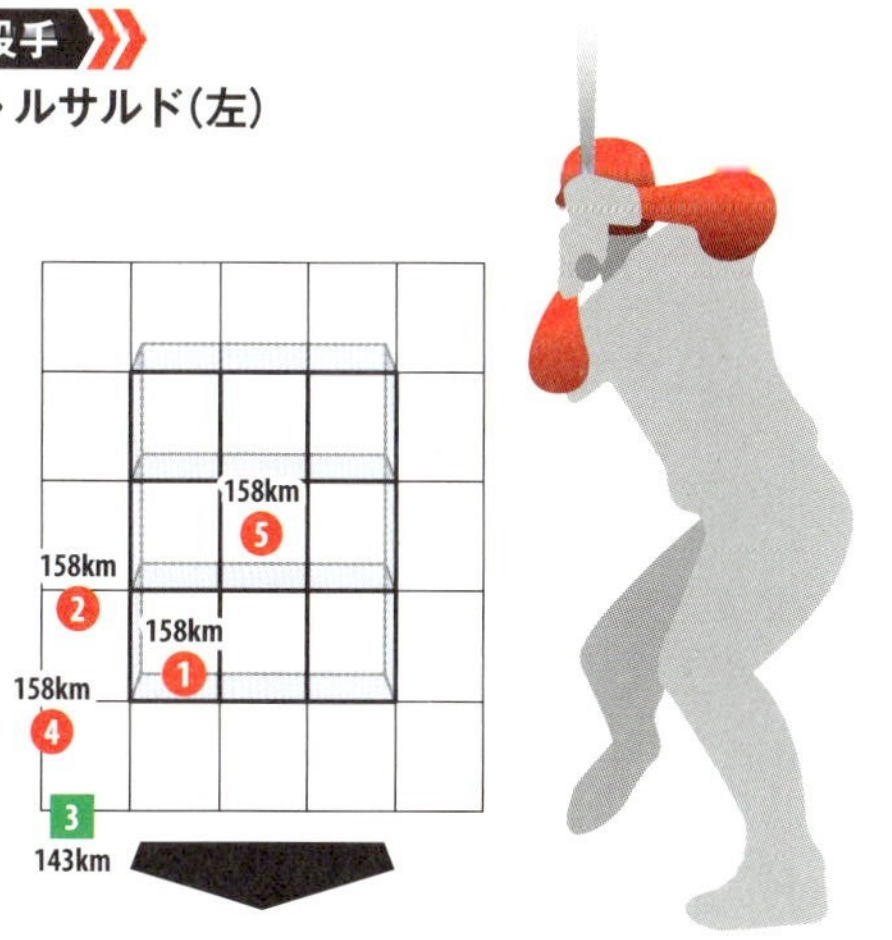

フォーシーム　ツーシーム　カットボール
スプリット　チェンジアップ　スライダー
カーブ

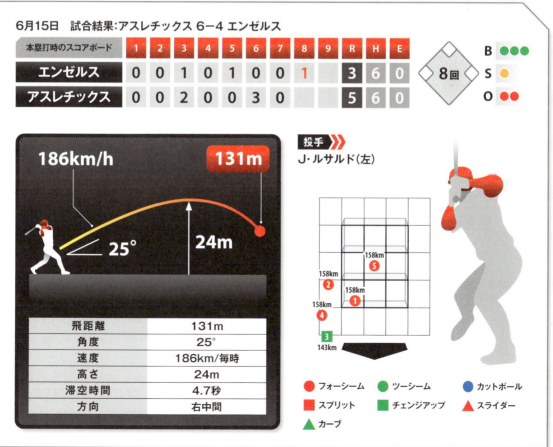

19号

2番・DH

SHOHEI OHTANI 19th HOMERUN

苦手の左腕も何のその 無敵の最多8発

6月16日

２０２１年の充実ぶりを象徴する一発だ。６月16日のアスレチック戦では、２回に左腕アーヴィンの初球１３５キロ、真ん中のスライダーをたたいて右方向に19号ソロを放った。メジャーで左腕からの２試合連続本塁打は初めて。今季ここまで19本のうち８本が左投手で、北海道日本ハムファイターズ時代の２０１６年にマークした７本を上回り、左腕からの本塁打数で自己最多をマークした。

８本のうち、中堅から右方向への本塁打は７本。過去３年間苦しんでいた対左投手を克服した。試合では足でも見せ場をつくった。５回には、２０１９年以来３度目の２桁盗塁となる今季10個目の盗塁を成功させた。２桁本塁打との同時達成は３度目。日本人では同じく３度記録したイチロー（マリナーズ）に次いで２人目となった。

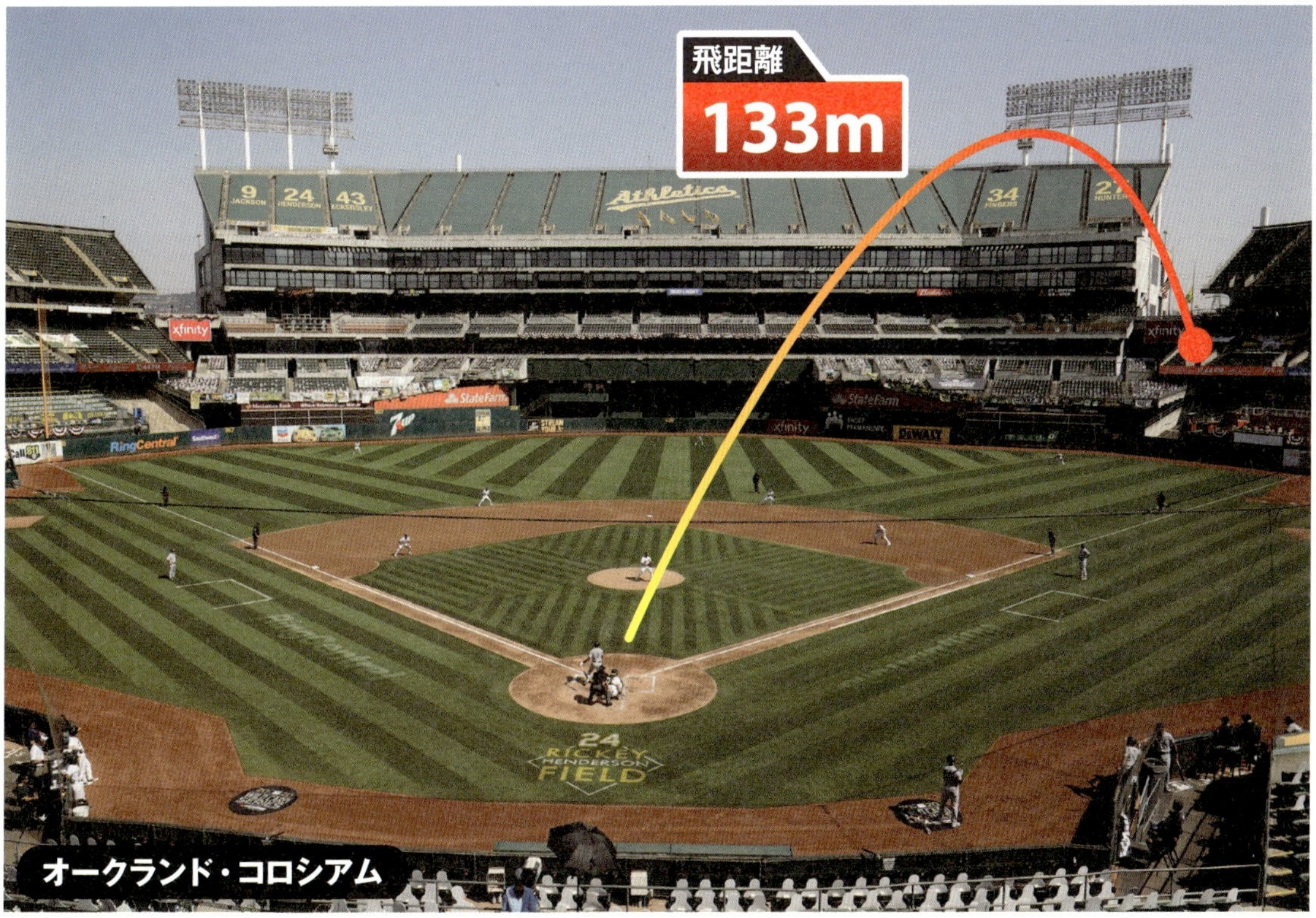

オークランド・コロシアム

6月16日　試合結果:アスレチックス 8−4 エンゼルス

本塁打時のスコアボード	1	2	3	4	5	6	7	8	9	R	H	E
エンゼルス	3	1								4	6	0
アスレチックス	0									0	1	0

2回　B　S　O ●●

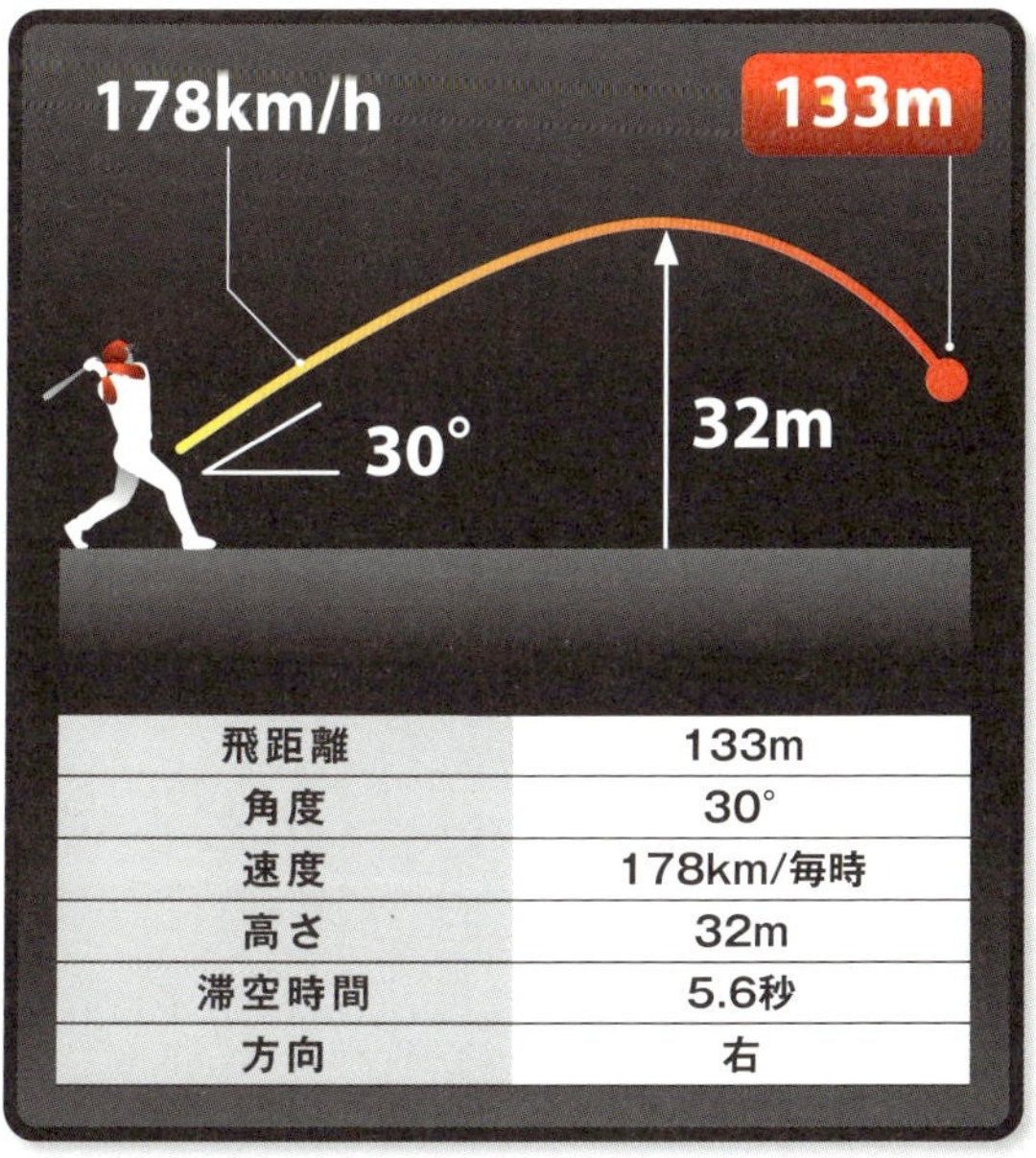

飛距離	133m
角度	30°
速度	178km/毎時
高さ	32m
滞空時間	5.6秒
方向	右

投手
C・アーヴィン(左)

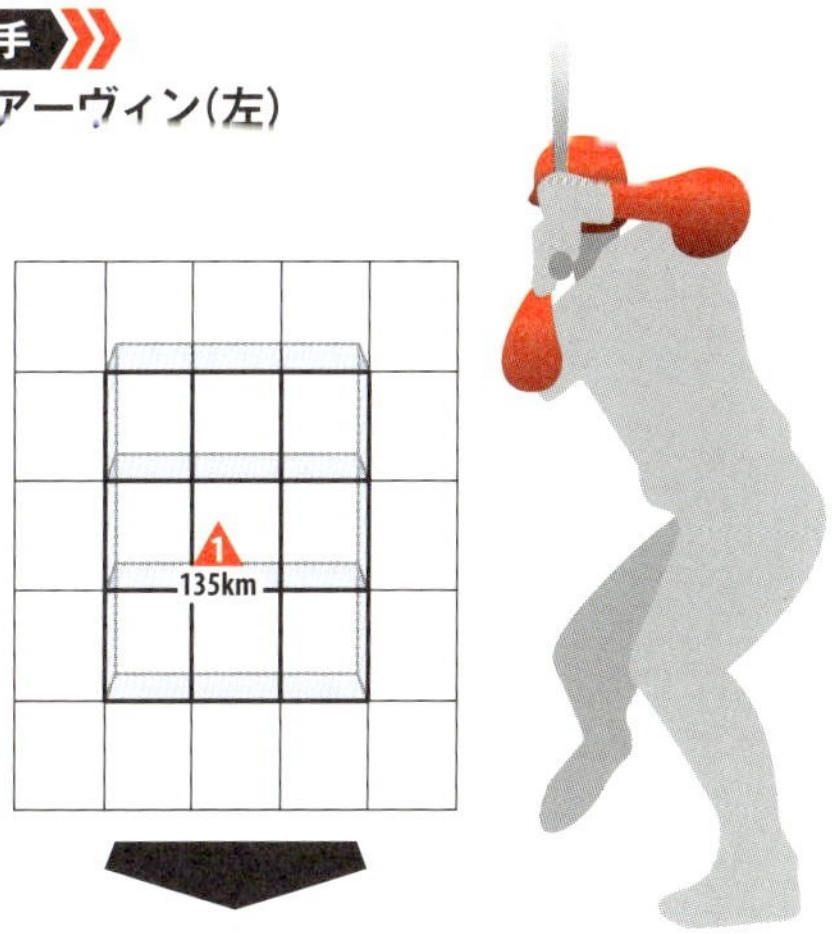

● フォーシーム　● ツーシーム　● カットボール
■ スプリット　■ チェンジアップ　▲ スライダー
▲ カーブ

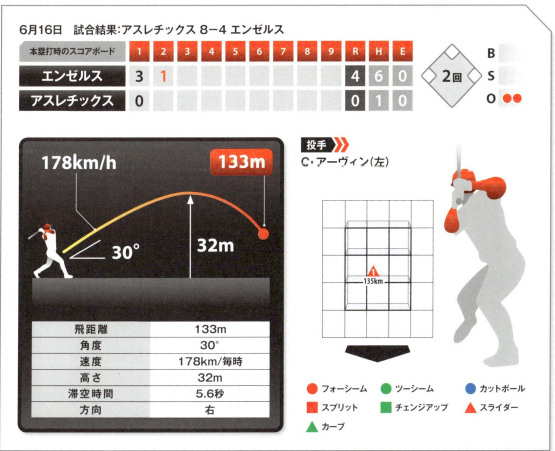

20号

2番・DH

SHOHEI OHTANI 20th HOMERUN

最速20本目はメジャー自己最低空弾

日本人最速の20本目は強烈なライナーだった。6月18日、本拠地タイガース戦の5回、1死一塁の場面で、右腕ウレーニャの148キロツーシームをとらえた。メジャーで放った67本塁打の中で最も低い打球角度18度というライナー性の弾道は、打球速度184キロでわずか3・8秒の間に右中間へ飛び去った。

22本塁打の2018年以来、メジャー2度目の20本到達。日本人選手の20本到達は過去に、松井秀喜がヤンキースで4度、エンゼルスで1度の合計5度経験しているが、大谷はシーズンの打者65試合目で到達。2007年松井秀喜（ヤンキース）の93試合目を大きく上回った。

二刀流ならではの記録、シーズン20本塁打&70奪三振はメジャー史上初の快挙。記録を塗り替える中で、この試合ではもう一つお楽しみが待っていた。

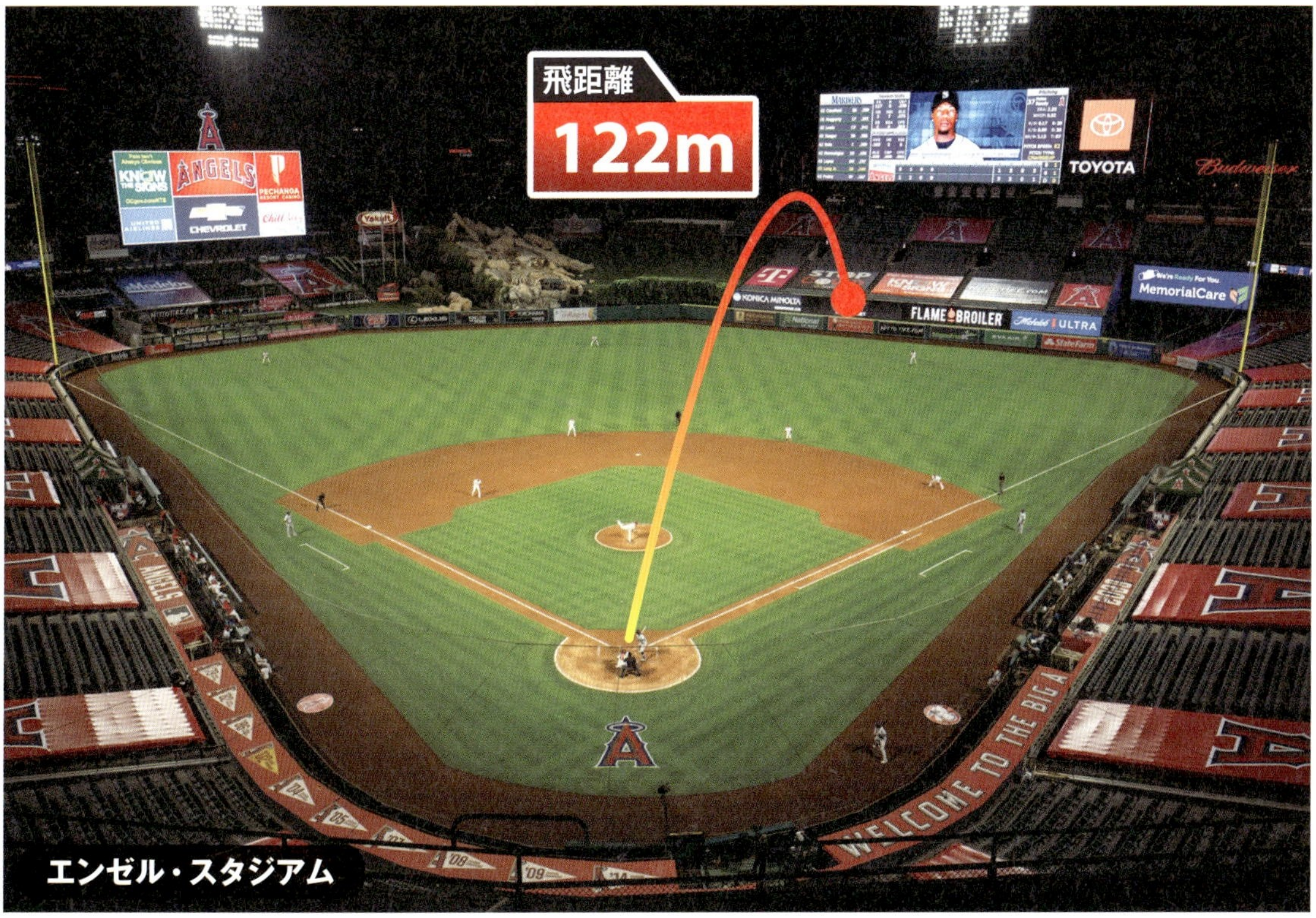

エンゼル・スタジアム

6月18日　試合結果:エンゼルス 11−3 タイガース

本塁打時のスコアボード	1	2	3	4	5	6	7	8	9	R	H	E
タイガース	0	0	0	0	0					0	2	0
エンゼルス	0	1	1	0	3					5	6	0

5回

B ●●
S ●●
O ●

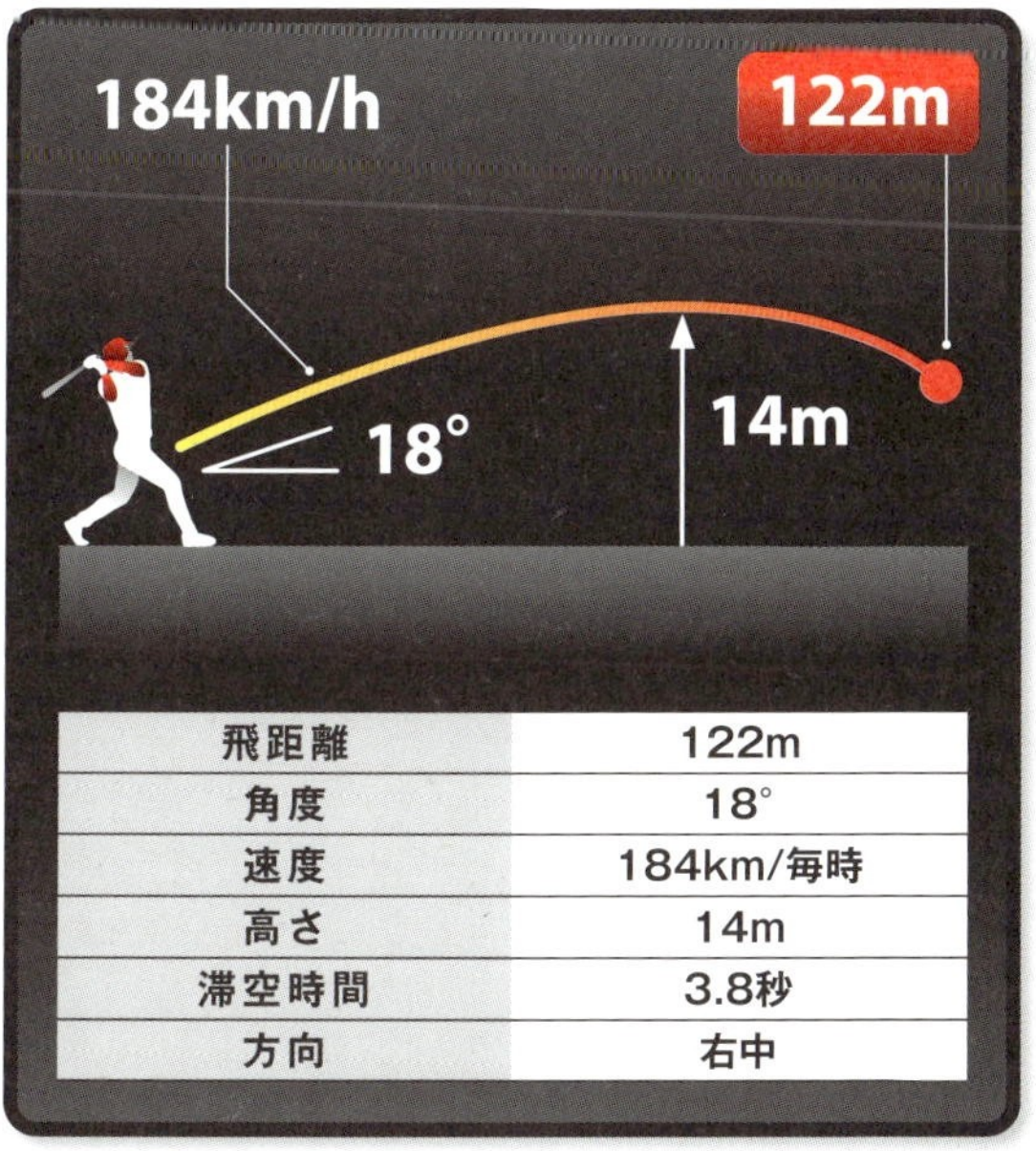

飛距離	122m
角度	18°
速度	184km/毎時
高さ	14m
滞空時間	3.8秒
方向	右中

投手

J・ウレーニャ(右)

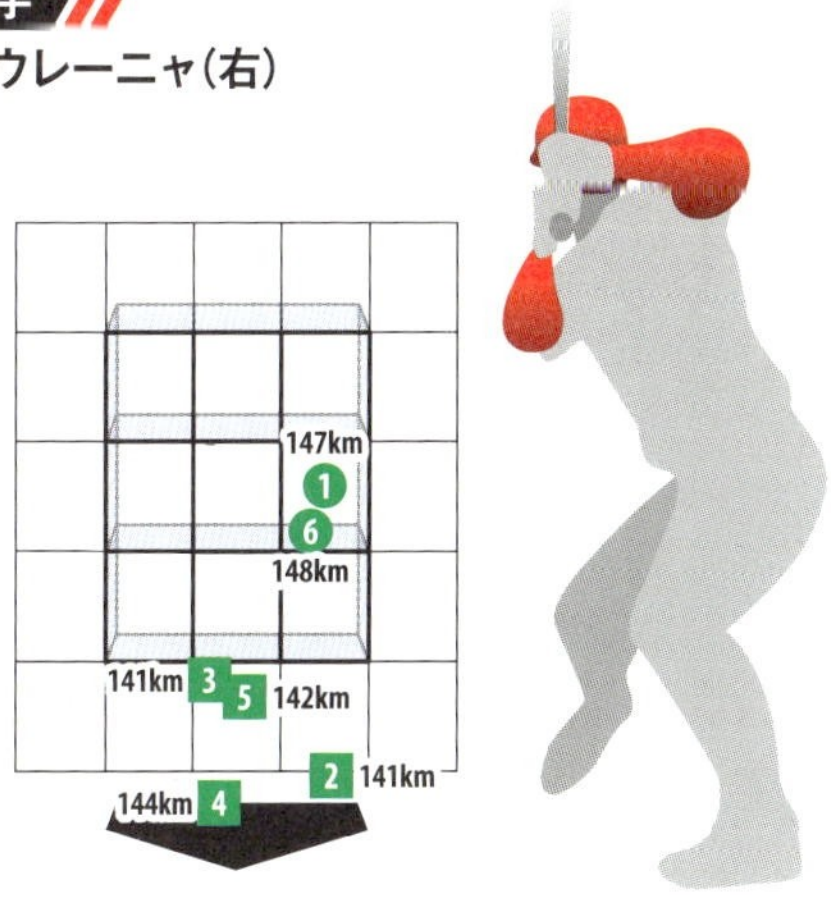

● フォーシーム　● ツーシーム　● カットボール
■ スプリット　■ チェンジアップ　▲ スライダー
▲ カーブ

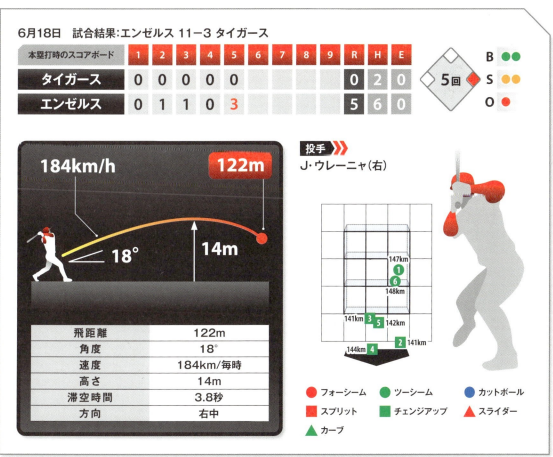

6月18日

21号

2番・DH

SHOHEI OHTANI 21st HOMERUN

1試合2発！ 止まらぬ〝SHO TIME〟

5回の20号2ランに続き、8回にもやってくれた。6月18日のタイガース戦では、10－2と大量リードの8回、右腕ヒメネスの145キロチェンジアップを左中間へ持っていった。1試合2発は、2019年6月30日アスレチックス戦以来2年ぶり4度目。バレル率14・5％はメジャートップとなり、1発目の超低空弾の後も「SHO TIME」は続いていた。

飛距離は約124メートル。これで自身の本塁打平均飛距離は418フィート（約127メートル）と過去最高に。試合前にはオールスターのホームランダービー出場が発表され、日本人、さらには投手で先発登板した選手として初出場が決定。本塁打が飛び出したことで場内の熱狂に拍車が掛かり、打席に向かうたび本拠地球場全体から「MVP」コールが起こった。

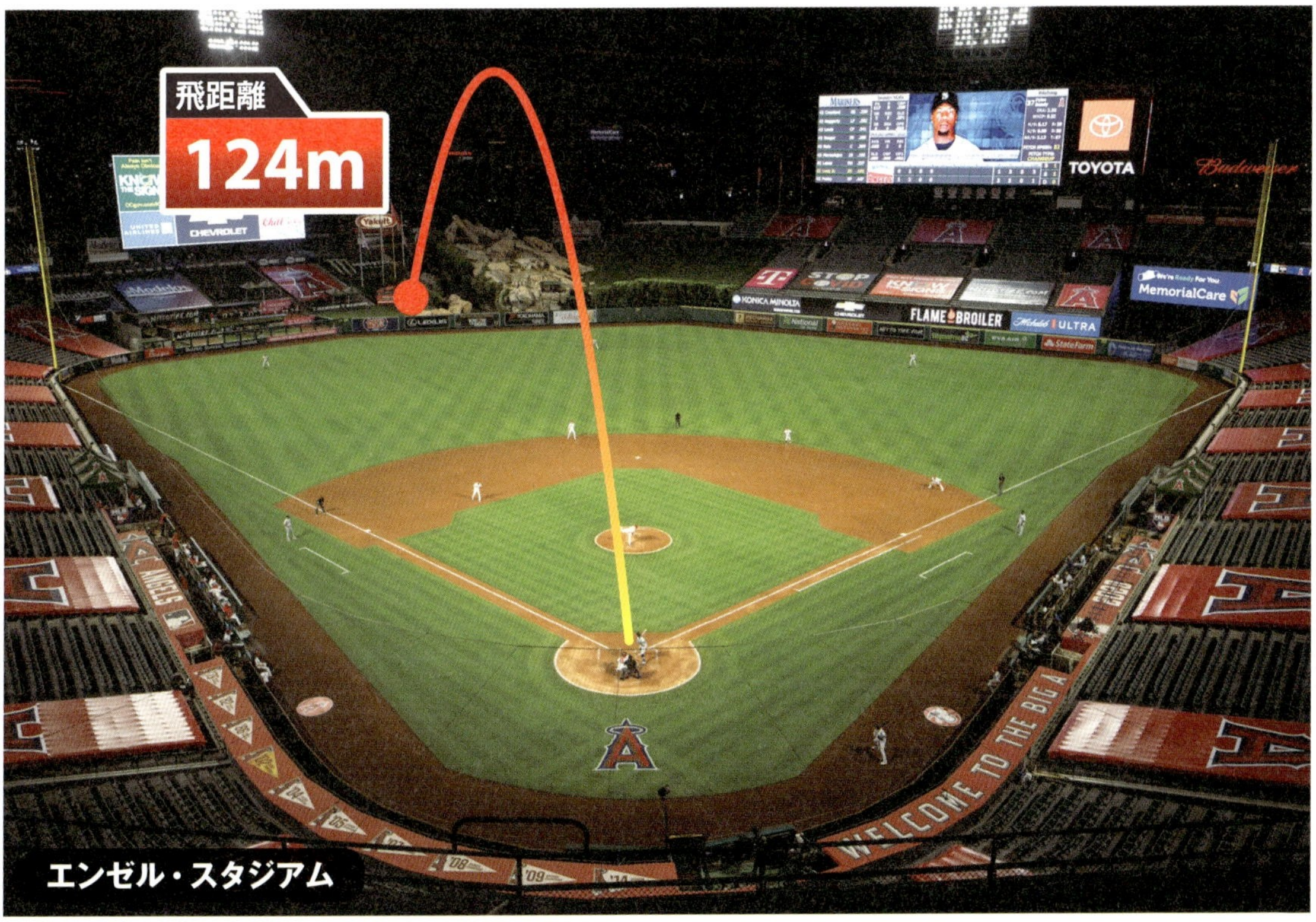

6月18日　試合結果:エンゼルス 11−3 タイガース

本塁打時のスコアボード	1	2	3	4	5	6	7	8	9	R	H	E
タイガース	0	0	0	0	0	1	1	0		2	5	0
エンゼルス	0	1	1	0	5	3	0	1		11	12	1

8回　B　S　O

飛距離	124m
角度	26°
速度	175km/毎時
高さ	25m
滞空時間	5.0秒
方向	左中間

投手
J・ヒメネス(右)

フォーシーム　ツーシーム　カットボール
スプリット　チェンジアップ　スライダー
カーブ

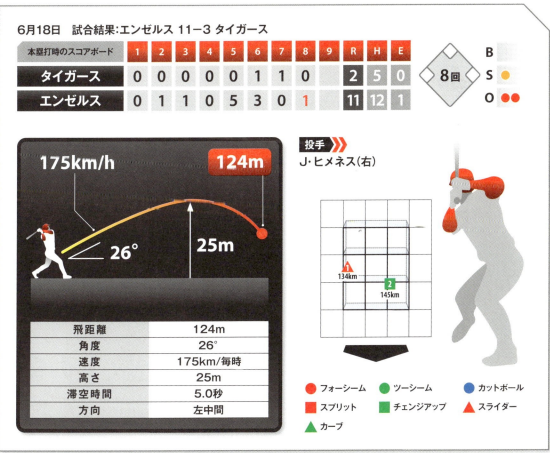

22号

2番・DH

SHOHEI OHTANI 22nd HOMERUN

ルーキーイヤーの22本に6月で並んだ

強烈！逆方向弾

6月19日

２０１８年当時は1シーズンかかった本塁打数に、早くも6月の時点で並んだ。6月19日、本拠地のタイガース戦で3回に、1死三塁から22号2ラン。メジャー初年にア・リーグ新人王を獲得してから4年目、自己最高のシーズンとなることは確定したも同然となった。

2試合連続弾は、前日に続く逆方向へのアーチ。ここまで左方向の本塁打は左中間が中心だった。今回は右打者が引っ張ったかのような左翼寄りの一撃。今季は右中間を中心に本塁打を量産する中、全方位に打つことができる大砲に成長した。18号からの5戦5発は、日本人では２００６年6月の城島健司（マリナーズ）以来、15年ぶりの最多タイ。しかも、大谷はこの間に投手として3勝目を挙げており、投打の記録誕生へさらに期待が高まった。

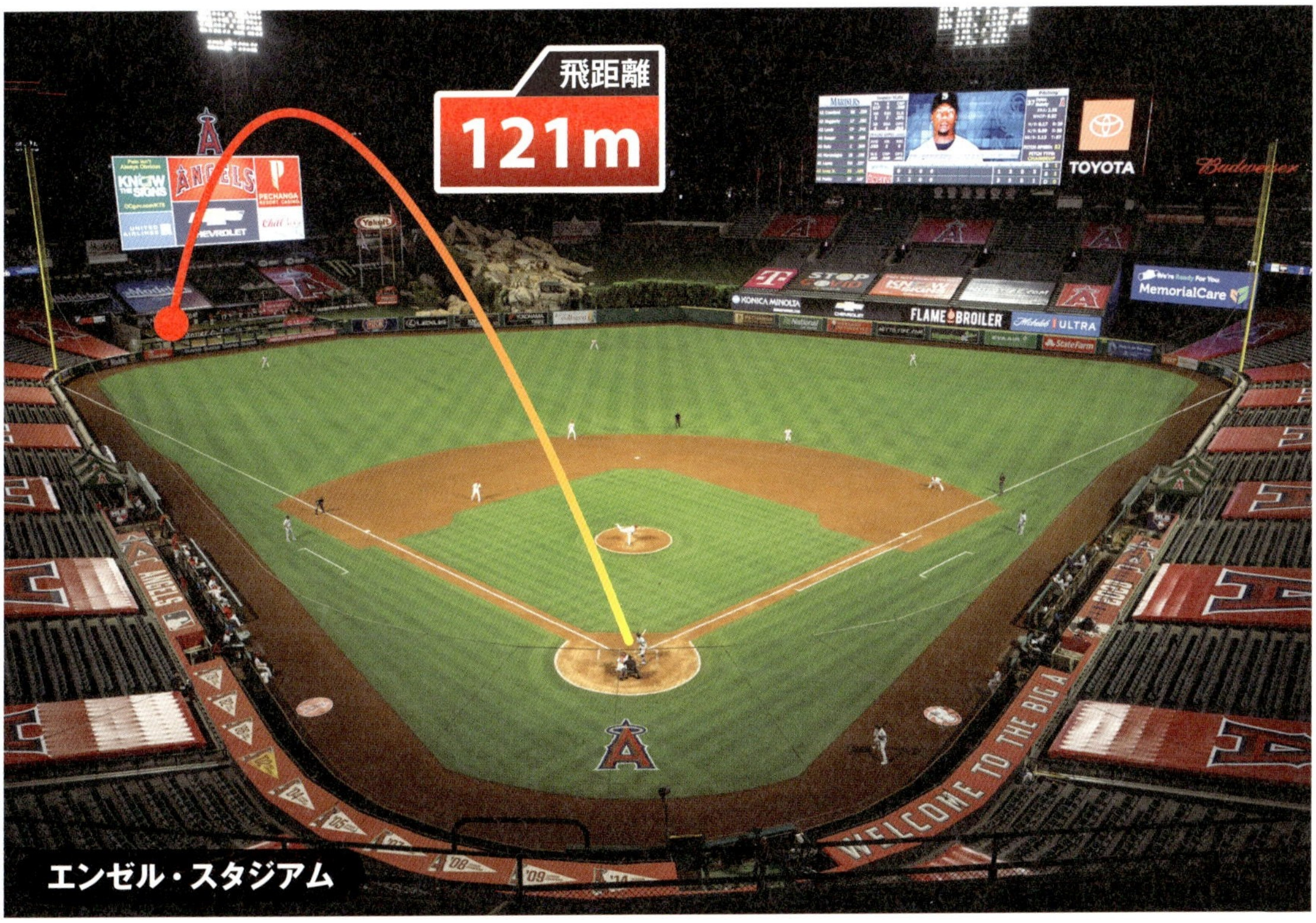

6月19日　試合結果:エンゼルス 8−3 タイガース

本塁打時のスコアボード	1	2	3	4	5	6	7	8	9	R	H	E
タイガース	0	0	0							0	1	1
エンゼルス	0	1	2							3	4	0

3回

B
S
O

飛距離	121m
角度	25°
速度	173km/毎時
高さ	22m
滞空時間	4.7秒
方向	左

投手

W・ペラルタ(右)

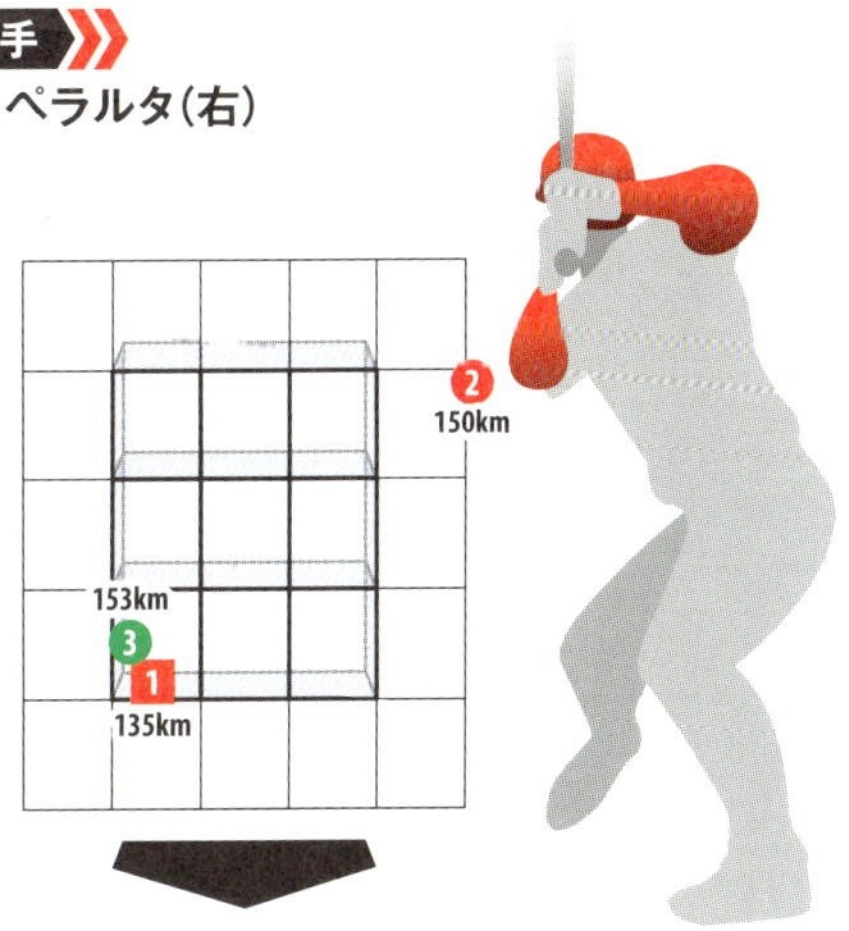

フォーシーム　ツーシーム　カットボール
スプリット　チェンジアップ　スライダー
カーブ

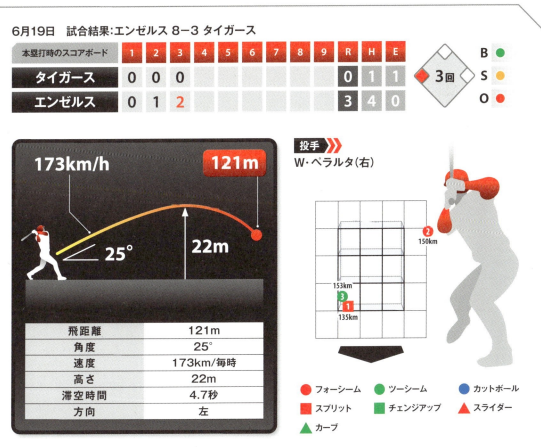

23号

2番・DH

6戦6発!!

6月20日

SHOHEI OHTANI 23rd HOMERUN

前半戦だけでシーズン自己ベスト23本

前半戦で早くも自己最多だ。6月20日、本拠地のタイガース戦で23号2ラン。２点を追う5回1死二塁の場面で、右腕マイズの真ん中低めのスライダーをバックスクリーンへ運び、一時同点となるアーチに珍しくガッツポーズを見せた。これでシーズン自己最多だった２０１８年の22本を超え、日本人初の６戦6発をマークした。

エンゼル・スタジアムは中堅約１２１メートルで、右中間がやや狭い造りで左打者には不利とされている。この日の打球速度は約１６６・６キロ、飛距離約１２６メートルと今季の大谷には平凡な数字だが、それでも中堅まで運ぶパワーがある。これでメジャー通算70本塁打とし、投手では通算１３９奪三振をマークしていたことで、メジャー４人目となる「通算70本&１００奪三振」となった。

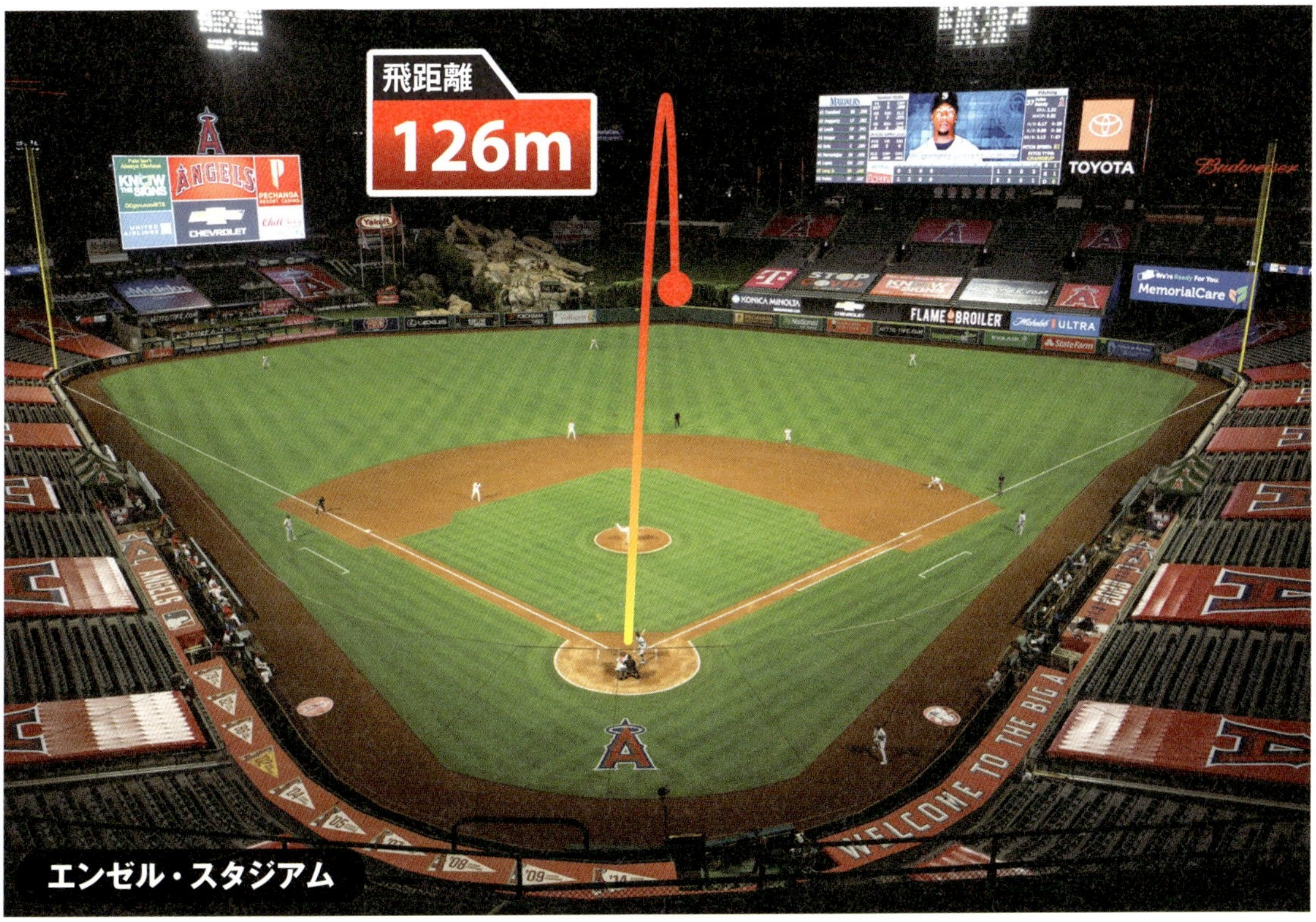

6月20日　試合結果:エンゼルス 3−5 タイガース

本塁打時のスコアボード	1	2	3	4	5	6	7	8	9	R	H	E
タイガース	0	0	1	0	2					3	5	0
エンゼルス	0	0	0	1	2					3	8	1

5回　B S O

飛距離	126m
角度	23°
速度	167km/毎時
高さ	21m
滞空時間	4.7秒
方向	中堅

投手 C・マイズ(右)

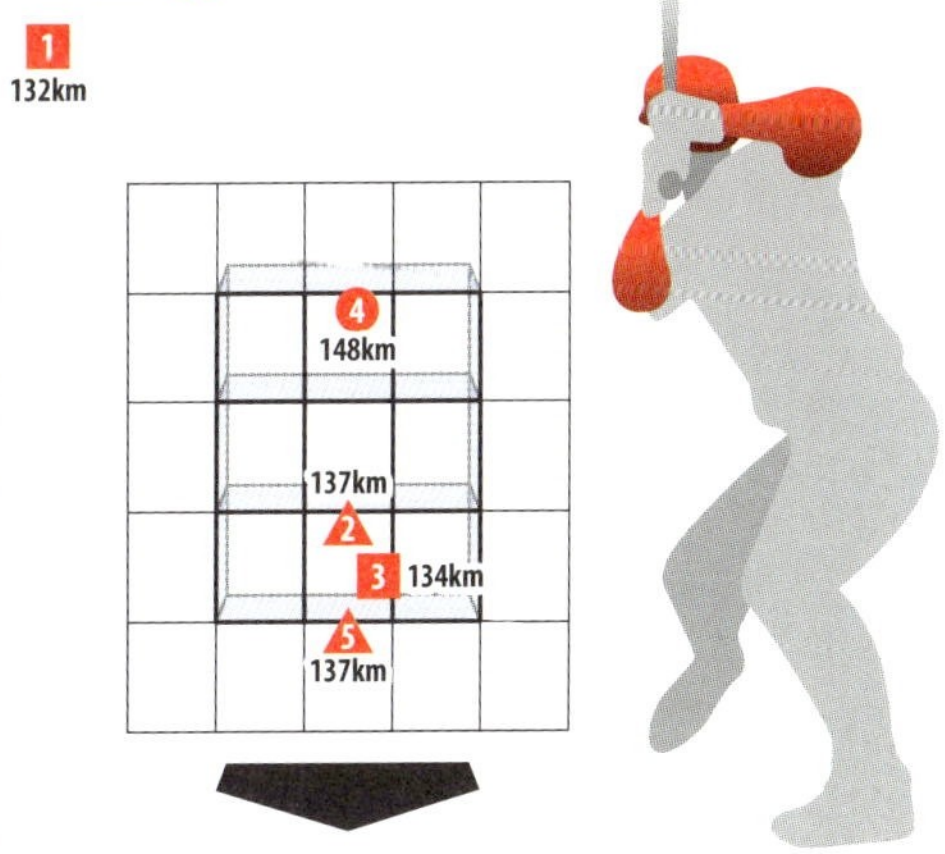

フォーシーム　ツーシーム　カットボール
スプリット　チェンジアップ　スライダー
カーブ

24号

1番・DH

SHOHEI OHTANI 24th HOMERUN

130年ぶりの二刀流先頭打者アーチ

先頭打者弾で最速！

6月25日

記録ずくめの一発だ。6月25日、敵地トロピカーナ・フィールドのレイズ戦で定位置の2番ではなく、1番・DHで出場。1回、先発右腕キットレッジのチェンジアップを右中間へ飛ばすと、打球は右翼後方の電光掲示板を越え、通称「キャット・ウオーク」と呼ばれる通路に当たった。特大の24号ソロの打球速度は約１８７キロで、初速が計測され始めた２０１５年以降、先頭打者本塁打では最速というおまけつきだった。

自身ではメジャー初の先頭打者アーチとなった。二刀流の記録として、同一シーズンに勝利を挙げた投手による先頭打者本塁打は、2リーグ発足前の１８９１年、ライアン（コルツ＝現カブス）とマデン（オリオールズ＝現オリオールズとは別球団）が達成。以来、実に１３０年ぶりとなる快挙だった。

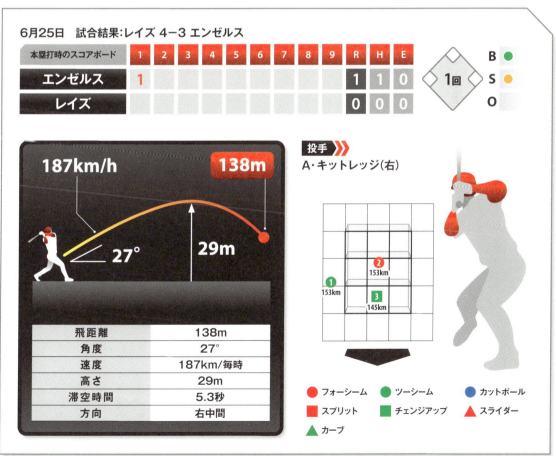

6月25日　試合結果:レイズ 4−3 エンゼルス

本塁打時のスコアボード	1	2	3	4	5	6	7	8	9	R	H	E
エンゼルス	1									1	1	0
レイズ										0	0	0

1回　B ●　S ●　O

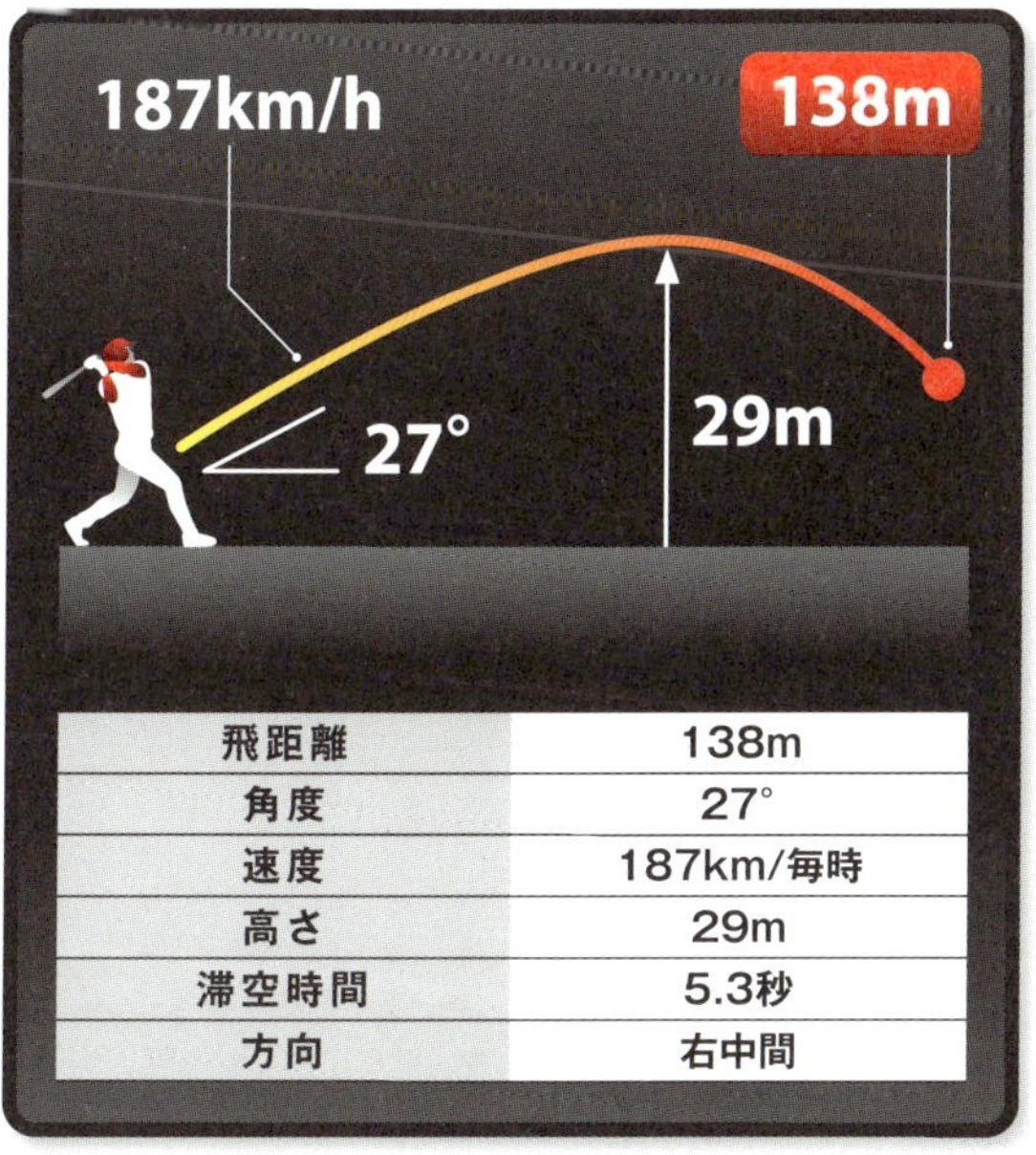

飛距離	138m
角度	27°
速度	187km/毎時
高さ	29m
滞空時間	5.3秒
方向	右中間

投手

A･キットレッジ(右)

● フォーシーム　● ツーシーム　● カットボール
■ スプリット　■ チェンジアップ　▲ スライダー
▲ カーブ

25号

2番・DH

SHOHEI OHTANI 25th HOMERUN

球宴1次投票トップに祝砲の月間2桁

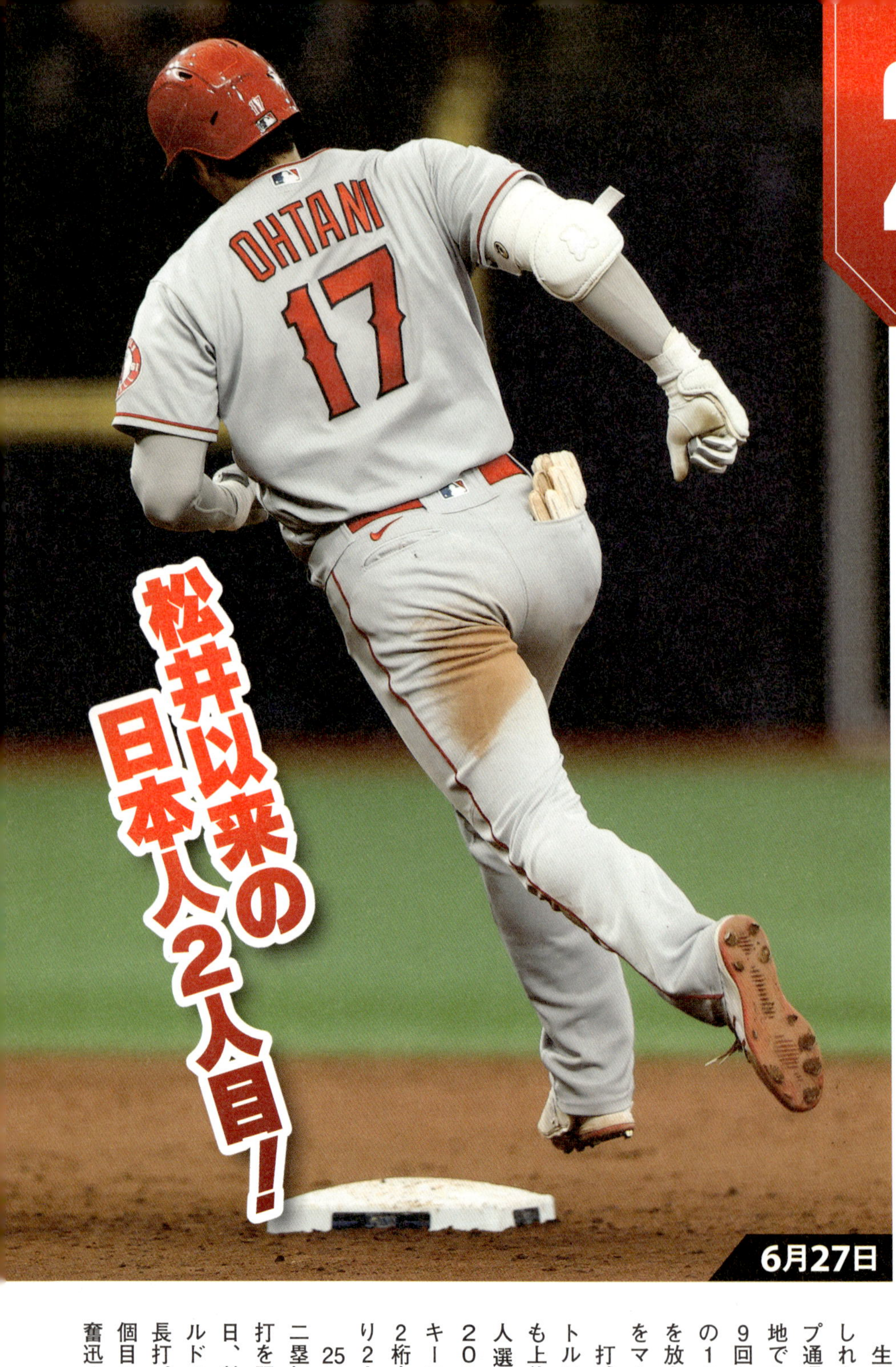

6月27日

生涯忘れない6月になるかもしれない。球宴1次投票のトップ通過が決まった6月27日、敵地でのレイズ戦。1点リードの9回2死、右腕フェアバンクスの153キロの直球で25号ソロを放ち、自身初の月間10本塁打をマークした。

打球角度38度、高さ約40メートルは今季の自己ランキングでも上位に入る迫力の一発。日本人選手の月間最多本塁打は、2007年7月松井秀喜（ヤンキース）の13本。日本人の月間2桁本塁打は松井以来、14年ぶり2人目となった。

25号ソロのほかに、三塁打、二塁打もマークし、サイクル安打を記録した2019年6月13日、敵地トロピカーナ・フィールドのレイズ戦以来の1試合3長打。4回にはメジャー通算40個目の盗塁も決めるなど、獅子奮迅の活躍だった。

トロピカーナ・フィールド

6月27日　試合結果:レイズ 4−6 エンゼルス

本塁打時のスコアボード	1	2	3	4	5	6	7	8	9	R	H	E
エンゼルス	0	0	0	1	0	1	2	1	1	6	11	1
レイズ	0	0	0	0	1	3	0	0		4	6	1

9回

B
S
O

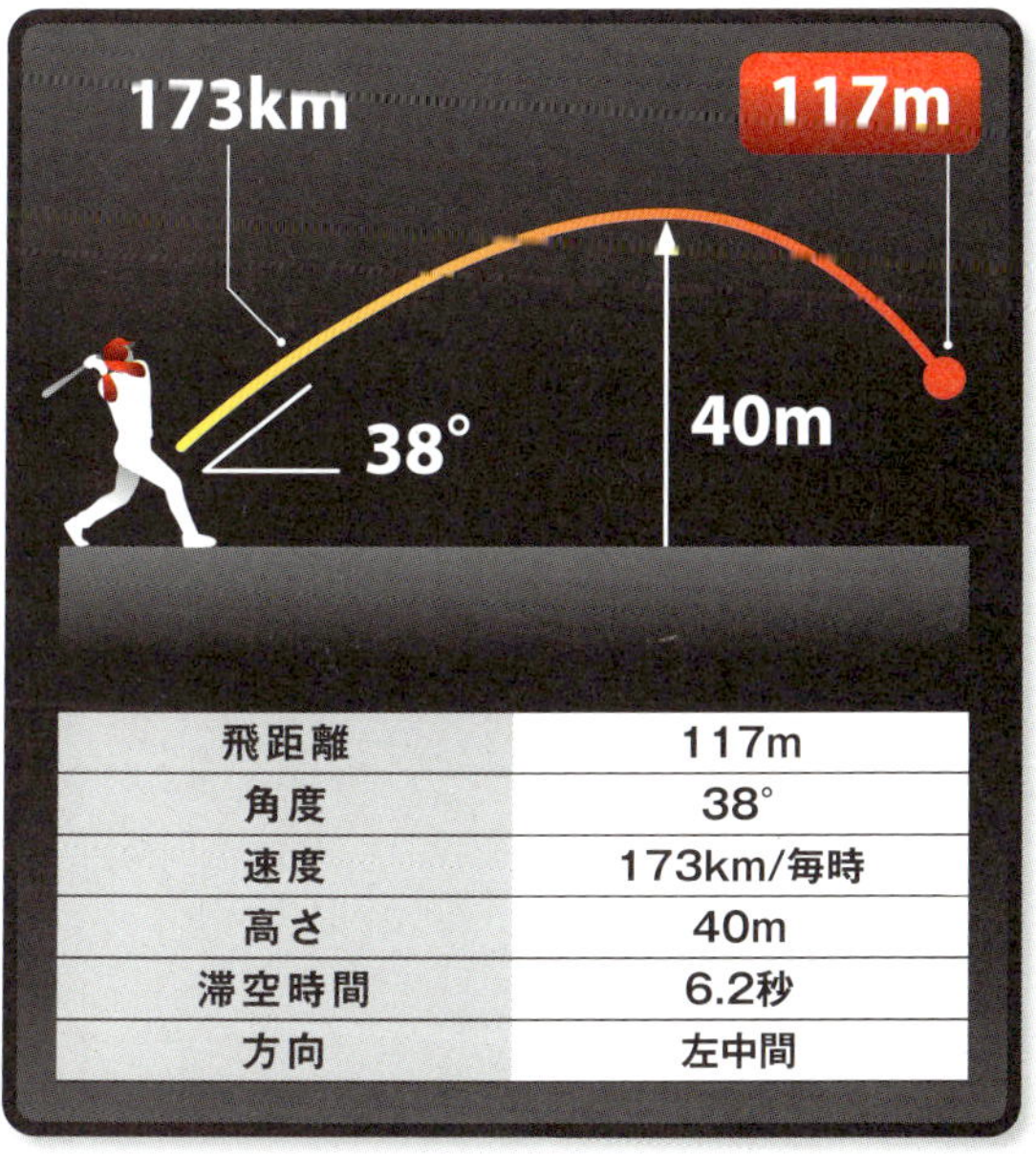

飛距離	117m
角度	38°
速度	173km/毎時
高さ	40m
滞空時間	6.2秒
方向	左中間

投手

P・フェアバンクス(右)

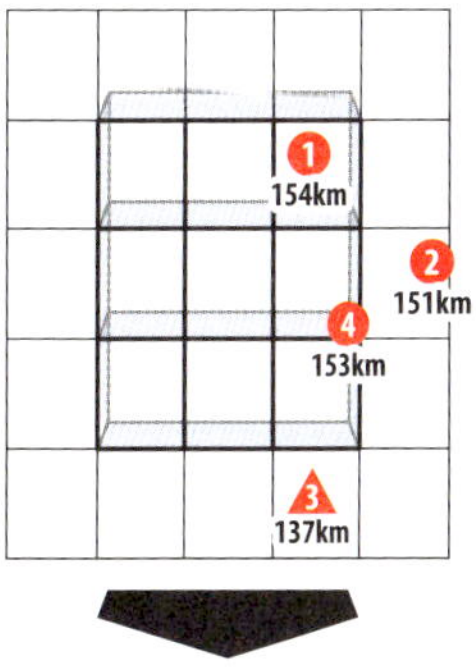

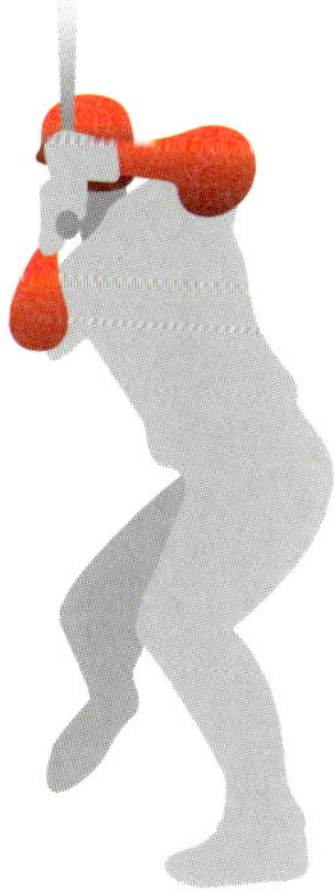

フォーシーム　ツーシーム　カットボール
スプリット　チェンジアップ　スライダー
カーブ

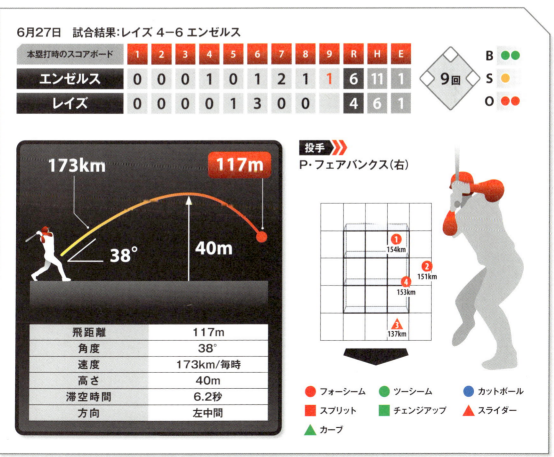

6月28日

26号

2番・DH

SHOHEI OHTANI 26th HOMERUN

190キロ目前! 球団最速更新アーチ

打球はあっという間にスタンドへ吸い込まれた。6月28日、敵地ヤンキー・スタジアムのヤンキース戦、1回に超高速弾を打ち込んだ。フルカウントから先発右腕キングの内角カーブを右翼席へ。打球速度は、メジャー通算73本塁打目にして自身最速の約188・6キロ、球団最速記録をマークした。

ヤンキー・スタジアムでは、アメリカン・リーグの本拠地で唯一無安打だった。2018年5月25～27日の3試合では13打席、9打数無安打。初安打となる26号ソロは、同球場では日本人選手6人目の本塁打だ。2014年7月25日のブルージェイズ戦で放ったイチロー（当時ヤンキース）以来7年ぶりで、レギュラーシーズンの日本人選手によるヤンキー・スタジアムの本塁打は、これで通算99本目となった。

ヤンキー・スタジアム

6月28日　試合結果:ヤンキース 3−5 エンゼルス

本塁打時のスコアボード	1	2	3	4	5	6	7	8	9	R	H	E
エンゼルス	1									1	1	0
ヤンキース										0	0	0

1回

B ●●●
S ●●
O ●

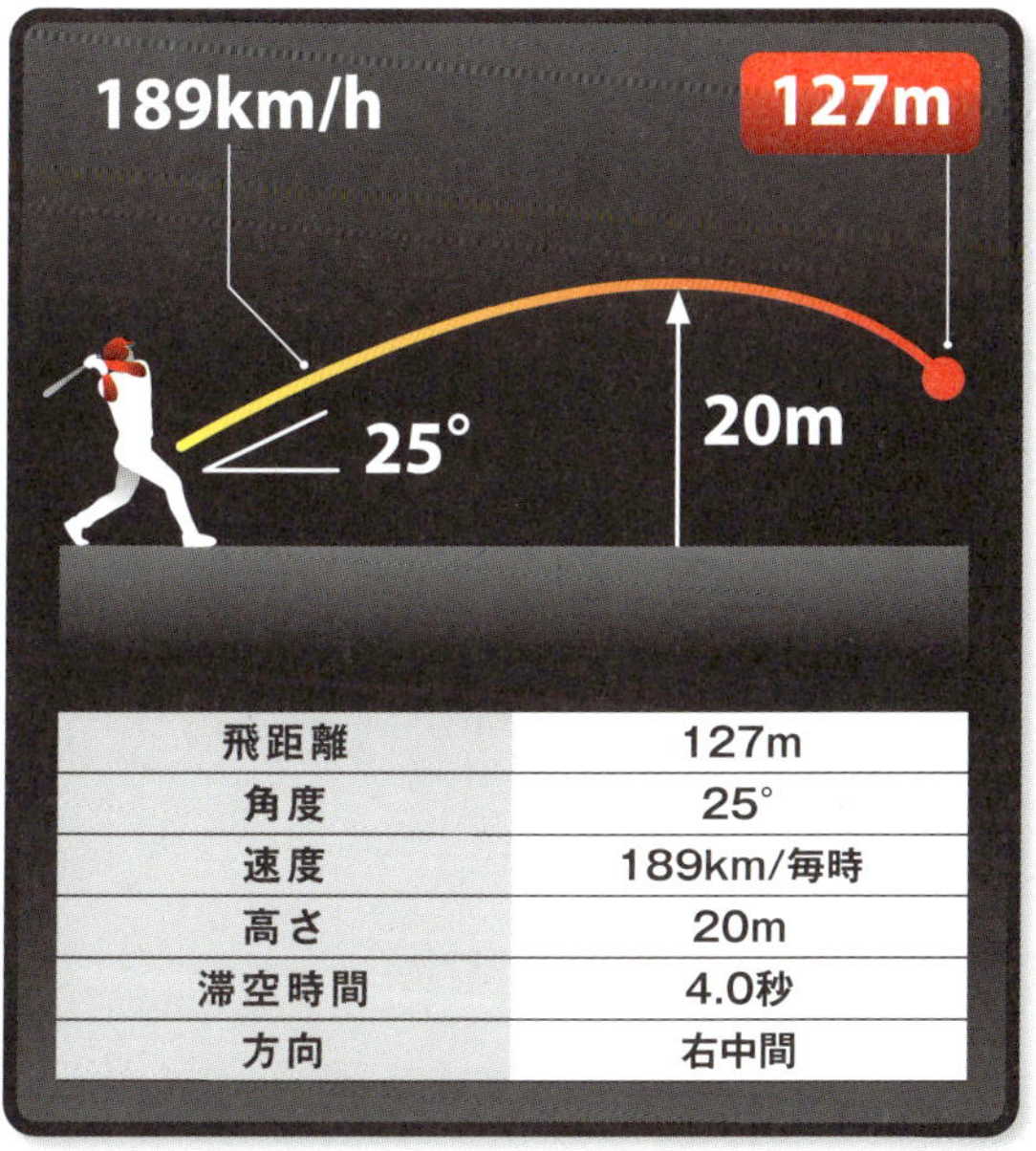

飛距離	127m
角度	25°
速度	189km/毎時
高さ	20m
滞空時間	4.0秒
方向	右中間

投手
M・キング(右)

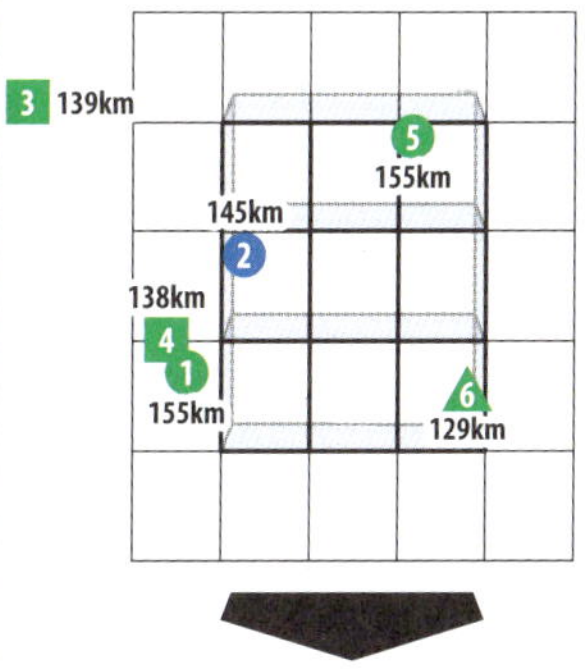

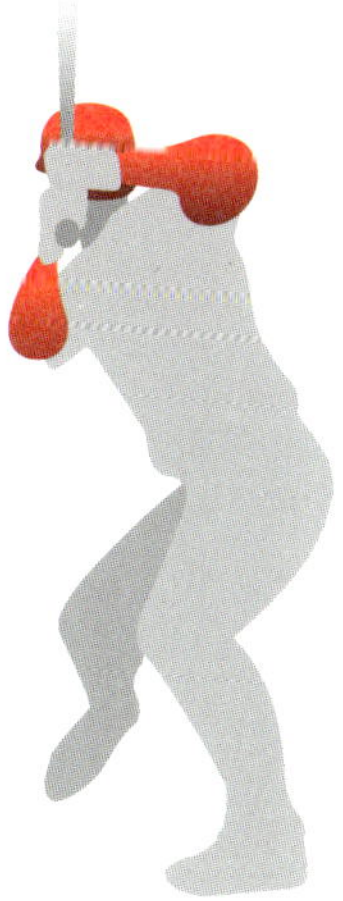

● フォーシーム　● ツーシーム　● カットボール
■ スプリット　■ チェンジアップ　▲ スライダー
▲ カーブ

27号

2番・DH

SHOHEI OHTANI 27th HOMERUN

伝統の敵地球場 日本人通算100号

日本人選手の大谷は大谷が決めた。6月29日、敵地ヤンキー・スタジアムのヤンキース戦で放った27号ソロは、日本人選手がヤンキー・スタジアムでレギュラーシーズンに放った通算100本塁打。3点を追う3回、打球最高到達点、飛距離ともに今季最短となる超低空の弾道で右中間へ突き刺した。

ヤンキー・スタジアムは1923年4月18日に開場。1920年代には二刀流の元祖ベーブ・ルースが本塁打を量産し、「ルースが建てた家」との異名もついた。旧球場は2008年まで使用され、2009年に新球場が開場していた。

大谷はこれで3試合連続本塁打とし、6月18～20日以来、自身5度目。シーズン3度の3試合連発は、2018年に自身がマークした2度を上回って日本人選手初となった。

ヤンキー・スタジアム

6月29日　試合結果:ヤンキース 11−5 エンゼルス

本塁打時のスコアボード	1	2	3	4	5	6	7	8	9	R	H	E
エンゼルス	0	2	1							3	4	0
ヤンキース	1	4								5	4	1

3回　B S O

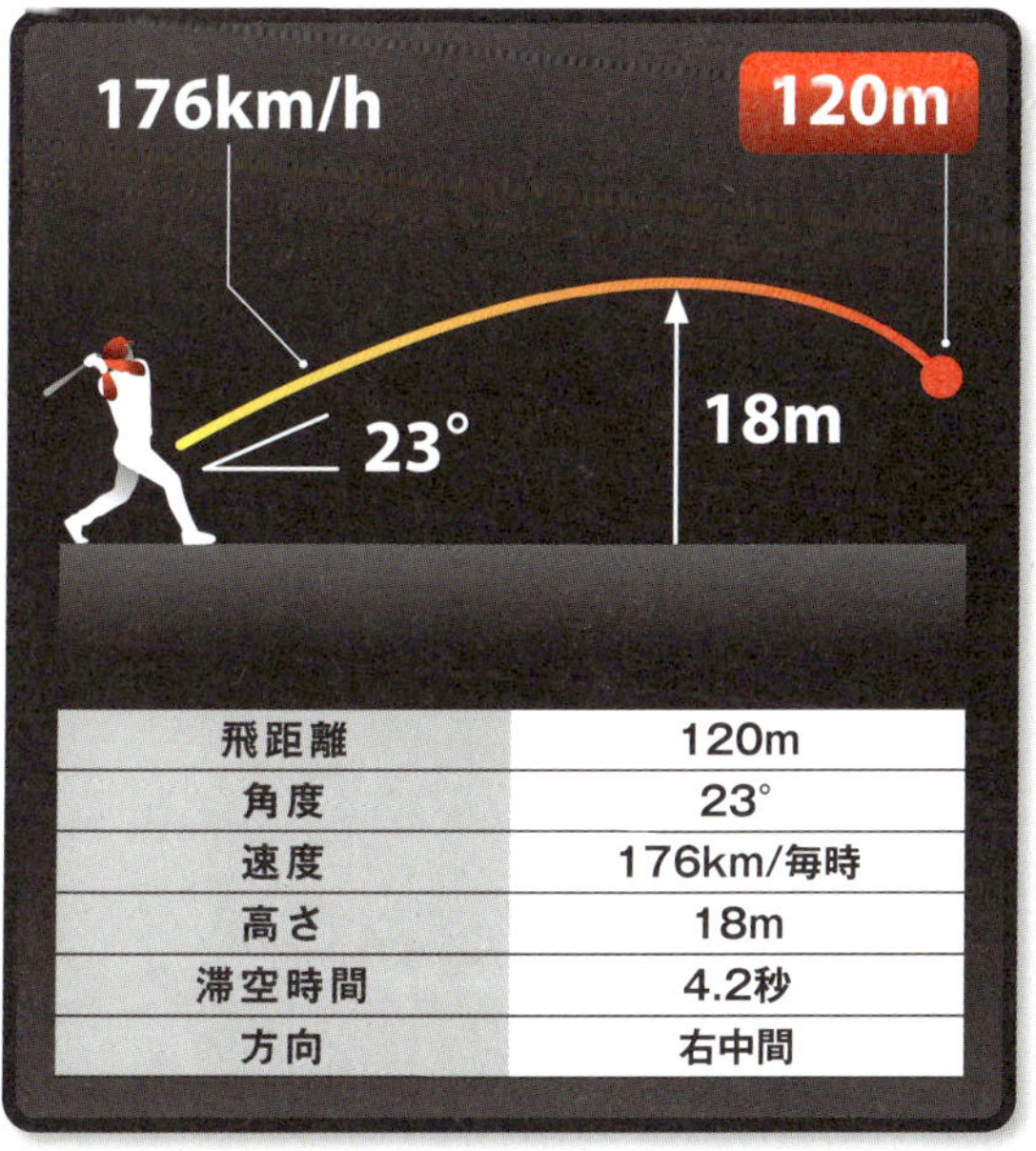

飛距離	120m
角度	23°
速度	176km/毎時
高さ	18m
滞空時間	4.2秒
方向	右中間

投手
J・タイロン(右)

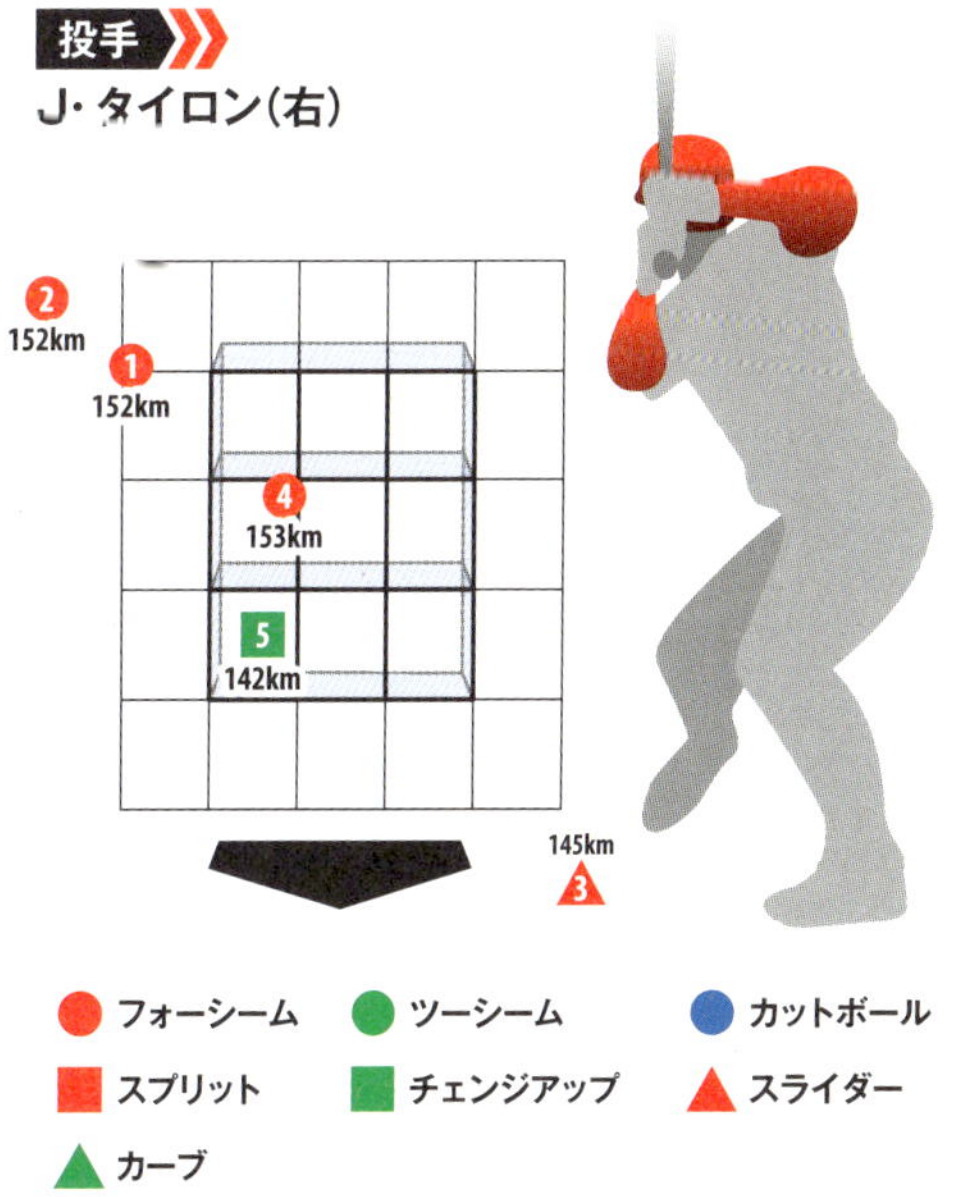

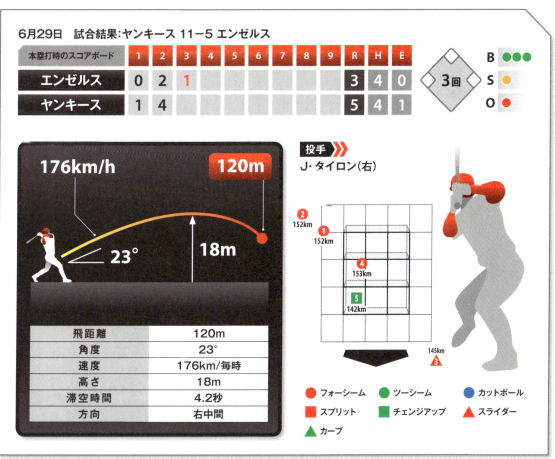

28号

2番・DH

SHOHEI OHTANI 28th HOMERUN

2018年以来3年ぶり2打席連続弾

滞空時間は今季最短3.2秒!

6月29日

2発目は超低空弾だった。6月29日のヤンキース戦、3回の27号ソロに続き、5回には2018年8月3日のインディアンス戦以来2度目の2打席連続28号2ランだ。153キロの直球を右翼席へ運び、打球角度18度、飛距離約109メートルは今季自己ランキングで最下位、高さ約12メートルも最下位タイ。一方で滞空時間は今季最短の3・2秒、打球速度は約181キロの高速低空アーチ。これで月間13本とし、2007年7月に松井秀喜(ヤンキース)が記録した数字に並ぶ日本人選手最多タイとなった。

シーズン本塁打数は、この時点で両リーグ単独トップ。4年目で初めてヤンキー・スタジアムのマウンドに上がった翌30日の先発は、1921年のベーブ・ルース以来、本塁打数トップでの登板となった。

ヤンキー・スタジアム

6月29日　試合結果:ヤンキース 11−5 エンゼルス

本塁打時のスコアボード	1	2	3	4	5	6	7	8	9	R	H	E
エンゼルス	0	2	1	0	2					5	8	0
ヤンキース	1	4	0	5						10	8	1

5回　B ●　S ●●　O

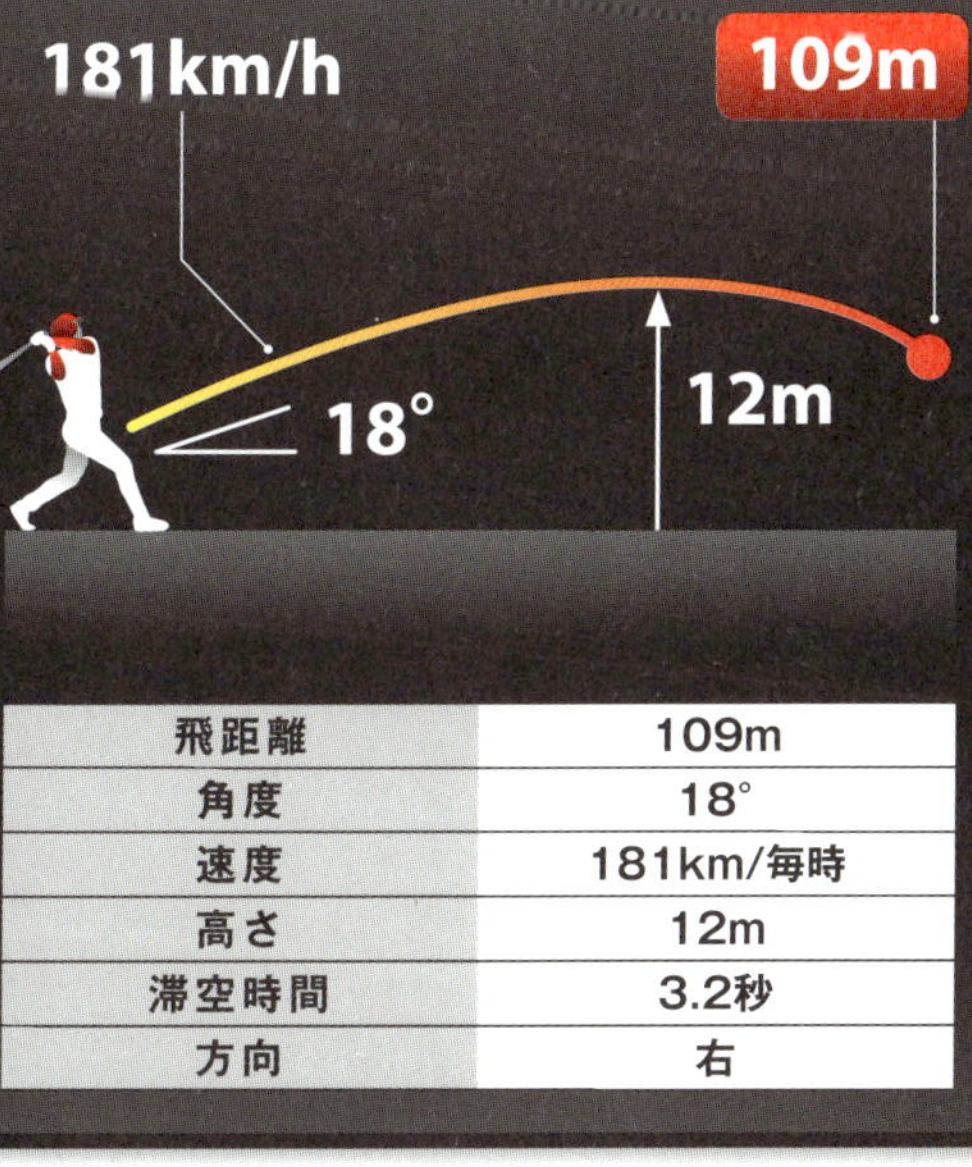

飛距離	109m
角度	18°
速度	181km/毎時
高さ	12m
滞空時間	3.2秒
方向	右

投手

J. タイロン(右)

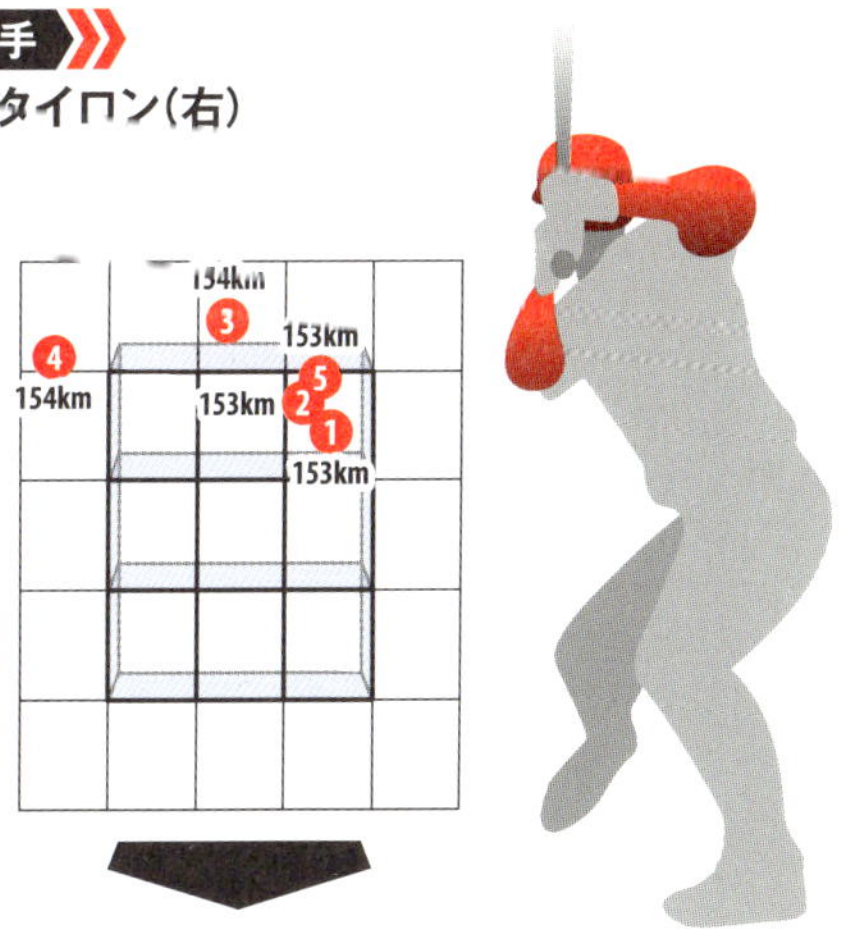

フォーシーム　ツーシーム　カットボール
スプリット　チェンジアップ　スライダー
カーブ

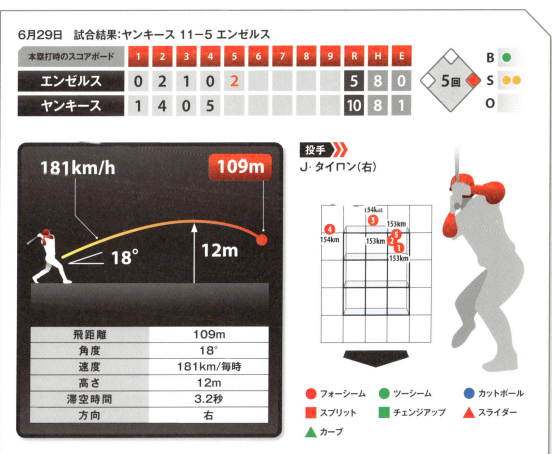

29号

2番・DH

7月2日

SHOHEI OHTANI 29th HOMERUN

内角高め攻める相手バッテリーを粉砕

抜群の修正力で相手バッテリーをきりきり舞いさせた。7月2日、本拠地のオリオールズ戦で4点を追う3回だ。左腕アキンの初球、ストライクゾーン内角高めギリギリの148キロ直球に対し、打球角度30度で高々と上がる29号ソロ。初回の1打席目は、ボールゾーンの内角高め148キロ直球で二飛に仕留められていたが、2打席目でも似たような配球をしてきた相手バッテリーの〝大谷攻略法〟を127メートル弾、しかも初球で粉砕してみせた。

敵地でのヤンキース戦が中止だった前日にはオールスターのファン投票最終結果が発表され、アメリカン・リーグDH部門でなんと全体の63%を集める圧倒的得票率をマークした。その人気を証明するかのように、この日の試合では劇的な幕切れが用意されていた。

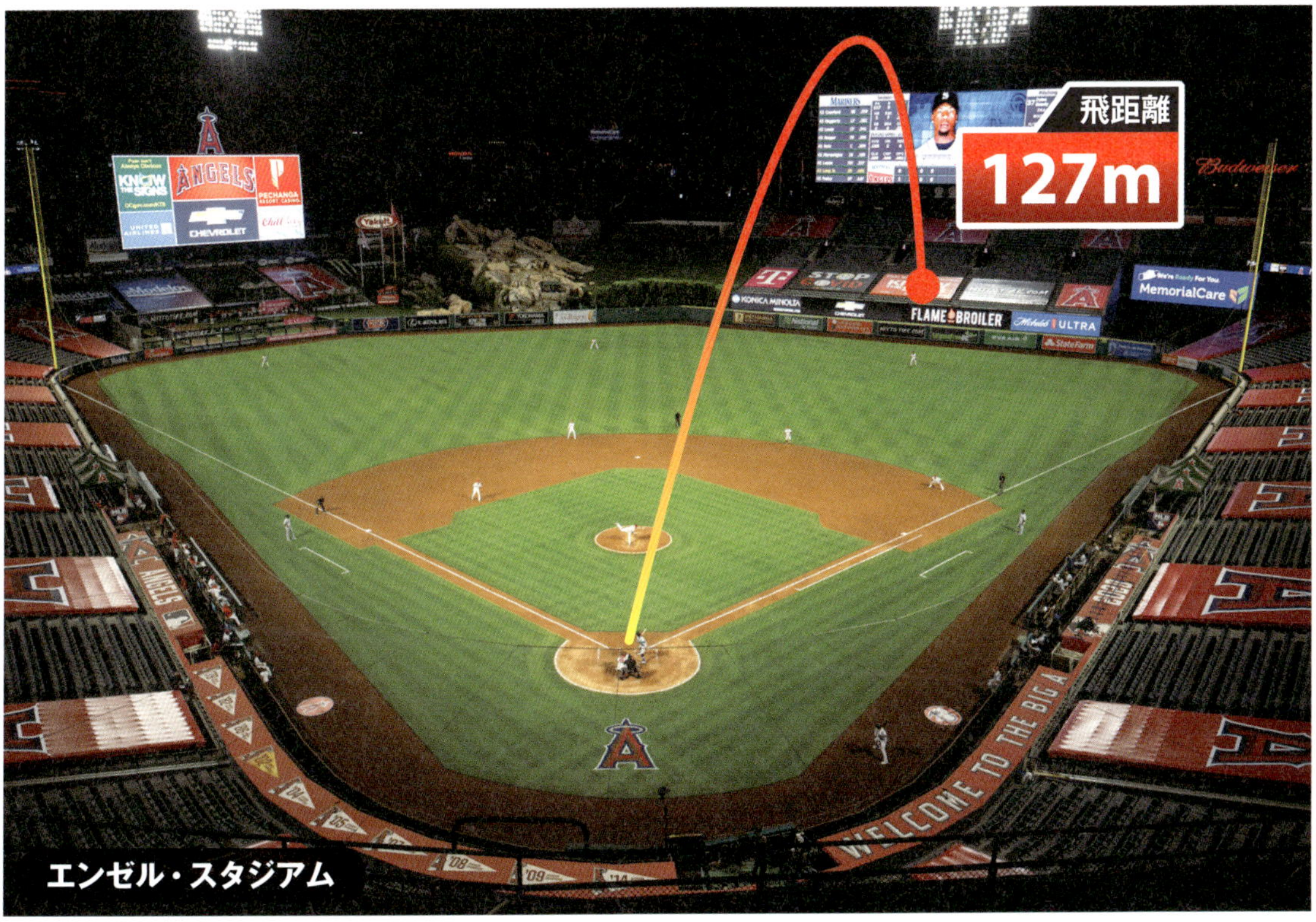

7月2日　試合結果:エンゼルス 8−7 オリオールズ

本塁打時のスコアボード	1	2	3	4	5	6	7	8	9	R	H	E
オリオールズ	1	1	4							6	6	0
エンゼルス	0	2	1							3	5	0

3回　B S O

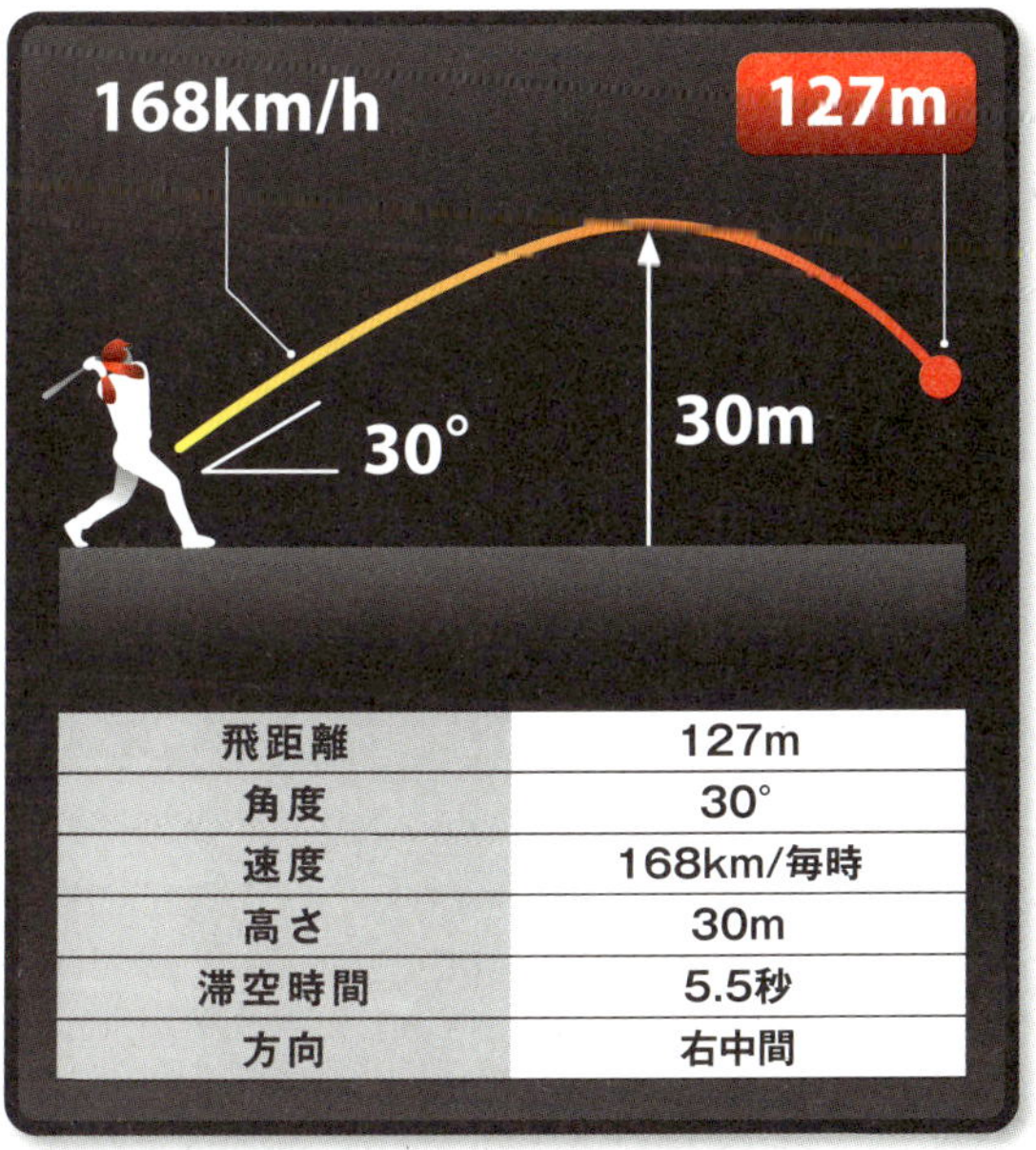

飛距離	127m
角度	30°
速度	168km/毎時
高さ	30m
滞空時間	5.5秒
方向	右中間

投手
K・アキン(左)

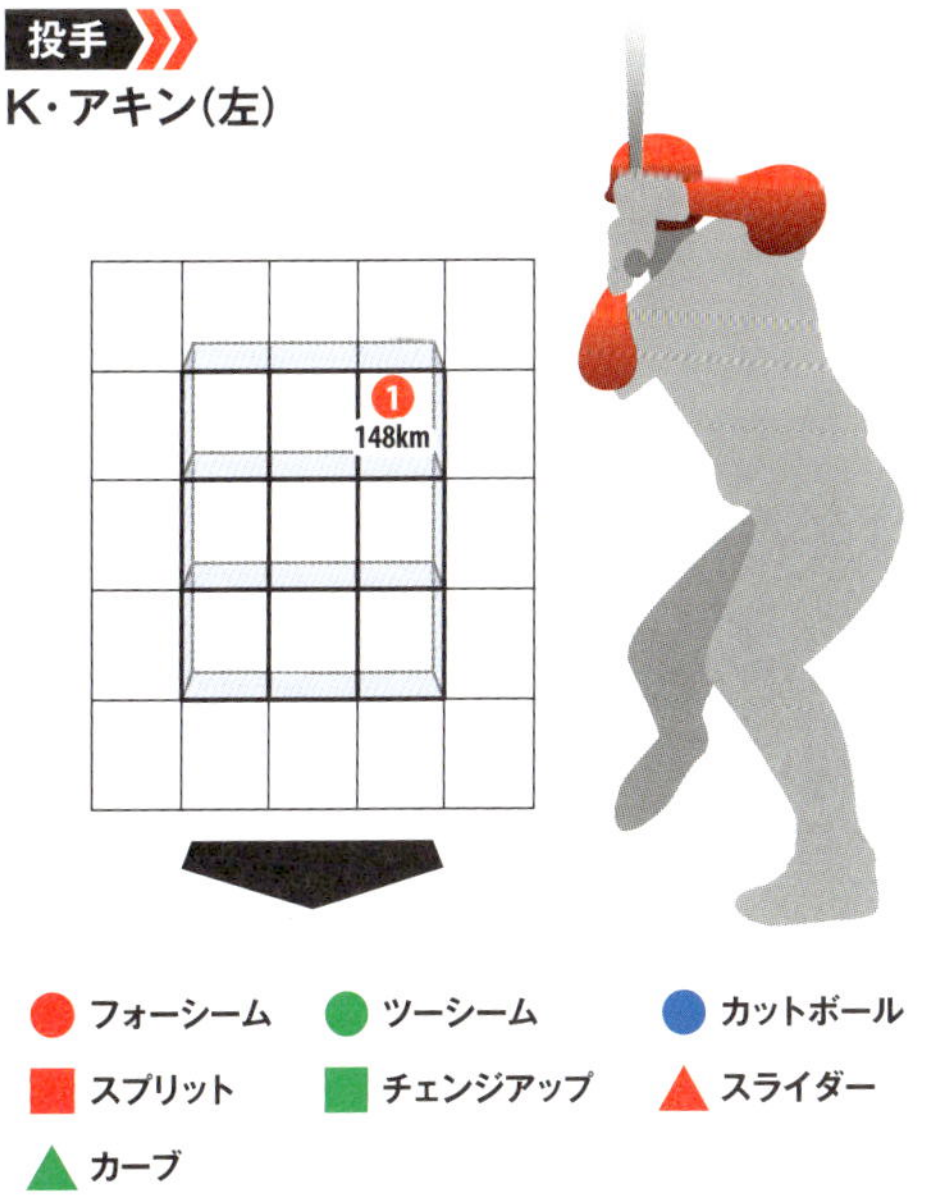

30号

2番・DH

SHOHEI OHTANI 30th HOMERUN

2打席連発で大台 単打より多い本塁打

7月2日

6月29日以来の2打席連続アーチは、チームの勝利を呼び込んだ。7月2日、本拠地のオリオールズ戦。1点差に迫る4回1死一塁の場面で、3回に追撃の29号ソロを放った大谷が、右腕テイトの154キロのツーシームを今度は左翼席に運んだ。さらに同点となった9回には走者としてサヨナラ勝ちのホームを踏み、2打席連続弾でチームの勝利を呼び込んだ。

直近6本の安打はすべて本塁打。シーズンの単打は25本で、本塁打がそれを上回っている。全日程の半分となる開幕81試合で「30本塁打&10盗塁」達成はア・リーグ史上初となり、6月の月間MVP同リーグ野手部門で初選出。日本人選手では2004年松井秀喜（ヤンキース）以来となる30本の大台に乗せ、本塁打数では2位に3本差の単独トップを走った。

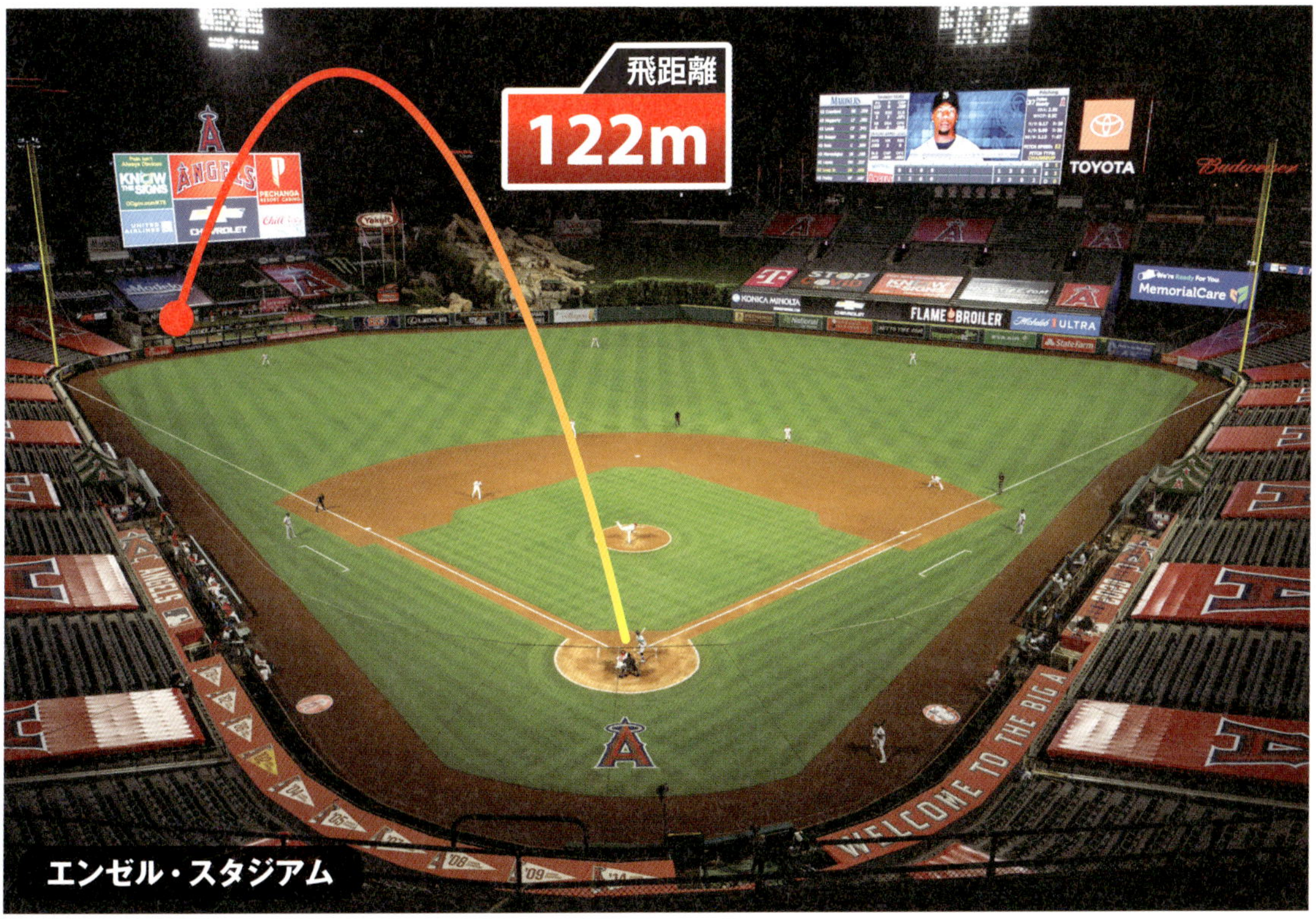

7月2日　試合結果:エンゼルス 8−7 オリオールズ

本塁打時のスコアボード	1	2	3	4	5	6	7	8	9	R	H	E
オリオールズ	1	1	4	0						6	6	1
エンゼルス	0	2	2	3						7	10	0

4回
B
S
O

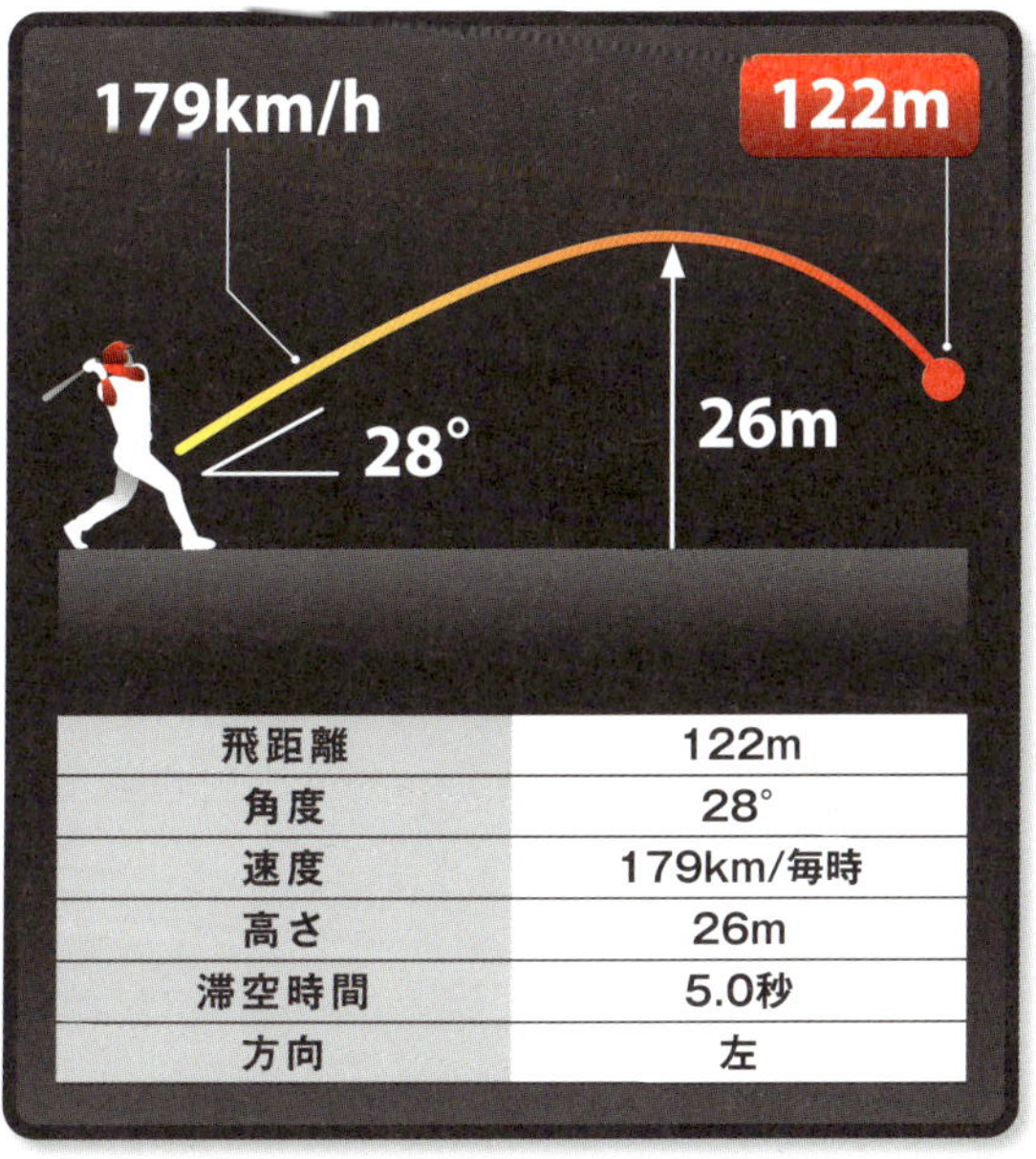

飛距離	122m
角度	28°
速度	179km/毎時
高さ	26m
滞空時間	5.0秒
方向	左

投手
D・テイト(右)

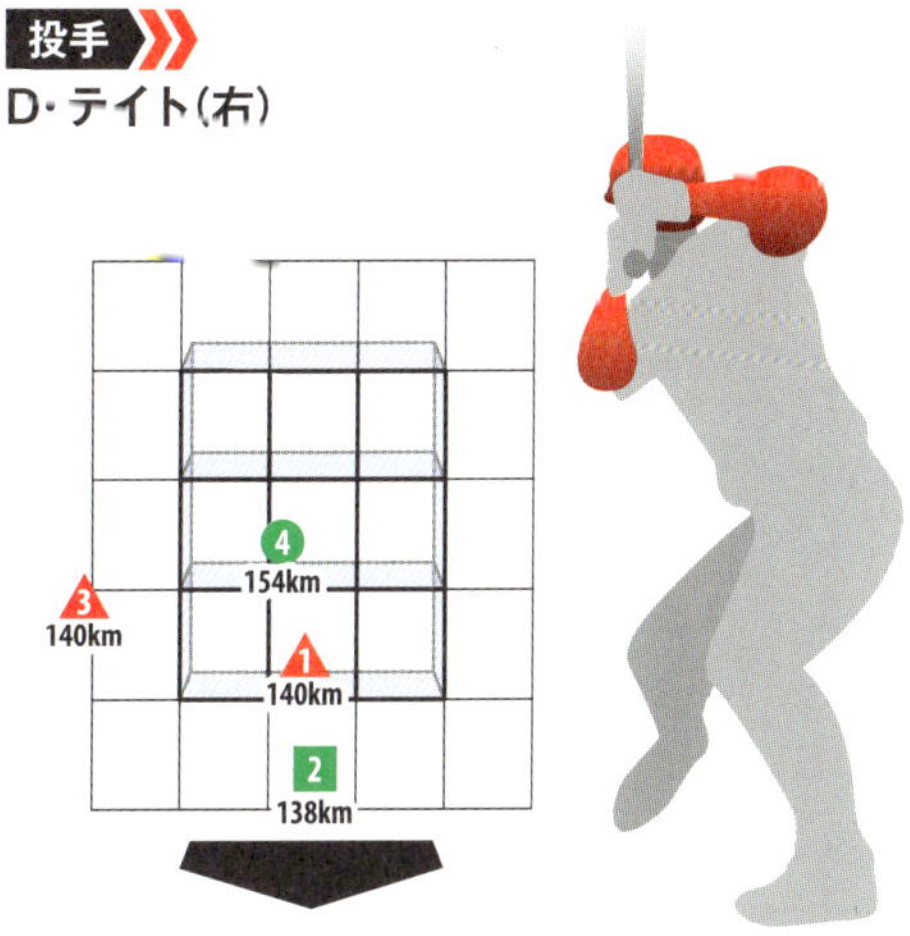

フォーシーム　ツーシーム　カットボール
スプリット　チェンジアップ　スライダー
カーブ

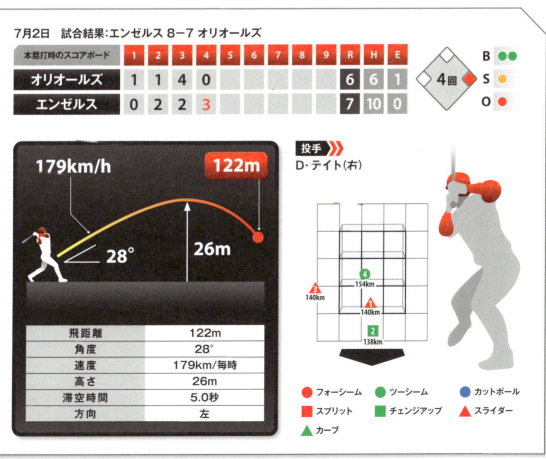

31号

2番・DH

誕生日前日セルフ祝砲

SHOHEI OHTANI 31st HOMERUN

球宴前に日本人シーズン最多に到達

7月4日

前半戦で「ゴジラ」に並んだ。7月4日、本拠地のオリオールズ戦で放った31号ソロは、2004年に松井秀喜（ヤンキース）がマークしたメジャー日本人選手シーズン本塁打最多タイ。2打席目の3回1死、右腕エシェルマンの内角低めのスライダーを中堅へ運び、打球速度181キロの弾丸は、球場名物の岩山「ロックパイル」横の芝生まで届いた。

開幕83試合目の31本到達は、松井の159試合目より速い。打席数でも松井の674打席目の半分以下となる315打席目。あらゆる記録で松井超えを果たしている。球団発表では、球宴前の31本塁打、12盗塁はア・リーグ初。単独トップを走る本塁打ランキングでは2位に4本差をつけ、この31号は翌5日の27歳の誕生日、球宴史上初の投打同時選出の祝砲となった。

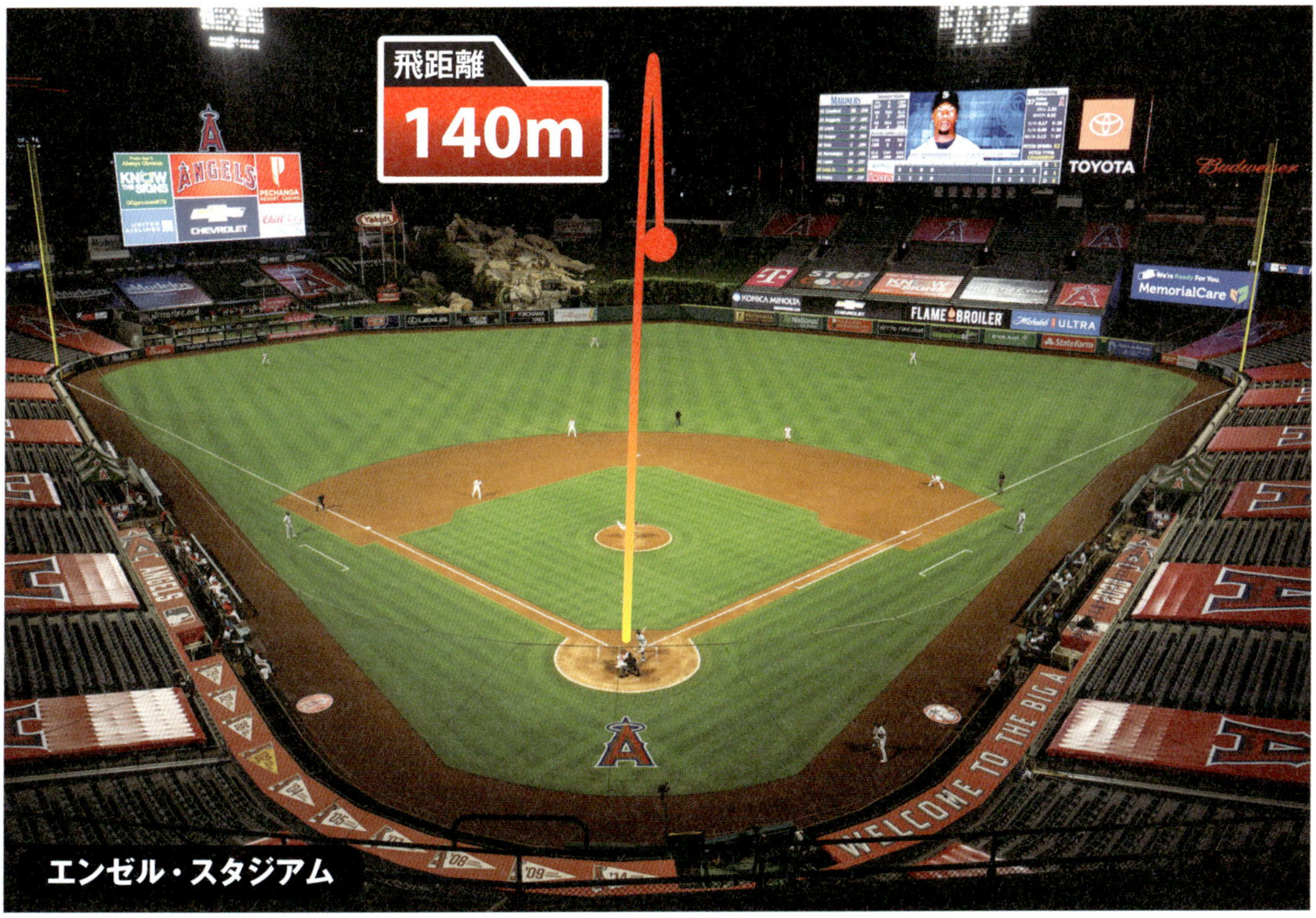

7月4日　試合結果:エンゼルス 6−5 オリオールズ

本塁打時のスコアボード	1	2	3	4	5	6	7	8	9	R	H	E
オリオールズ	0	0	0							0	0	0
エンゼルス	2	0	1							3	4	0

3回　B ●●　S ●●　O ●

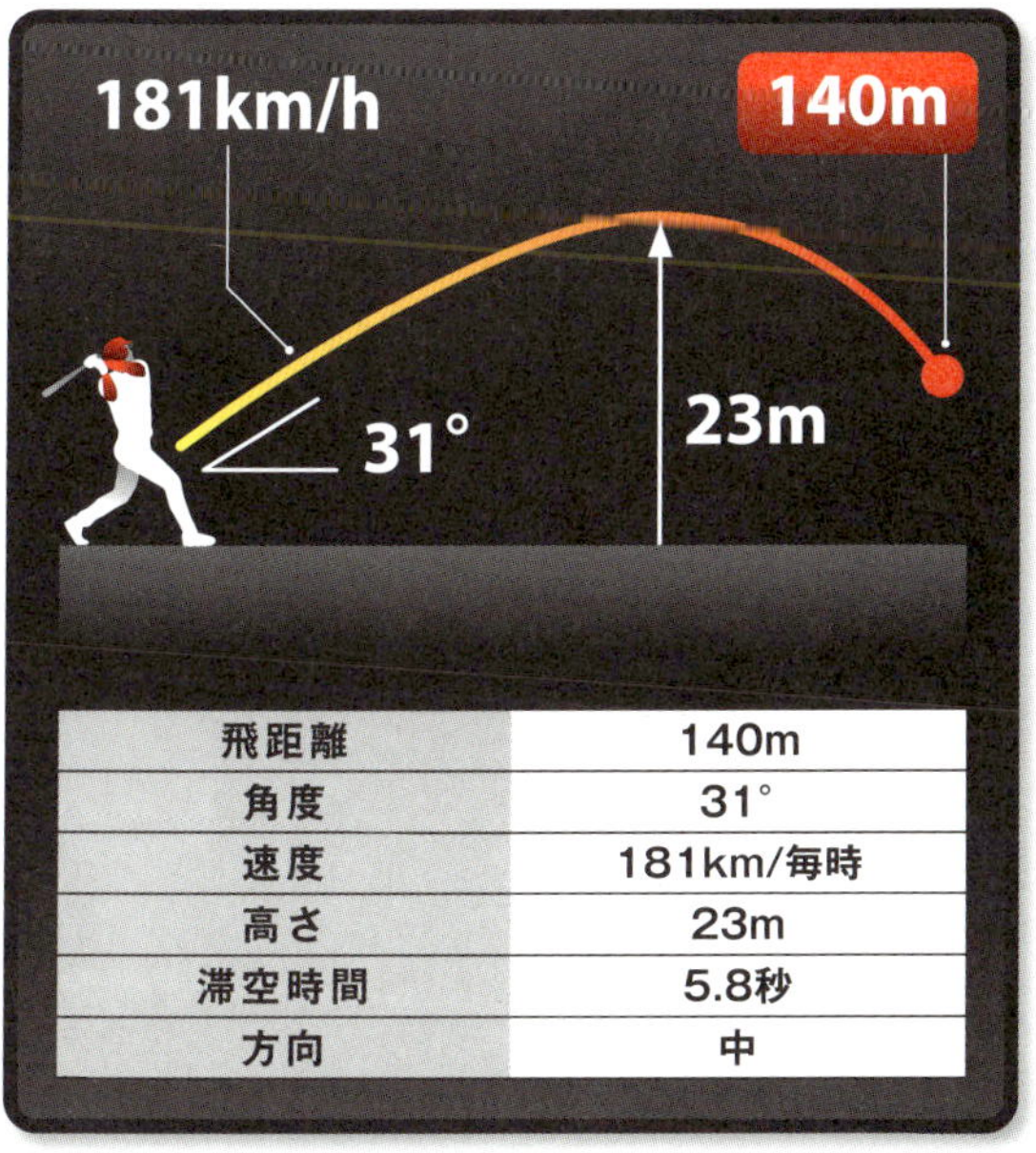

飛距離	140m
角度	31°
速度	181km/毎時
高さ	23m
滞空時間	5.8秒
方向	中

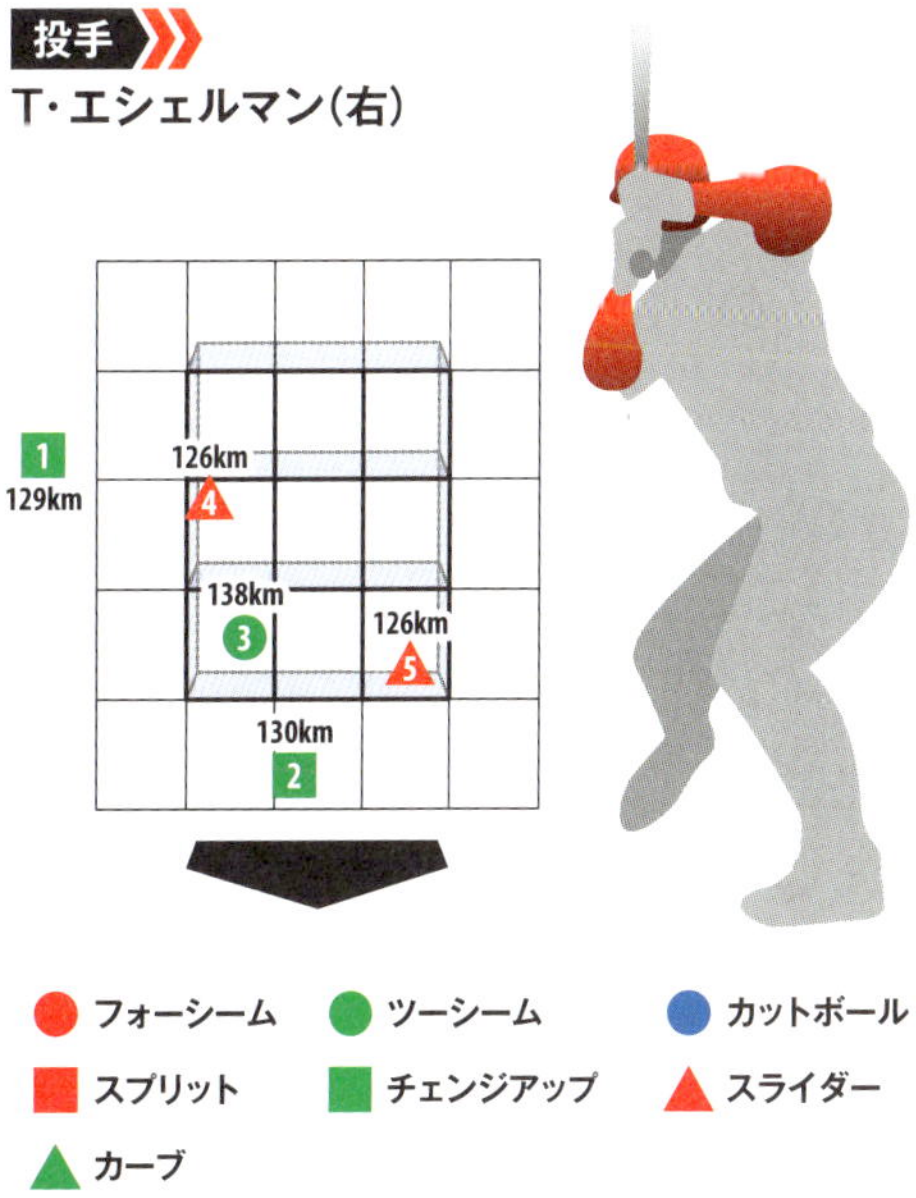

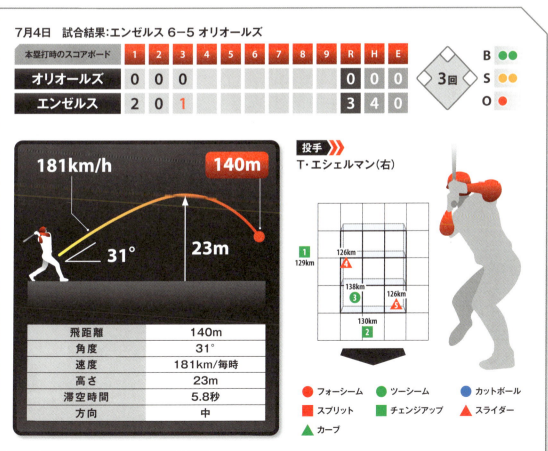

32号

2番・DH

SHOHEI OHTANI 32nd HOMERUN

日米通算50勝目の翌日「ゴジラ」超え

日本人シーズン新記録！

7月7日

　新たな領域に足を踏み入れた。7月7日、本拠地のレッドソックス戦で32号をマーク。２００４年松井秀喜（ヤンキース）の31本を上回る日本人シーズン最多本塁打を記録した。

　記念すべき一発は5回の第3打席だった。２０１９年に19勝を挙げた左腕ロドリゲスとの対戦で、3、5球目はいずれも自打球。とくに5球目は過去に手術を受けた左膝に当たって表情をゆがめたが、7球目のチェンジアップを一振り。打球速度１８４キロの鋭い打球は右翼席へ飛び込んだ。

　打撃ではシーズン60本ペースとし、投手としては前日6日の本拠地レッドソックス戦に今季13度目の登板。今季最長タイの7回2失点で今季4勝目をマークし、日米通算50勝目を挙げた。二刀流の快進撃はどうにも止まりそうにない。

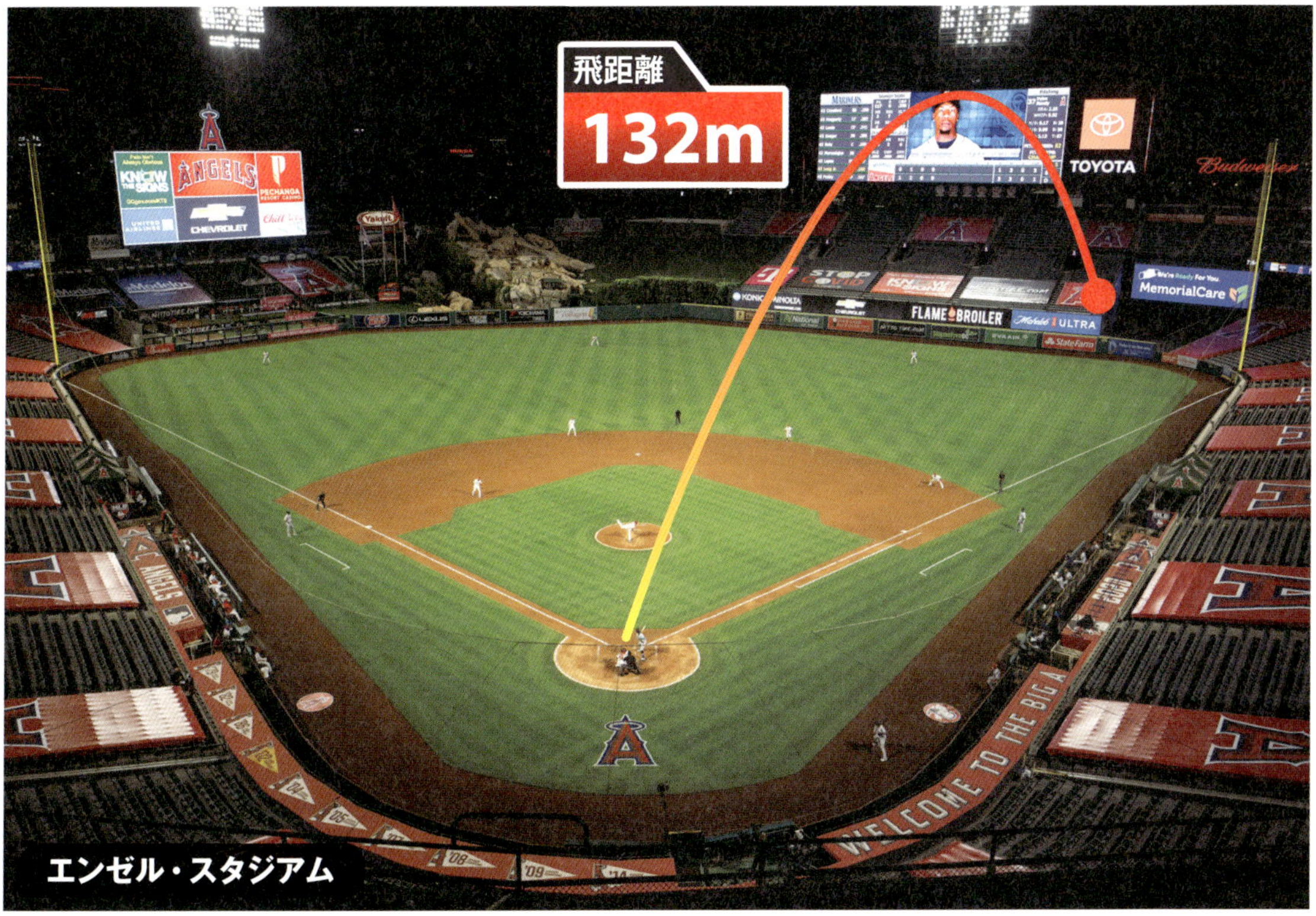

7月7日　試合結果:エンゼルス 5−4 レッドソックス

本塁打時のスコアボード	1	2	3	4	5	6	7	8	9	R	H	E
レッドソックス	0	0	0	0	2					2	5	0
エンゼルス	2	0	0	0	1					3	8	0

5回　B ●●　S ●●　O

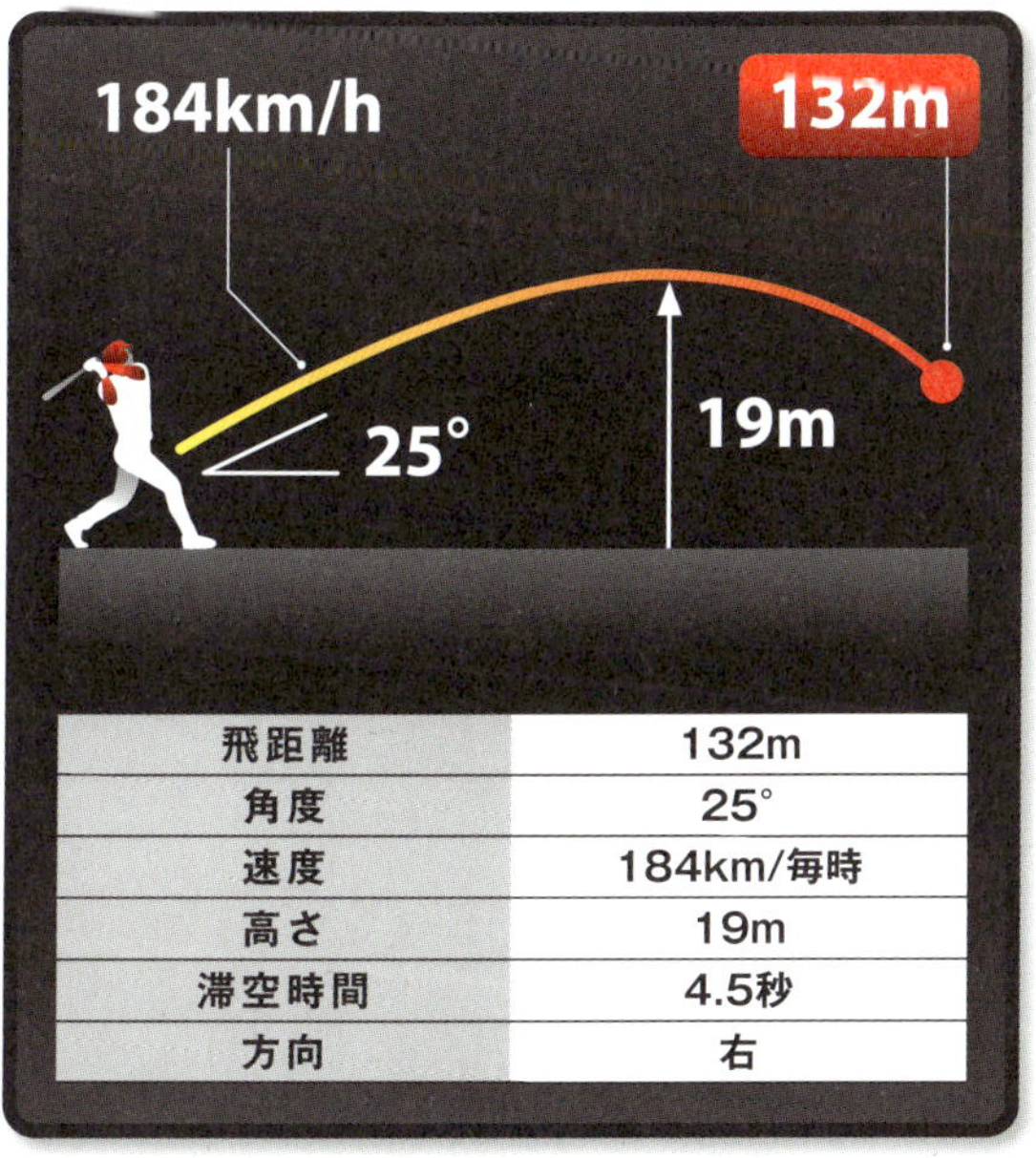

飛距離	132m
角度	25°
速度	184km/毎時
高さ	19m
滞空時間	4.5秒
方向	右

投手
E·ロドリゲス(左)

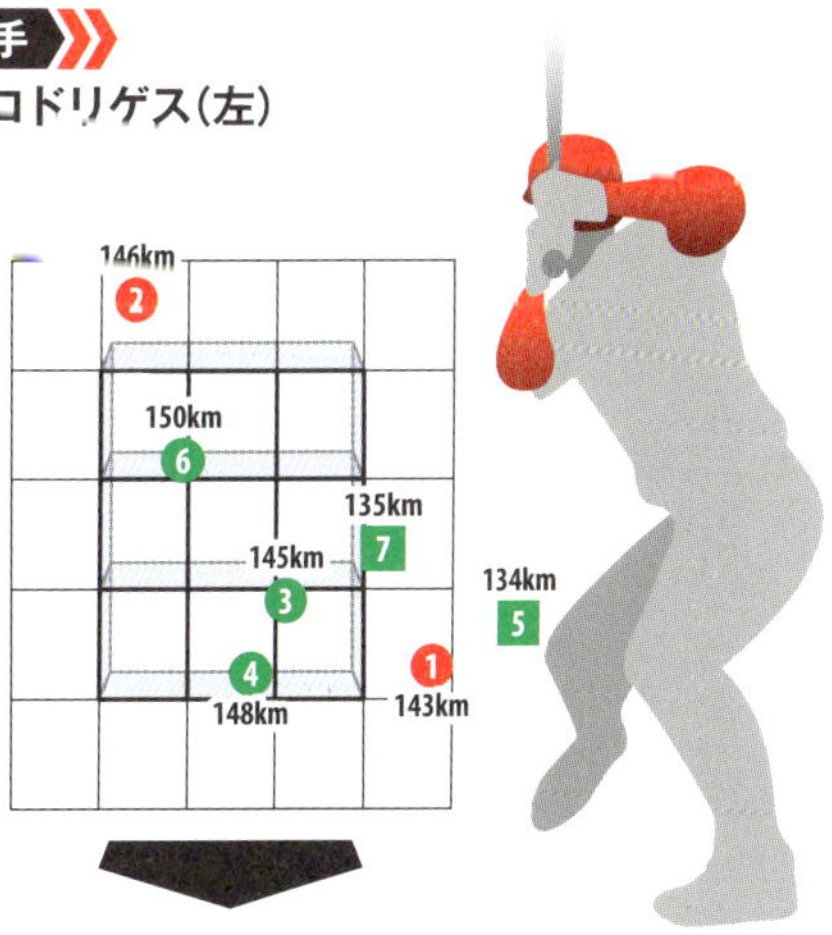

● フォーシーム　● ツーシーム　● カットボール
■ スプリット　■ チェンジアップ　▲ スライダー
▲ カーブ

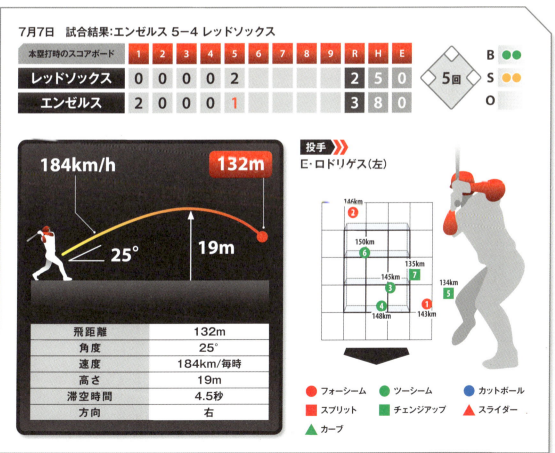

33号

2番・DH

7月9日

4階席に着弾！

SHOHEI OHTANI 33rd HOMERUN

通算80号〝超特大弾〟は記録ずくめの一発

敵地球場でも圧巻の記録だ。

7月9日のマリナーズ戦で3回、過去11打数1安打と相性が悪かった左腕ゴンザレスの内角高めのツーシームを仕留めた。Tモバイルパークの右翼席上段、4階席に届く１４１メートル特大アーチ。球場記録では史上6本目の上階席弾、スタットキャスト導入の２０１５年以降では左打者で最長となった。

これで日本人史上3人目のメジャー通算80本塁打で、4年目での到達は日本人初。さらに、球宴前の33本塁打は、外国出身選手で１９９８年ソーサ（カブス）と並ぶ最多タイだ。

単独トップの本塁打ランキングでは2位に5本差をつけた。打点でも、リーグトップのゲレロに3点差と迫る70打点を挙げている。シーズン61本塁打、１３０打点という驚異のペースで前半戦を折り返した。

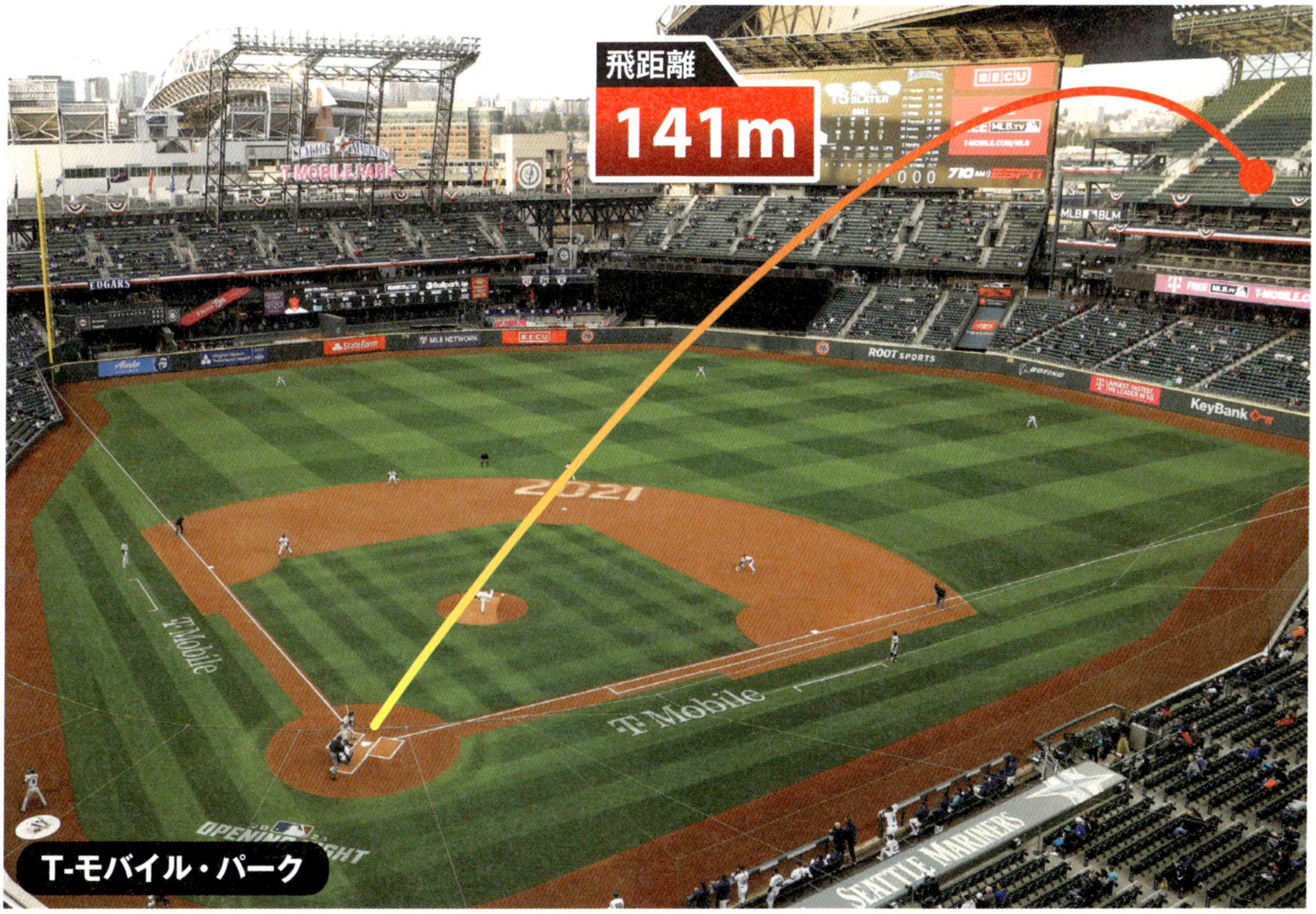

7月9日　試合結果:マリナーズ 7−3 エンゼルス

本塁打時のスコアボード	1	2	3	4	5	6	7	8	9	R	H	E
エンゼルス	1	1	1							3	4	0
マリナーズ	0	0								0	1	0

3回

B ●
S ●●
O ●

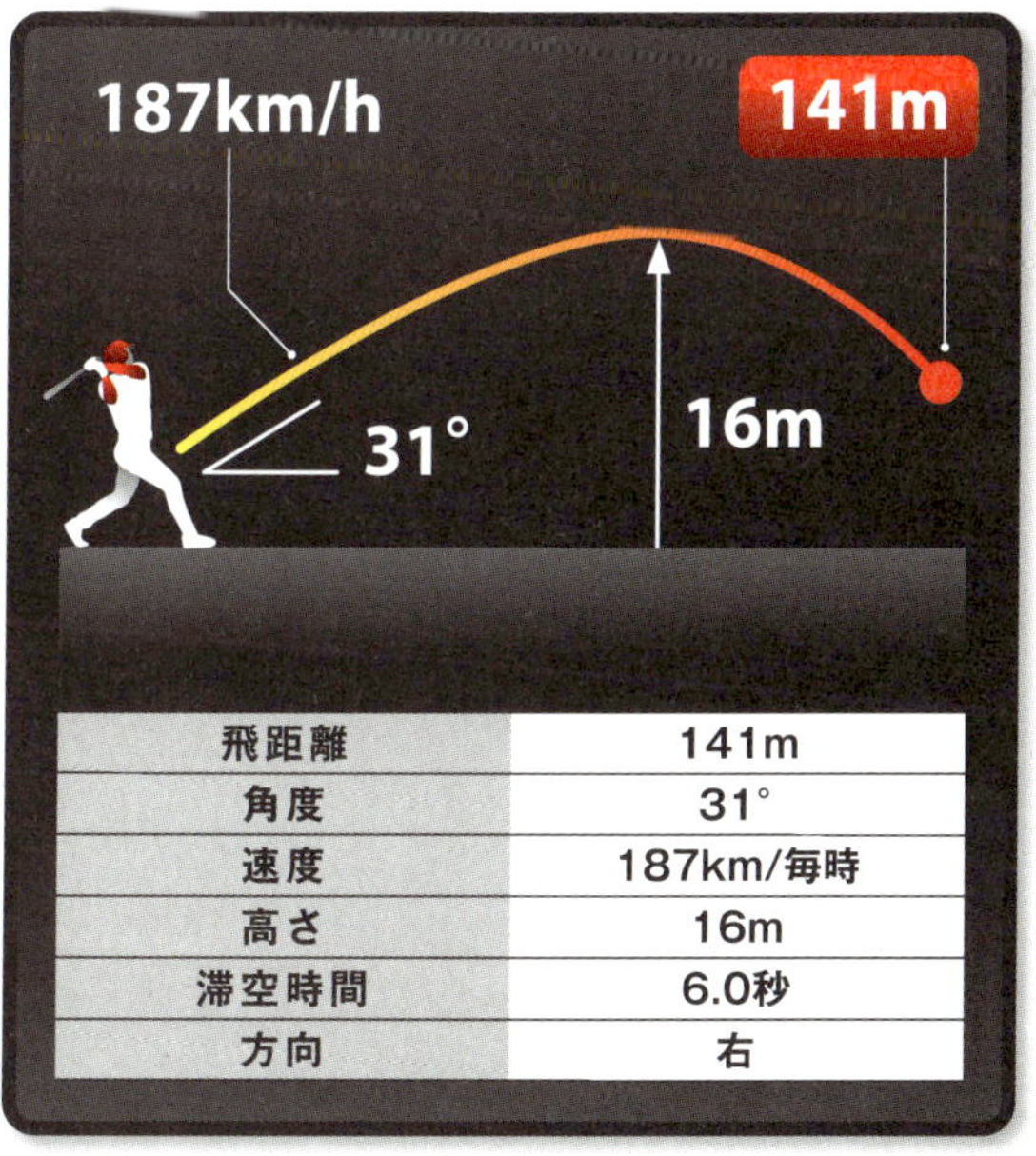

飛距離	141m
角度	31°
速度	187km/毎時
高さ	16m
滞空時間	6.0秒
方向	右

投手

M・ゴンザレス(左)

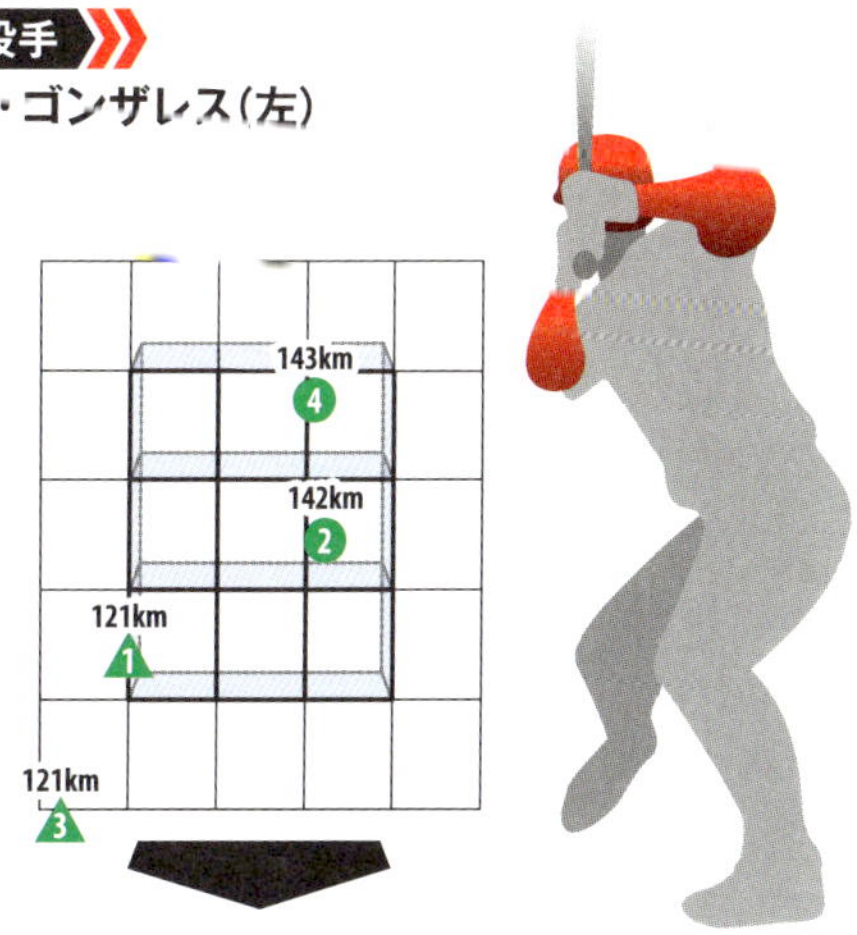

● フォーシーム　● ツーシーム　● カットボール
■ スプリット　■ チェンジアップ　▲ スライダー
▲ カーブ

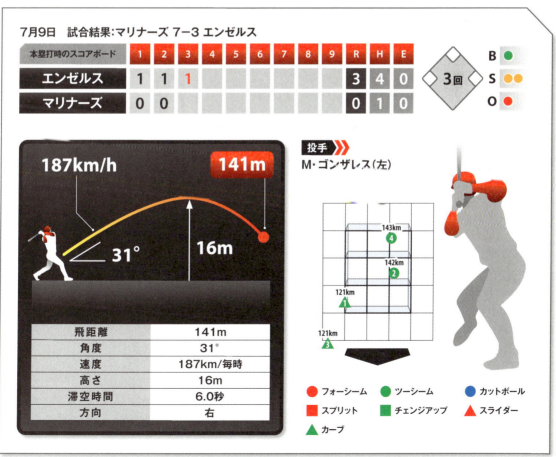

打撃フォームの変化を筑波大学・川村卓准教授が分析

下から上に振りあげる〝反重力スイング〟の圧巻

スポーツの動作解析におけるスペシャリストで、筑波大硬式野球部監督の川村卓（たかし）准教授が2014、2021年の大谷の打撃フォームを解析。重力に反するスイング、そして二刀流の相乗効果が明らかになった。

体全体で「C」を描くように反り返ることでバットの下から上への軌道を生む

規格外の活躍は、規格外のフォームから生まれていた。筑波大・川村准教授によると、研究者にとって大谷は「外れ値《ち》の人」なのだという。

「研究者はいろんな選手のデータを集積し、優れた選手はこういう共通項があるという言い方をするため、規格外の数字はカットします。大谷選手はそんな人なのです」

2021年のスイングを比較すると、左肘を張ったトップ位置（①）の違いもさることながら、バットが下を向くタイミング（⑤〜⑥）にも違いがある。

「今年はバットが下に向き始めるタイミングが早い。体の後ろに掲げたトップの位置から左肘を畳むことで、体幹も側屈の動作をするため、バットが早めに下を向く。基本的に、バットには先端に重さがあるので、本来は上から下に回した方が重力を使えますし、加速しやすい。大谷選手はそれをいったん下げてから上げている。それは、重力に逆らう動作です。バットは重量がある分、かなりの力が必要になる。引き上げているパワーがないとできないんです」

その〝反重力スイング〟を生む源は、日本人が苦手とする動きをこなすことで可能になる。

「（スイングの始動から）まず、左膝の動きを前の右膝にぶつけるように送っていく。この動作がすばらしい。大谷選手も、体が細い時期はこの動作ができていなかった。そして、今季は頭を残しながら、お尻を回旋させている。2014年のように頭が前にあると、バットは水平にしか振れません。また、頭を残しながら腰だけ移動する動作は、日本人が苦手とするところ。海外選手のほうが腰、臀部の筋肉が発達していますから。この動きは、普通であれば力なく上がる打

“規格外”だった大谷の打撃フォーム

2021年

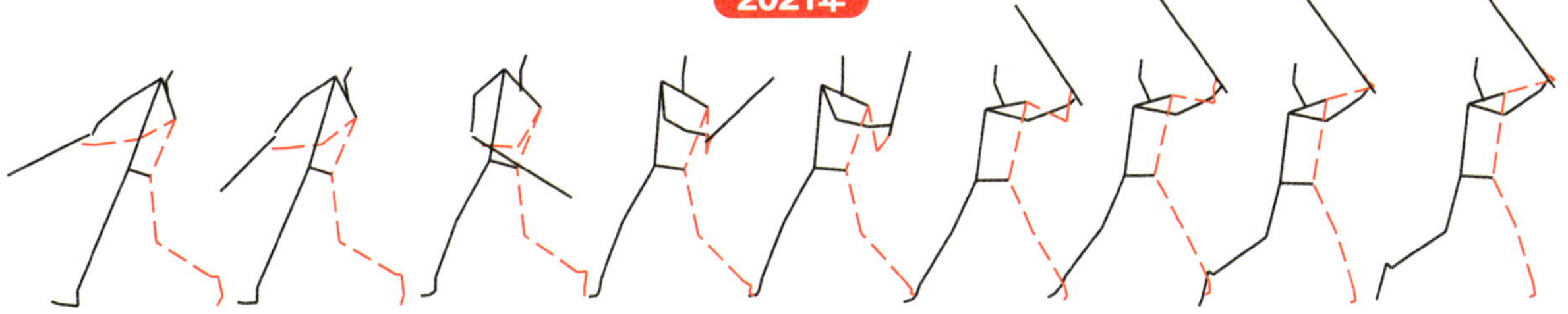

9	8	7	6	5	4	3	2	1
腰の回し方 背中、臀部、太腿、内転筋などを使う		両腕で五角形	**バットの向き** 左肘を畳む動作		**頭、臀部の位置** 捻転動作		**バットの位置、肩甲骨の動き** ノーステップ	

2014年

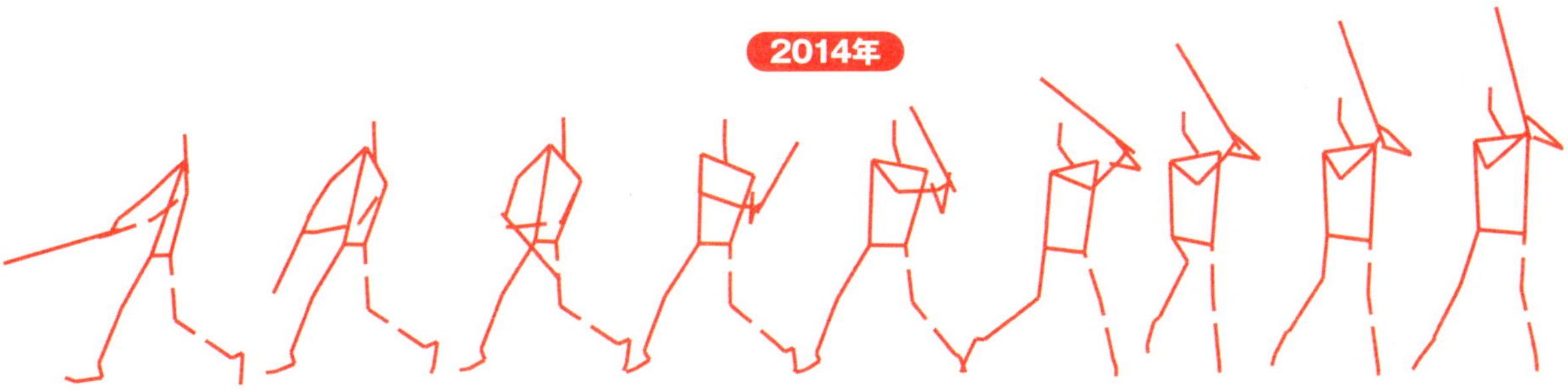

上表は注目すべき部位。構えのトップ（①）は大きく変化し、21年は肩甲骨の動きを生かし、右肘を伸ばして後ろに引いた。日本では右足を上げたが、現在はすり足に。21年の③④では頭が右足よりも大きく後ろにあり、かつ高低がぶれない。一方、臀部は回旋して活発な体重移動。⑤で14年はバットが上向きだが、21年は早くも下を向き始める。⑥で左肘を畳み、体にバットを引き付ける。⑦では右脇を開けることで両腕が五角形状に。⑧⑨で軸足に体重をかけて反る

球、いわゆる『テンプラ』になりやすいですが、研究者からすると、大谷選手はそこが普通とは違う」

日本人が苦手な動作をこなせる基盤は、背筋、臀部、太腿の裏、内転筋などの強化にある。

「体の後ろ側にある筋肉を総動員する。それによってのけ反りながらも、腰砕けになりやすいところを支えるんです。ただし、これは体の負担が大きく、太腿の裏を肉離れしやすい。おそらく、大谷選手は20代の後半くらいに自分の体ができあがることを念頭に逆算して、無理なく無駄なく鍛えたのではないでしょうか」

二刀流だからこその効果 肩甲骨を使ったスイング

このスイングに、「二刀流ならではの相乗効果があるという。

「左肘を後ろからグッと畳むことでバットを遠回りさせず、体に巻き付けるようにして打つ。肩甲骨が滑らかに動くからできること。アメリカのスラッガータイプの選手は、軸がぶれないようにウエイトを増やすため、肩甲骨をあまり使えない。しかし、大谷選手は筋肉をつけつつ、投手として肩甲骨の可動域も確保する。鍛え方としては難しいけれど、これがバットのスイングをスムーズにし、かつコンパクトにバットを出すことにつながっていると思います」

2021年のスイング自体は、ゴルフのドライバーショットのようなイメージだ。下半身の動きは、2014年はフォロースルーに入る早い段階で腰が正面を向くが、2021年は体が三塁側を向いたまま手が前に出ていく。そして、左脇をあえて開けている。

「インパクト時に両腕の動きが五角形に近い形（⑦）になることで、体が開くことを防いでいる。下からバットを入れつつ、最後にバットを回旋させるために必要な動作になっていますね」

川村准教授は、大谷の活躍が野球の未来を変えると考えている。

「少年野球において勝ちたい野球だけでは、スケールの大きい選手は育たない。彼の存在によって野球の仕組みが変わり、10、20年後に新たな才能を持つ選手が出る。研究者の予測を見事に外してくれてありがとう、と言いたいです」

34号

2番・DH

7月18日

SHOHEI OHTANI 34th HOMERUN

生みの苦しみ後半戦 1発目は3戦目

史上初の投打二刀流出場となった球宴。ホームランダービーの余韻を残した後半戦、最初の一発は苦労の末に生み出した。7月18日の本拠地マリナーズ戦で、9回2死三塁から、フルカウントから右腕シーウォルドの内角低めのスライダーをすくい上げて中堅に運んだ。

生みの苦しみを味わった。前半戦は次々と記録を塗り替え、本塁打ランキング単独トップ。しかし、後半戦再開後は2試合で10打数1安打、前日の試合からこの試合の1打席目まで5打席連続三振を喫していた。その後も2、3打席目は連続四球、7回には一塁内野安打も、初球のカーブを引っ掛けたような当たりだった。それでも練習や試合の中で修正し、34号2ランで復調する姿はさすが。本塁打数単独トップは変わらず、2位に3本差をつけた。

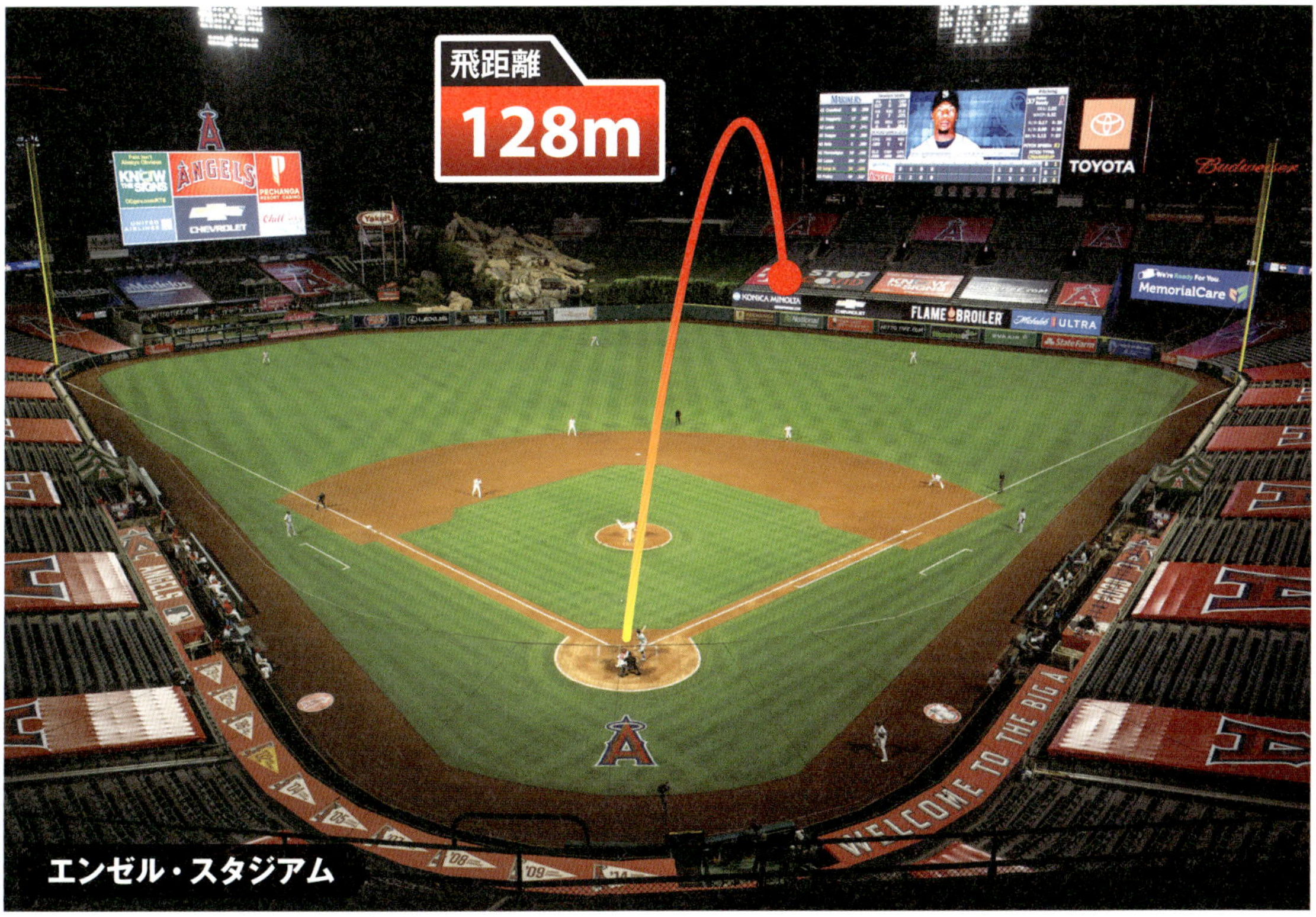

7月18日　試合結果:エンゼルス 4−7 マリナーズ

本塁打時のスコアボード	1	2	3	4	5	6	7	8	9	R	H	E
マリナーズ	2	0	0	1	3	0	0	1	0	7	8	0
エンゼルス	0	0	0	0	0	2	0	0	2	4	8	1

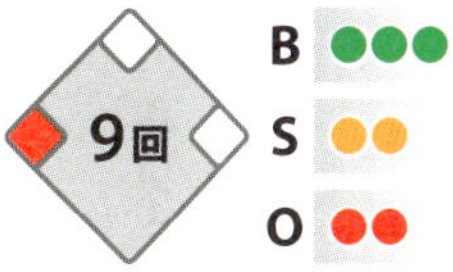

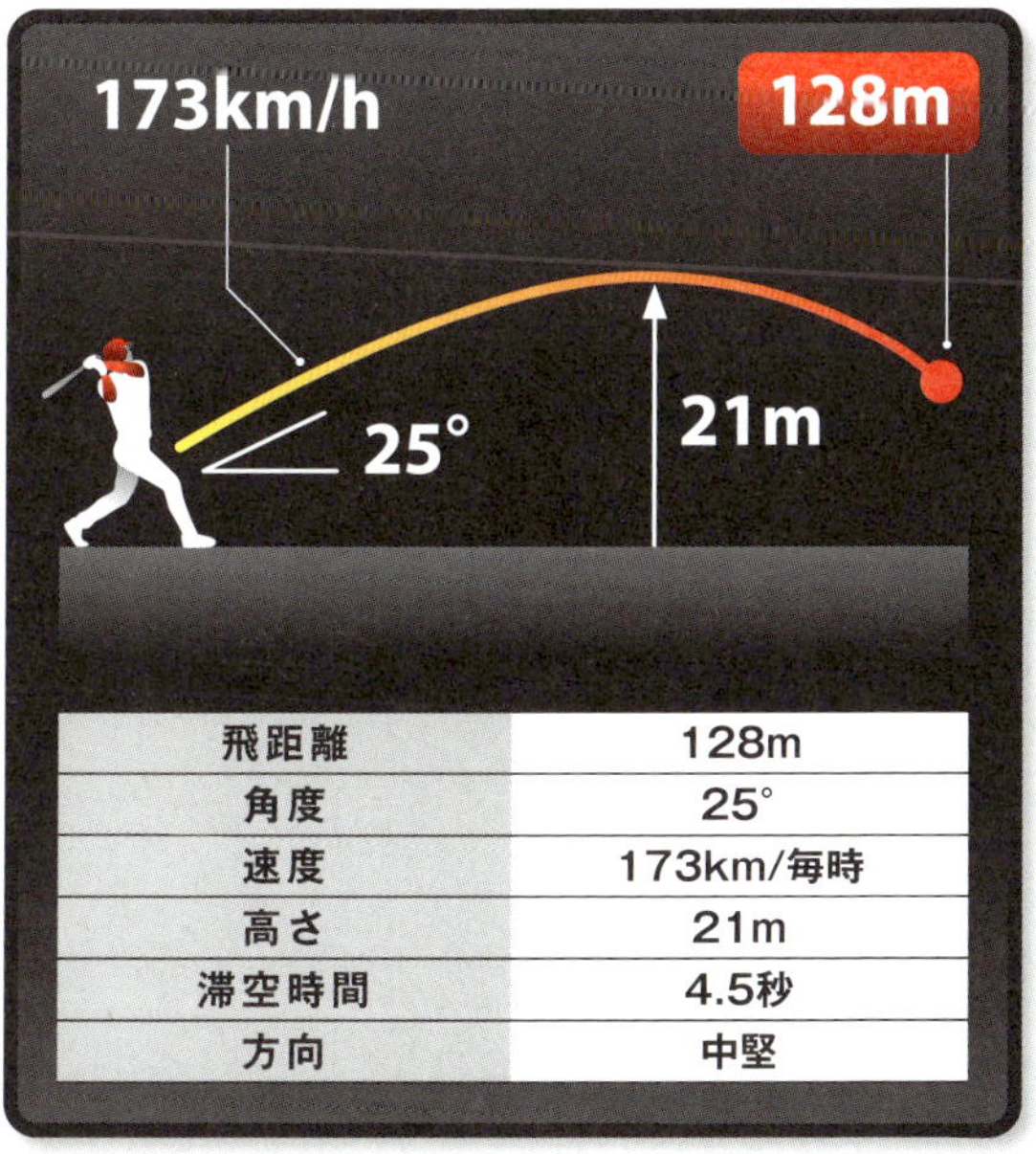

飛距離	128m
角度	25°
速度	173km/毎時
高さ	21m
滞空時間	4.5秒
方向	中堅

投手

P・シーウォルド(右)

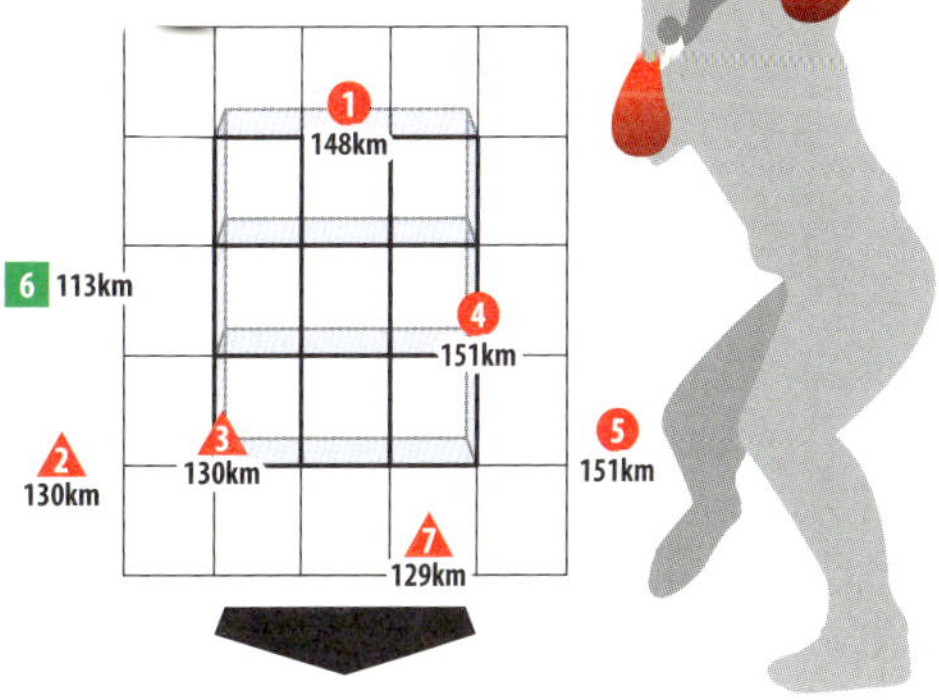

フォーシーム　ツーシーム　カットボール
スプリット　チェンジアップ　スライダー
カーブ

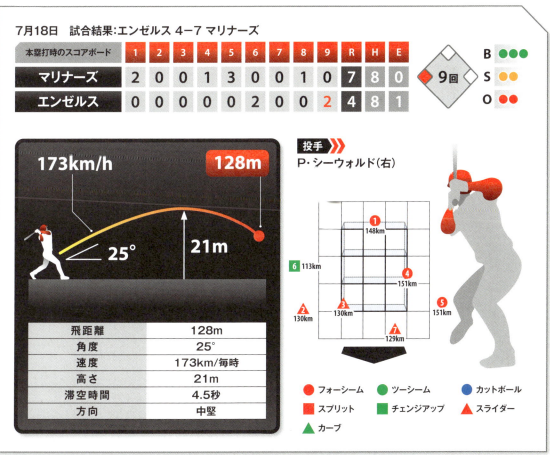

35号

2番・DH

7月25日

SHOHEI OHTANI 35th HOMERUN

メジャー史上4人目の7月で35号到達

後半戦のブレーキも何のその。7月25日の敵地ツインズ戦で6回に勝ち越しソロを放ち、チーム98試合目にして35号に到達した。チーム98試合での35号到達は、2013年デービス(オリオールズ)の94試合以降では最速。7月時点の35本到達はメジャー史上4人目となった。

昨季まで苦手だったはずの左腕討ちでも結果を残している。左腕からの左打者本塁打は今季129打席目で12本となり、オルソン(アスレチックス)の15本に次ぐ両リーグ2位タイ。対左投手には本塁打だけでなく、長打率7割3厘は両リーグトップ。2020年までは左投手に3年間でわずか6本塁打だったことを払拭する快進撃だ。

長打だけでなく、1点リードの8回には2死一、三塁から二盗に成功。自己最多となる13盗塁をマークした。

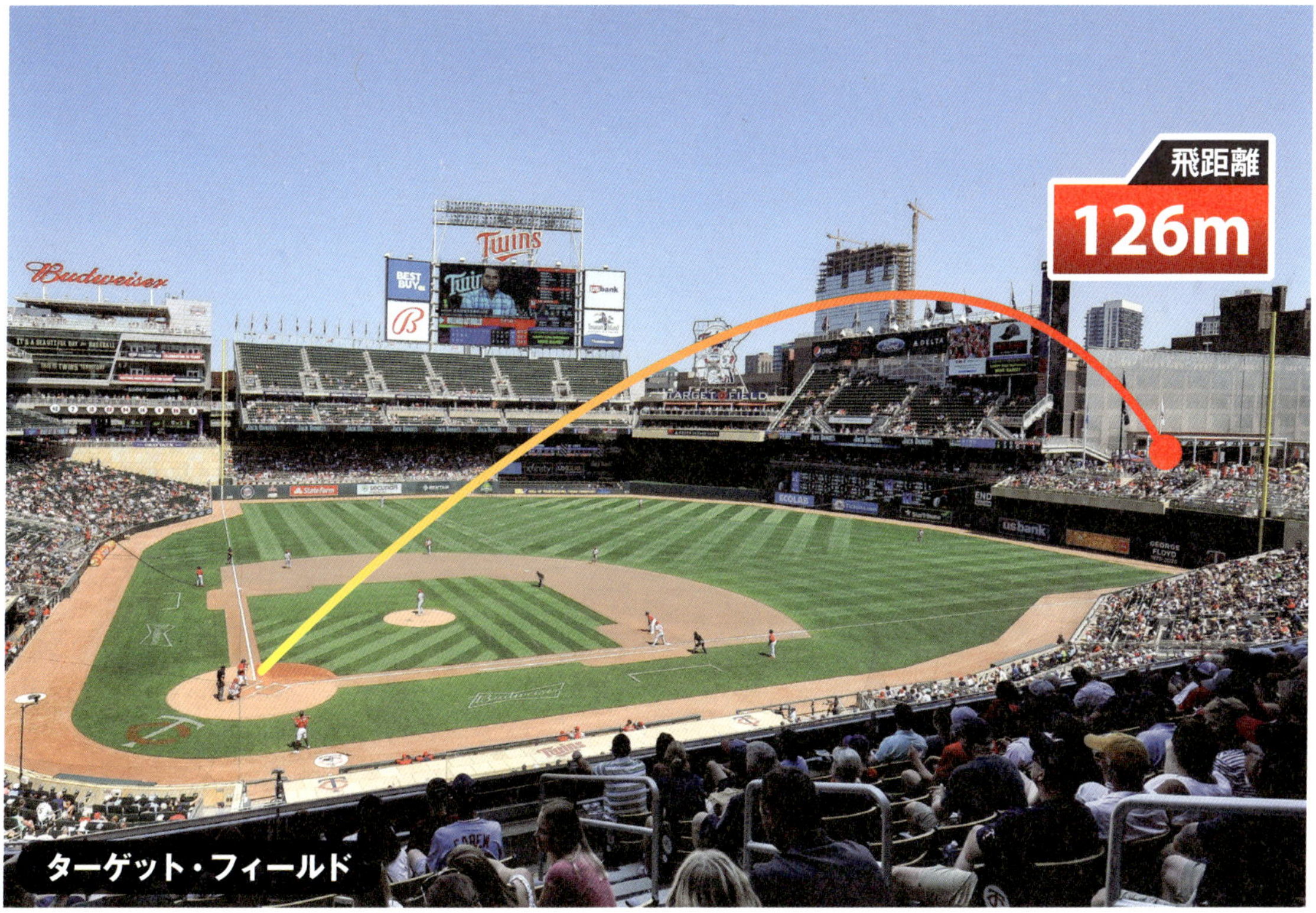

ターゲット・フィールド

7月25日　試合結果:ツインズ 2−6 エンゼルス

本塁打時のスコアボード	1	2	3	4	5	6	7	8	9	R	H	E
エンゼルス	0	1	0	0	1	1				3	4	0
ツインズ	2	0	0	0	0					2	4	0

6回　B ●　S　O ●

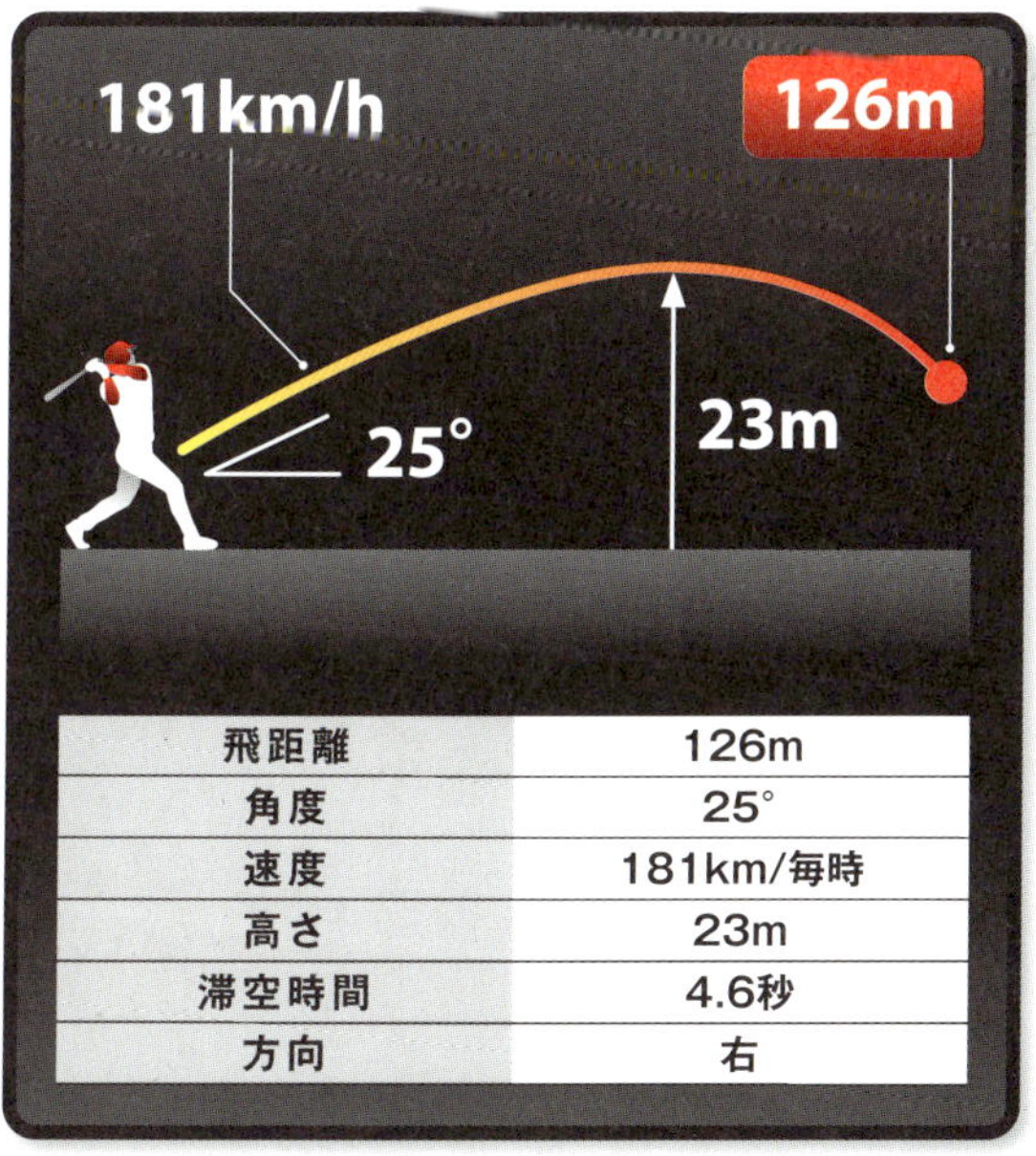

飛距離	126m
角度	25°
速度	181km/毎時
高さ	23m
滞空時間	4.6秒
方向	右

投手

D･コーロンブ(左)

● フォーシーム　● ツーシーム　● カットボール
■ スプリット　■ チェンジアップ　▲ スライダー
▲ カーブ

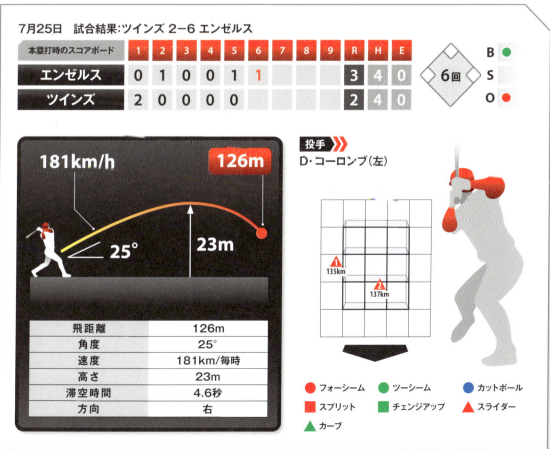

球団記録更新の
140m超弾!
7月27日

36号

2番・DH

SHOHEI OHTANI 36th HOMERUN

今季3度目の140メートル級特大弾

球団史に残る特大弾だった。7月27日のロッキーズ戦で5回、2死三塁の場面で左腕ゴンバーが全球スライダーで勝負した6球目、137キロの甘いスライダーを好球必打で中堅右のスタンド最深部へ運んだ。

飛距離約141メートル。6月8日ロイヤルズ戦で放った17号の143メートルがメジャー自己最長だが、今季自己ランキングでは2位の数字だ。球団でも460フィート（約140メートル）以上の本塁打をシーズン3本放った選手は、ここ15年で初めてだという。

また、7月までの36本到達は2019年トラウトを上回り、こちらも球団記録。チーム100試合目での36本は、60本打った1927年ベーブ・ルースよりもペースが速い。本塁打ランキングでも単独トップを譲らず、2位に4本差とした。

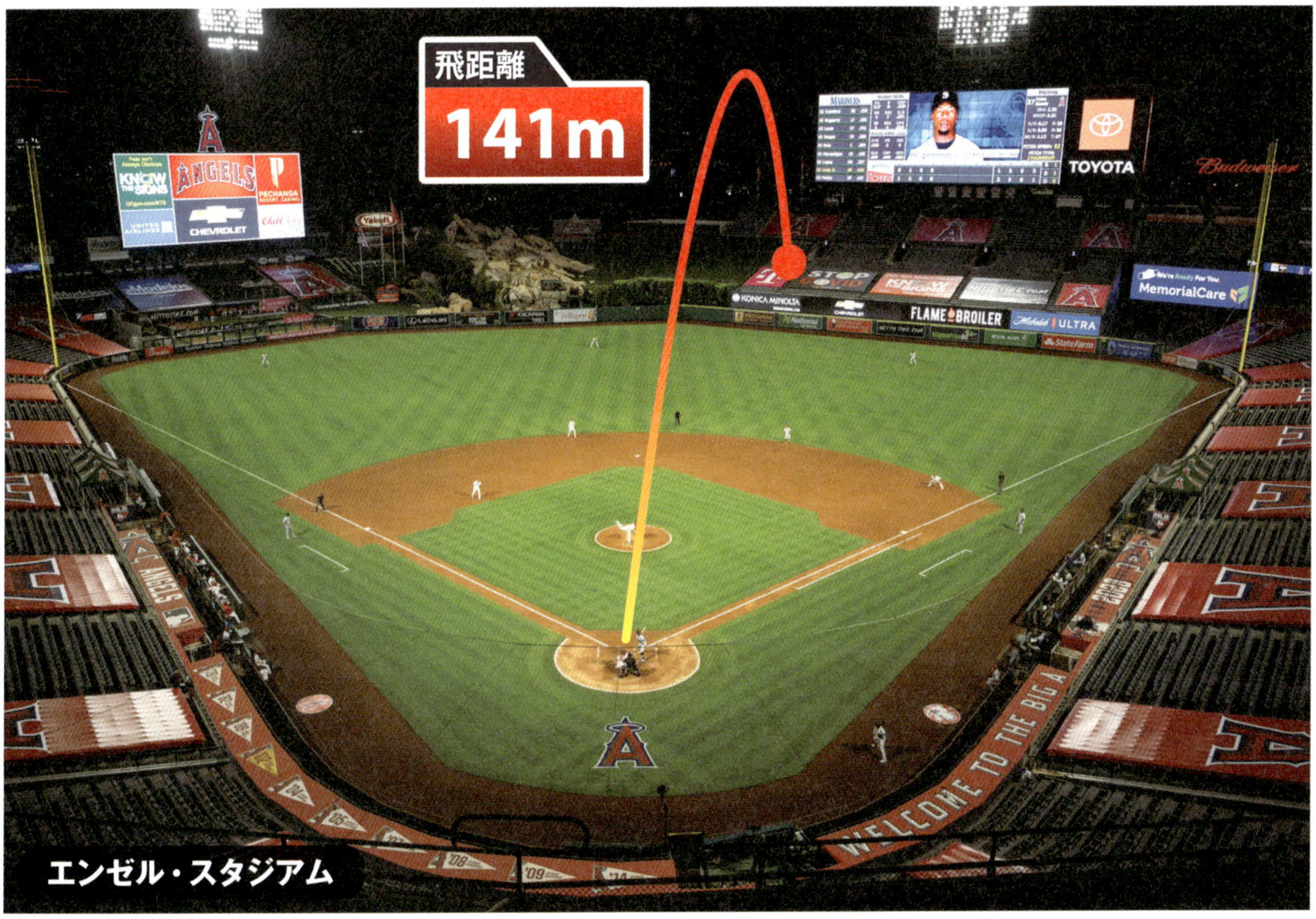

7月27日　試合結果:エンゼルス 3−12 ロッキーズ

本塁打時のスコアボード	1	2	3	4	5	6	7	8	9	R	H	E
ロッキーズ	2	0	3	4	1					10	9	0
エンゼルス	0	0	0	0	2					2	4	3

5回

B ●
S ●●
O ●●

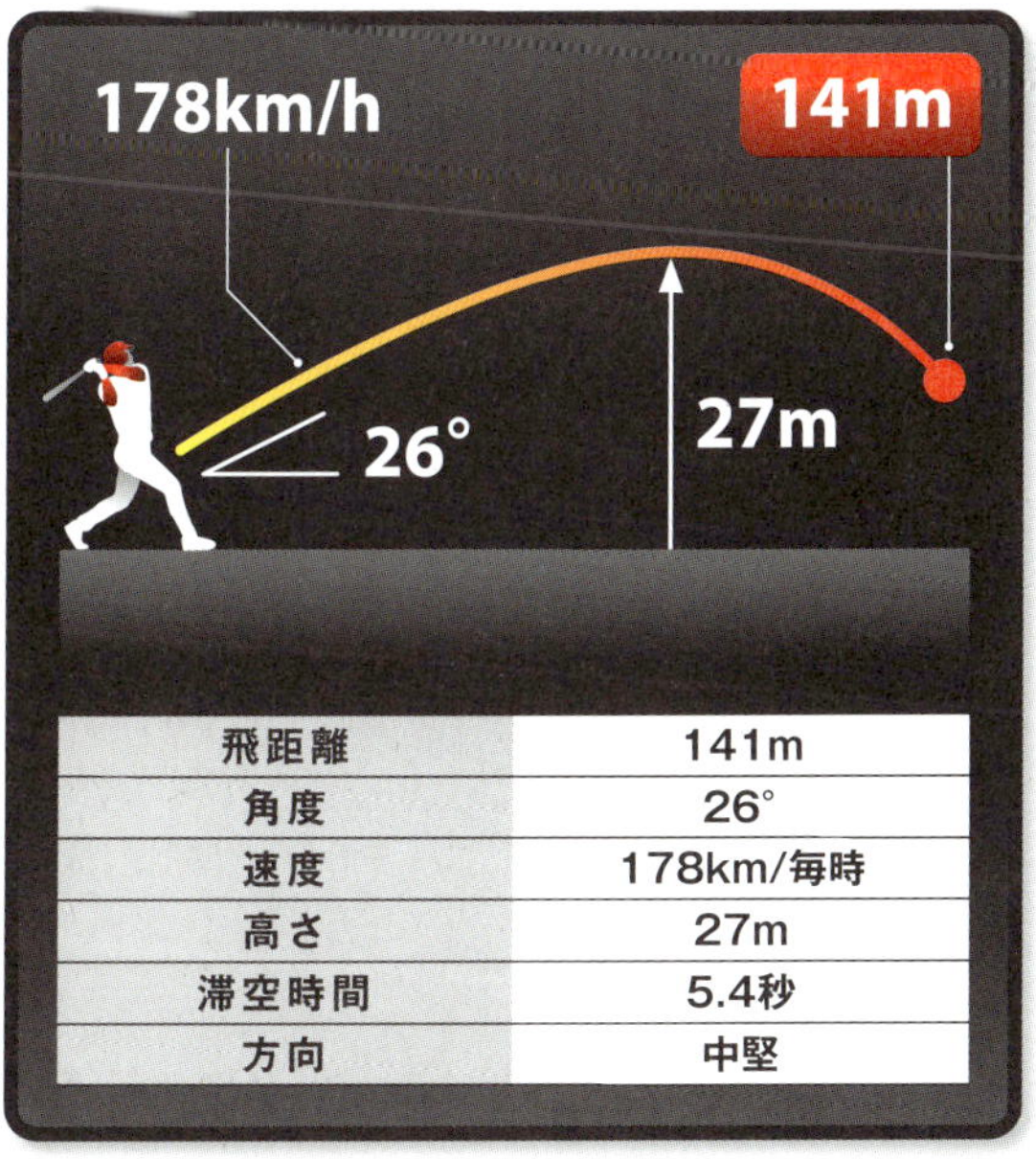

飛距離	141m
角度	26°
速度	178km/毎時
高さ	27m
滞空時間	5.4秒
方向	中堅

投手

A・ゴンバー(左)

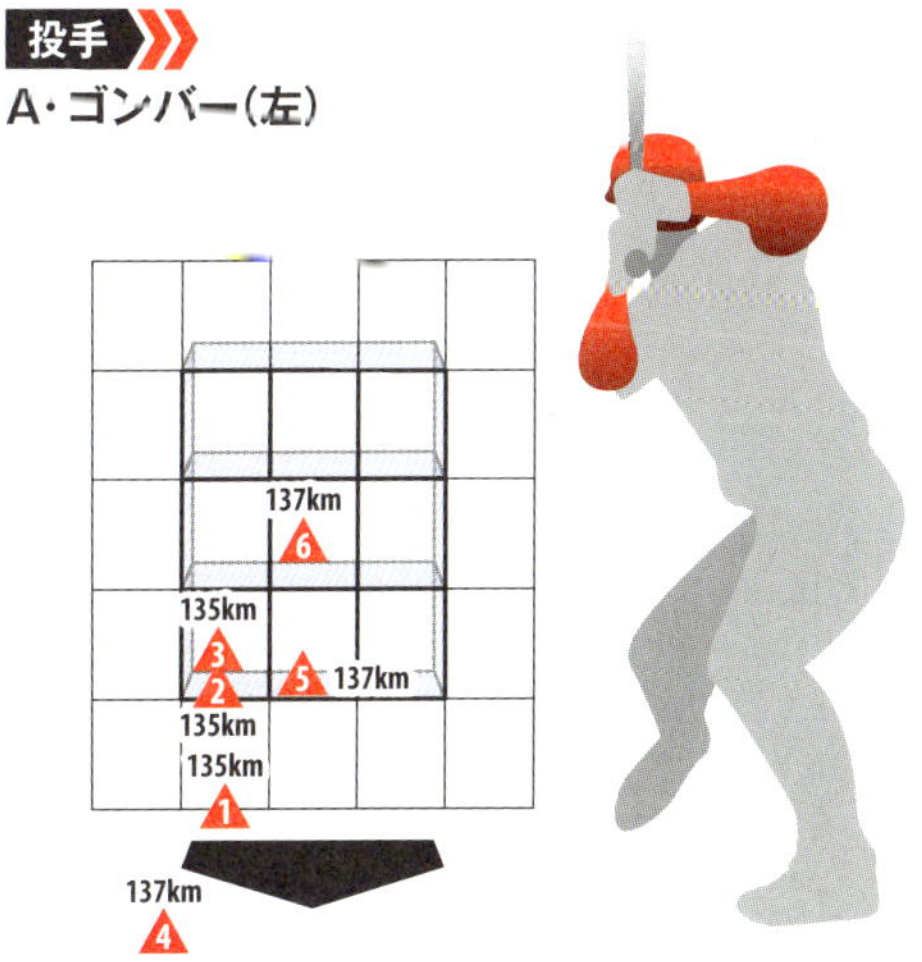

● フォーシーム　● ツーシーム　● カットボール
■ スプリット　■ チェンジアップ　▲ スライダー
▲ カーブ

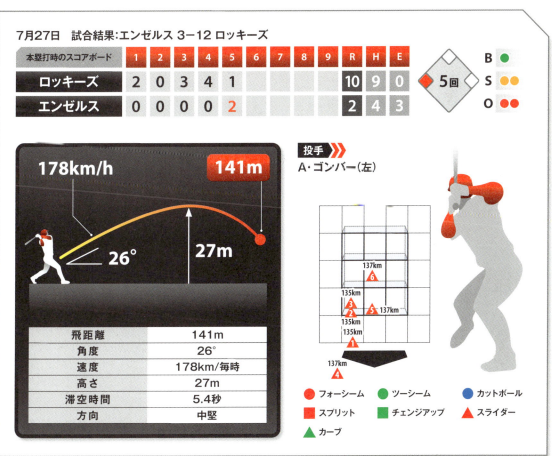

37号

2番・DH

SHOHEI OHTANI 37th HOMERUN

北中南米以外の出身選手で最多本塁打

記録の枠は「日本人」にとどまらない。今季7度目の2試合連続となる37号3ラン。北中南米以外の出身選手では最多本塁打記録となった。

7月28日、本拠地ロッキーズ戦。4回2死一、二塁で、右腕ティノコの外角チェンジアップに反応。高さ約17メートルのライナー性の打球が右翼席ではずんだ。これまで北中南米以外の出身選手による最多本塁打は、２０１９年、ドイツ出身のケプラー（ツインズ）の36本。２００４年に31本を放った松井秀喜（ヤンキース）は大谷の記録更新で4位となった。

5試合連続安打と4試合連続打点をマーク。打球速度の１１０マイル（約１７７キロ）超えアーチは19本目で、この時点で今季メジャー最多。単独トップの本塁打ランキングで、2位に再び5本差をつけた。

7月28日　試合結果:エンゼルス 8−7 ロッキーズ

本塁打時のスコアボード	1	2	3	4	5	6	7	8	9	R	H	E
ロッキーズ	2	0	0	1						3	3	0
エンゼルス	1	0	0	3						4	4	0

4回　B ●●　S ●　O ●●

飛距離	118m
角度	22°
速度	182km/毎時
高さ	17m
滞空時間	3.8秒
方向	右

投手
J・ティノコ(右)

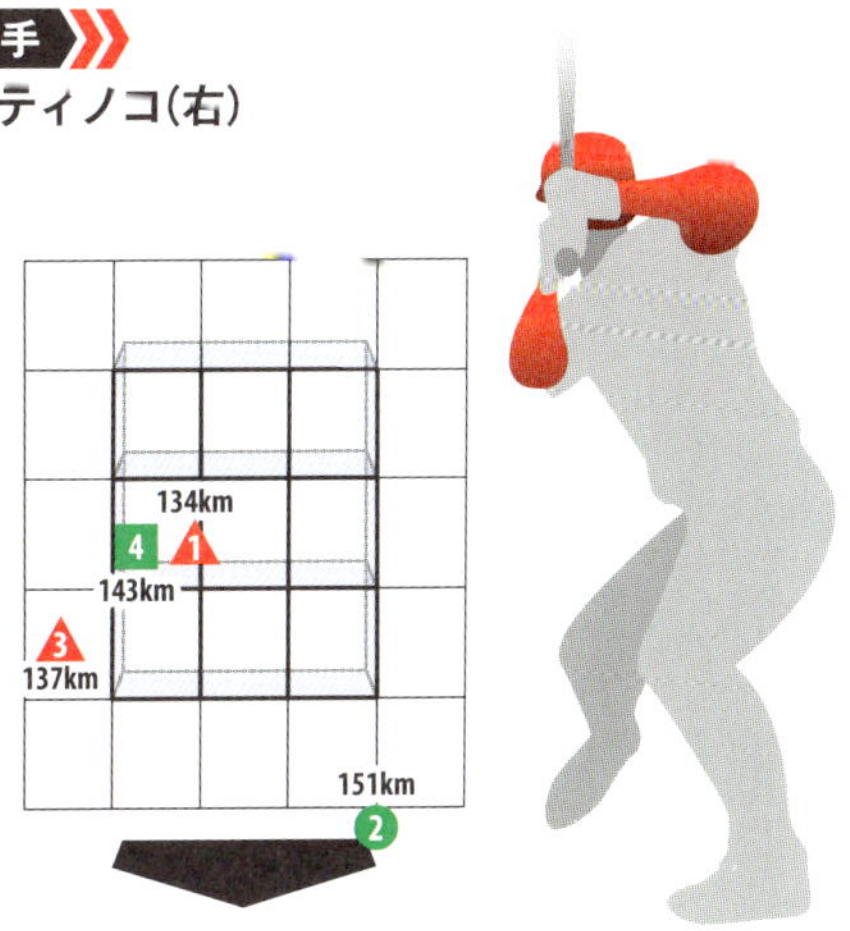

● フォーシーム　● ツーシーム　● カットボール
■ スプリット　■ チェンジアップ　▲ スライダー
▲ カーブ

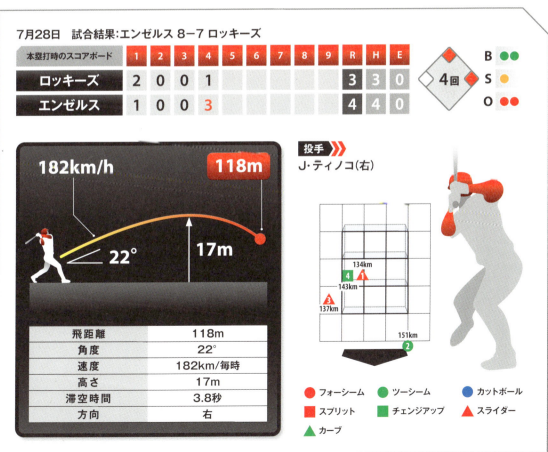

38号

1番・DH

SHOHEI OHTANI 38th HOMERUN

14試合ぶり快音で本塁打トップ譲らず

8月11日

待望の一発だった。8月11日のブルージェイズ戦で、3回1死一塁。右腕マノアの低めのスライダーを本拠地のバックスクリーンへ運んだ。7月28日ロッキーズ戦を最後に、14試合ぶり、48打席ぶりに一時同点の38号2ランを放った。

この日は1番・DHで出場。1番打者の本塁打は、自身メジャー初の先頭打者本塁打だった6月25日レイズ戦の24号以来、今季2本目だ。シーズン38本は球団の左打者では歴代単独2位となり、球団記録である1位の1982年ジャクソンまであと1本と迫った。

13試合音なしでも本塁打王争いでは単独トップを守り、この日直接対決したゲレロに3本差をつけた。84打点はゲレロの88打点に次ぐメジャー2位タイで、タイトル争いは2人に絞られたかのように見えた。

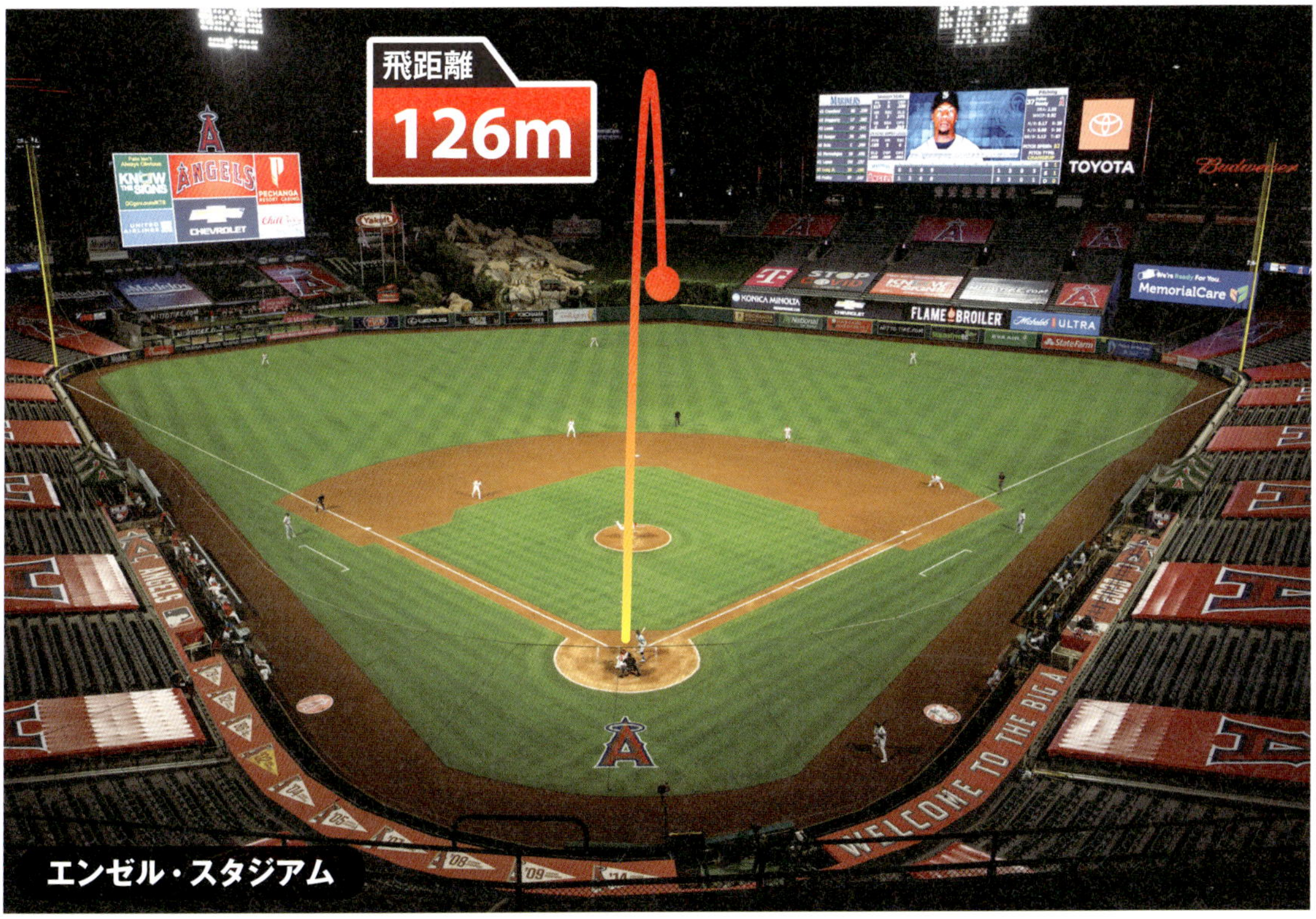

8月11日　試合結果:エンゼルス 2−10 ブルージェイズ

本塁打時のスコアボード	1	2	3	4	5	6	7	8	9	R	H	E
ブルージェイズ	0	0	2							2	3	1
エンゼルス	0	0	2							2	2	0

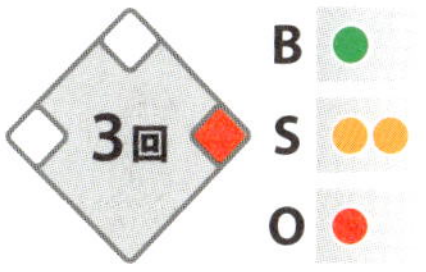

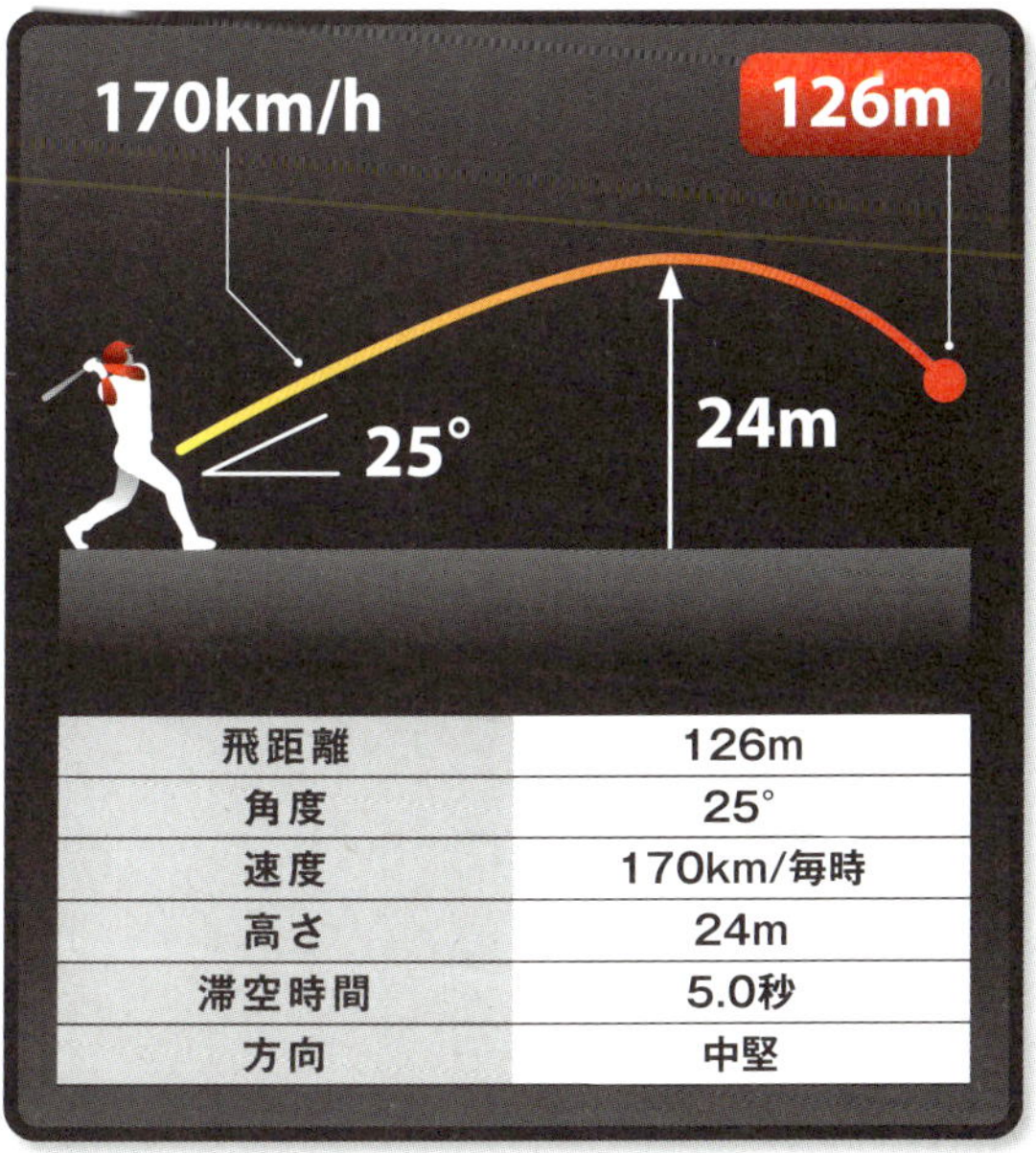

飛距離	126m
角度	25°
速度	170km/毎時
高さ	24m
滞空時間	5.0秒
方向	中堅

投手
A･マノア(右)

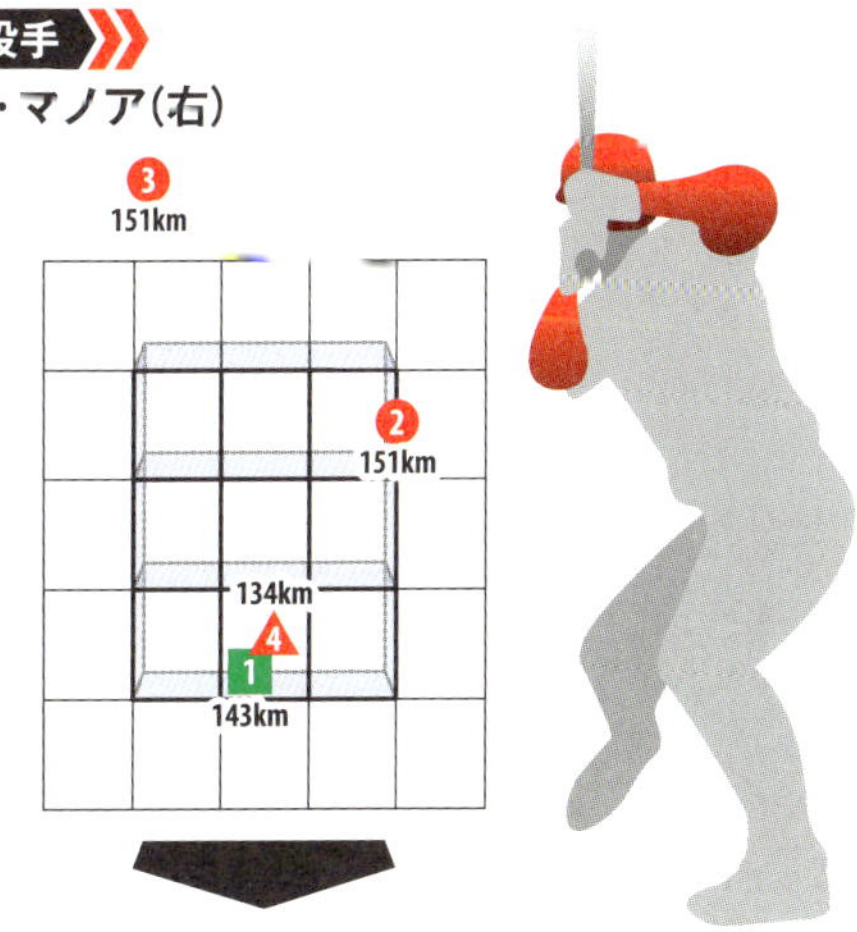

フォーシーム　ツーシーム　カットボール
スプリット　チェンジアップ　スライダー
カーブ

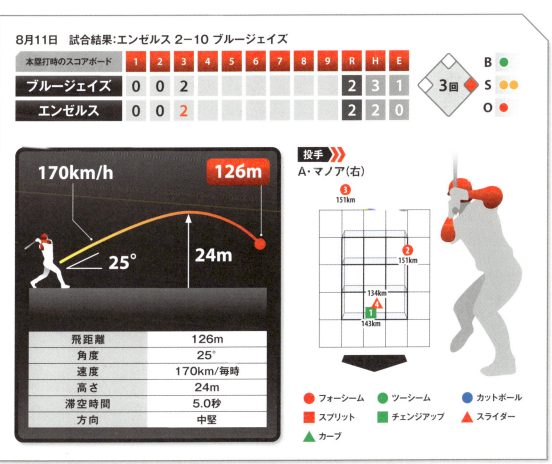

39号

1番・DH

本拠地初の先頭打者弾！

8月14日

SHOHEI OHTANI 39th HOMERUN

2度目の先頭弾で球団左打者最多タイ

8月14日、本拠地のアストロズ戦で1回、相手先発ガルシアのチェンジアップを右中間へ運び、今季2本目の先頭打者本塁打で39号ソロ。6月25日レイズ戦以来、本拠地では自身初の先頭打者アーチを放った。

シーズン39本塁打は、球団の左打者では１９８２年ジャクソンに並んだ。ジャクソンは、メジャー21年の現役生活で通算２５８４安打、５６３本塁打、１７０２打点。本塁打王に４回輝き、打点王、MVPも獲得し、１９９３年に殿堂入りを果たした。エンゼルスには１９８２〜１９８６年に在籍した偉大なるレジェンドだ。

大谷はこの日、本塁打に続く２打席目は中前打で出塁すると、１死から二盗を成功させて今季17個目の盗塁。シーズン盗塁数で、ベーブ・ルースの最多盗塁数に並んだ。

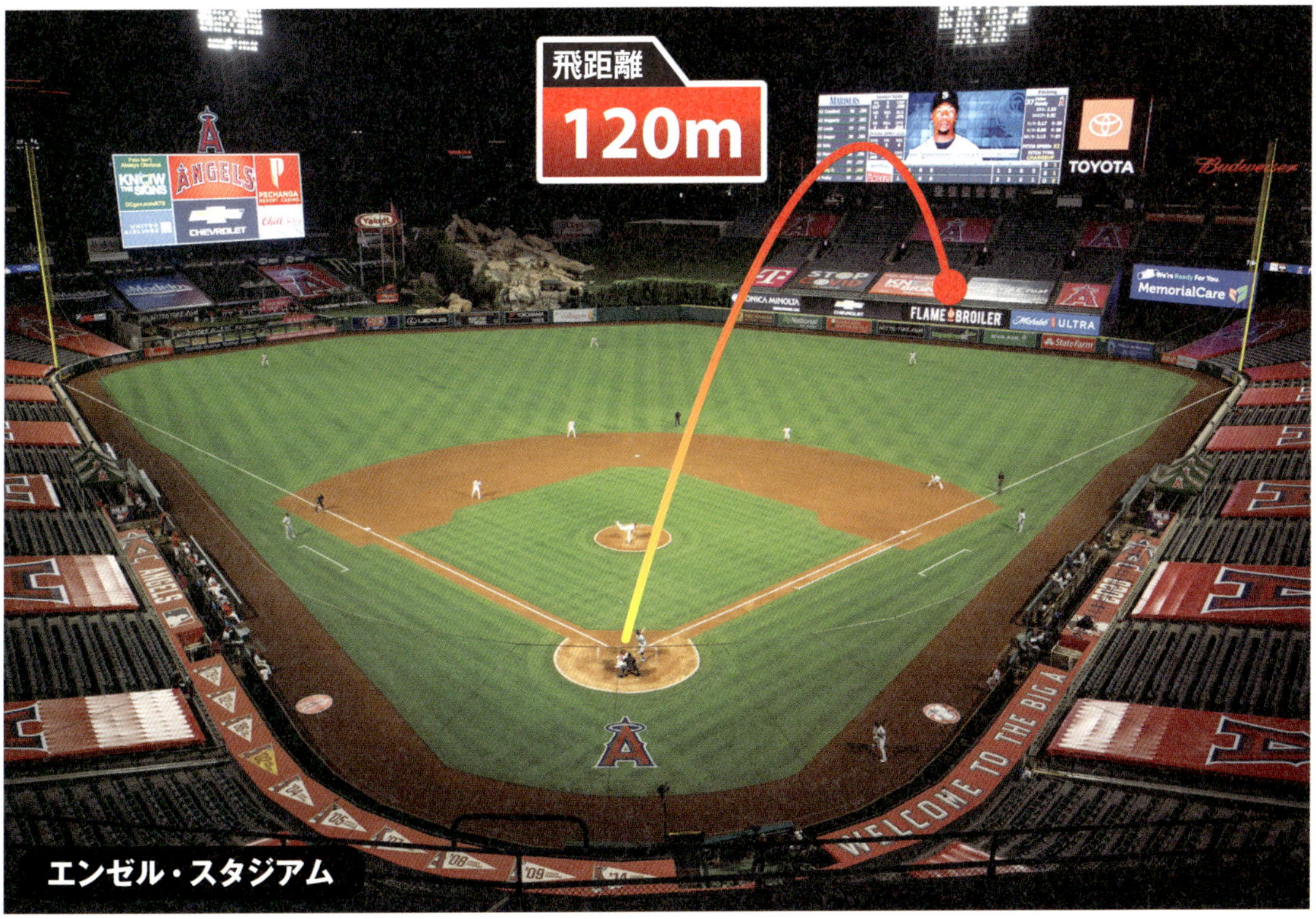

8月14日　試合結果:エンゼルス 2−8 アストロズ

本塁打時のスコアボード	1	2	3	4	5	6	7	8	9	R	H	E
アストロズ	0									0	0	0
エンゼルス	1									1	1	0

1回

B ●
S ●
O

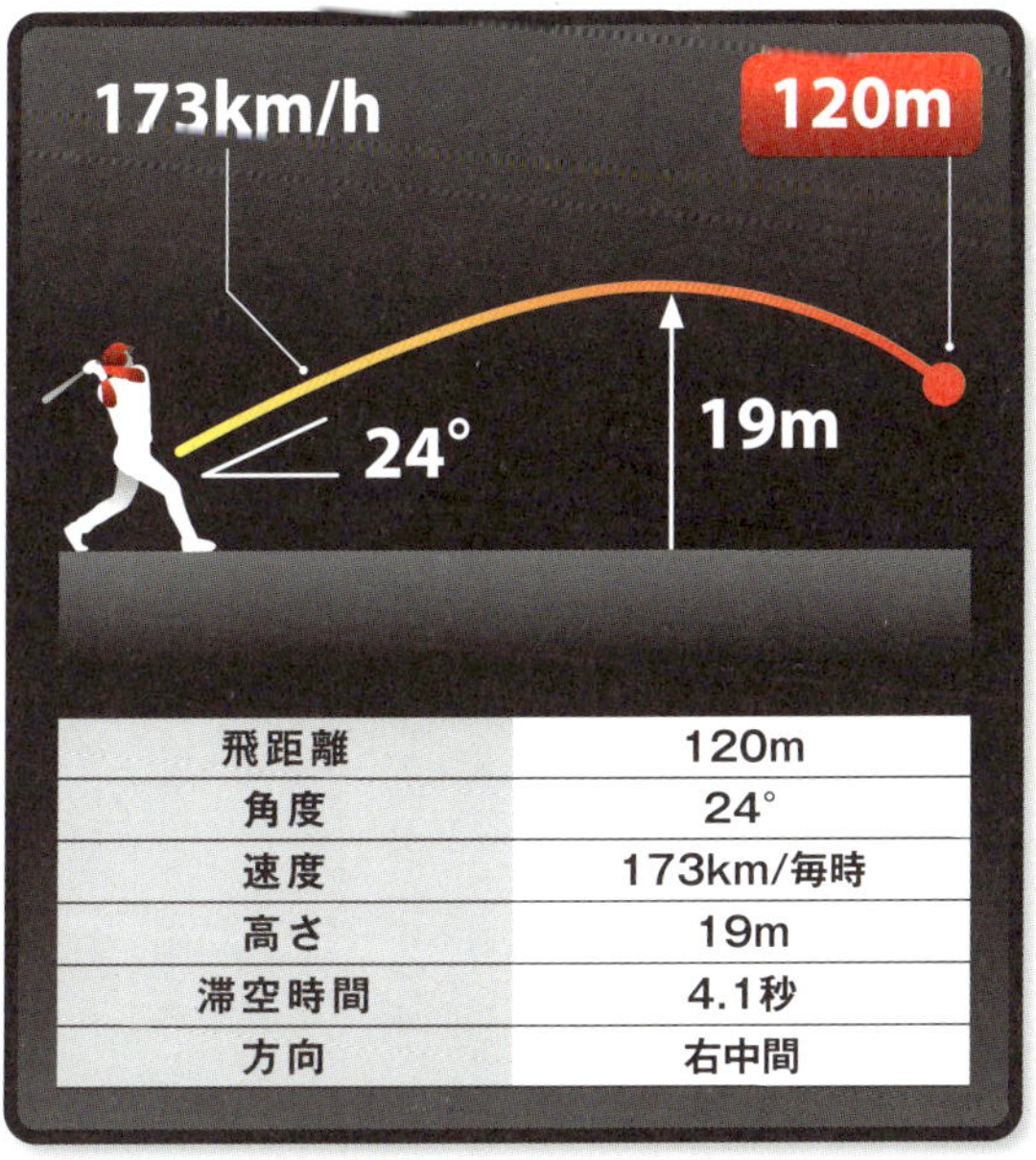

飛距離	120m
角度	24°
速度	173km/毎時
高さ	19m
滞空時間	4.1秒
方向	右中間

投手
L・ガルシア(右)

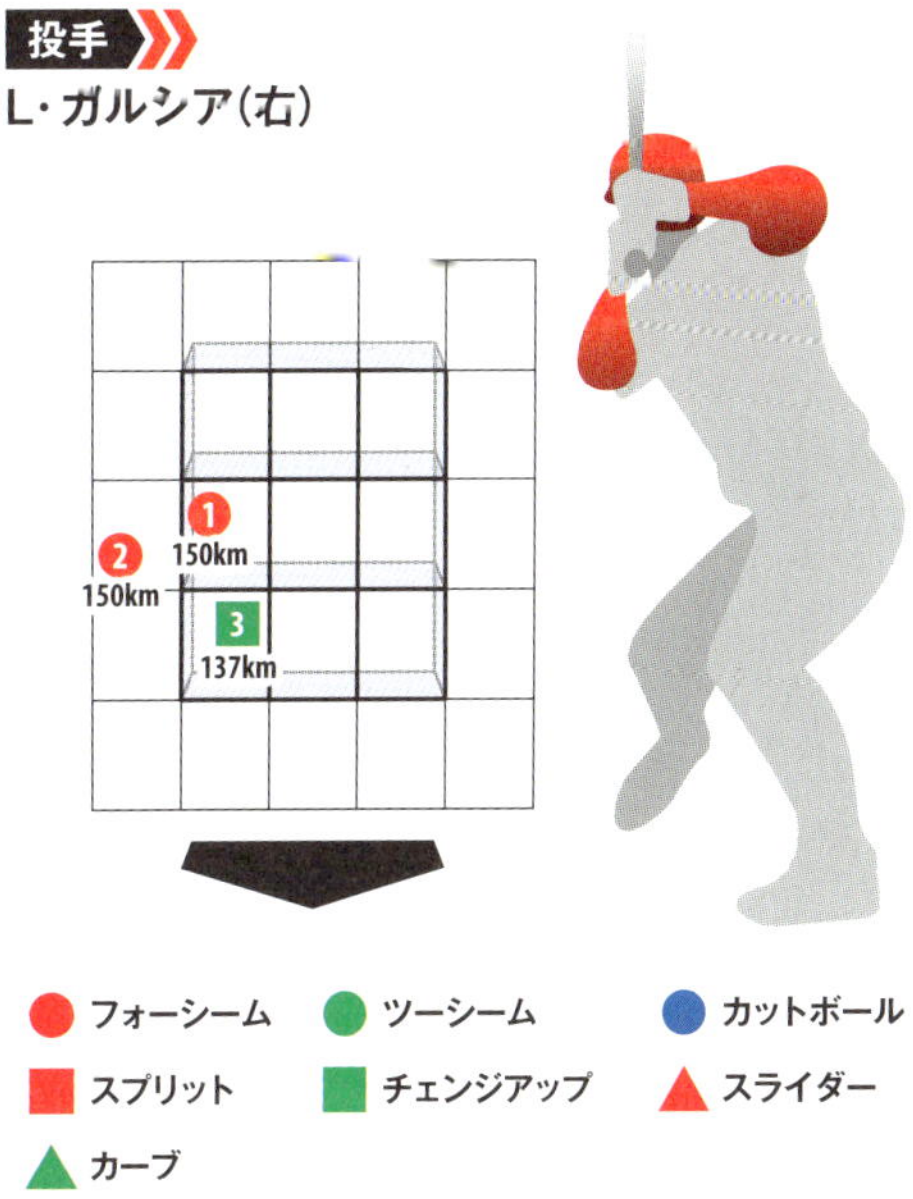

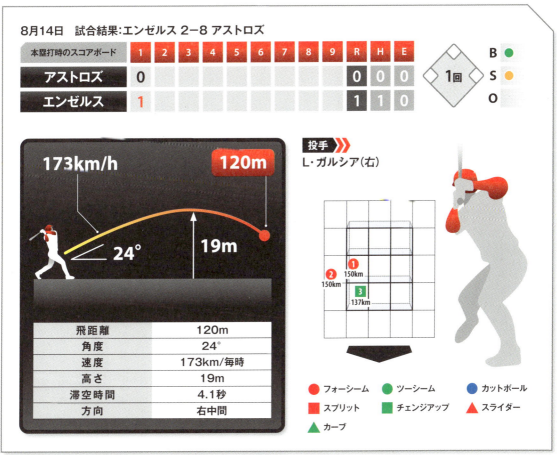

40号

1番・投手

SHOHEI OHTANI 40th HOMERUN

本塁打は大台到達　投手で自己最長8回

「リアル二刀流」の先発試合で日本人初の大台に達した。

1番・投手として臨んだ8月18日、敵地でのタイガース戦。8回、右腕シスネロのスライダーを振り抜いた。右翼手が一歩も追わない完璧な当たりは、今季40号ソロ。大台到達は1920年ベーブ・ルースから数え、メジャー史上155人目、球団でもトラウト、グロース、プホルスに続く4人目。122試合目での到達は球団最速で、かつ「40本塁打&15盗塁」到達は、1998年グリフィーJr.の117試合に次ぐメジャー史上2番目の速さだ。

投手では自己最長の8回6安打8奪三振で今季8勝目。これにより、1973年DH制導入以降、投手で8回以上を投げて本塁打を打った選手として2006年ベンソン以来史上4人目となった。

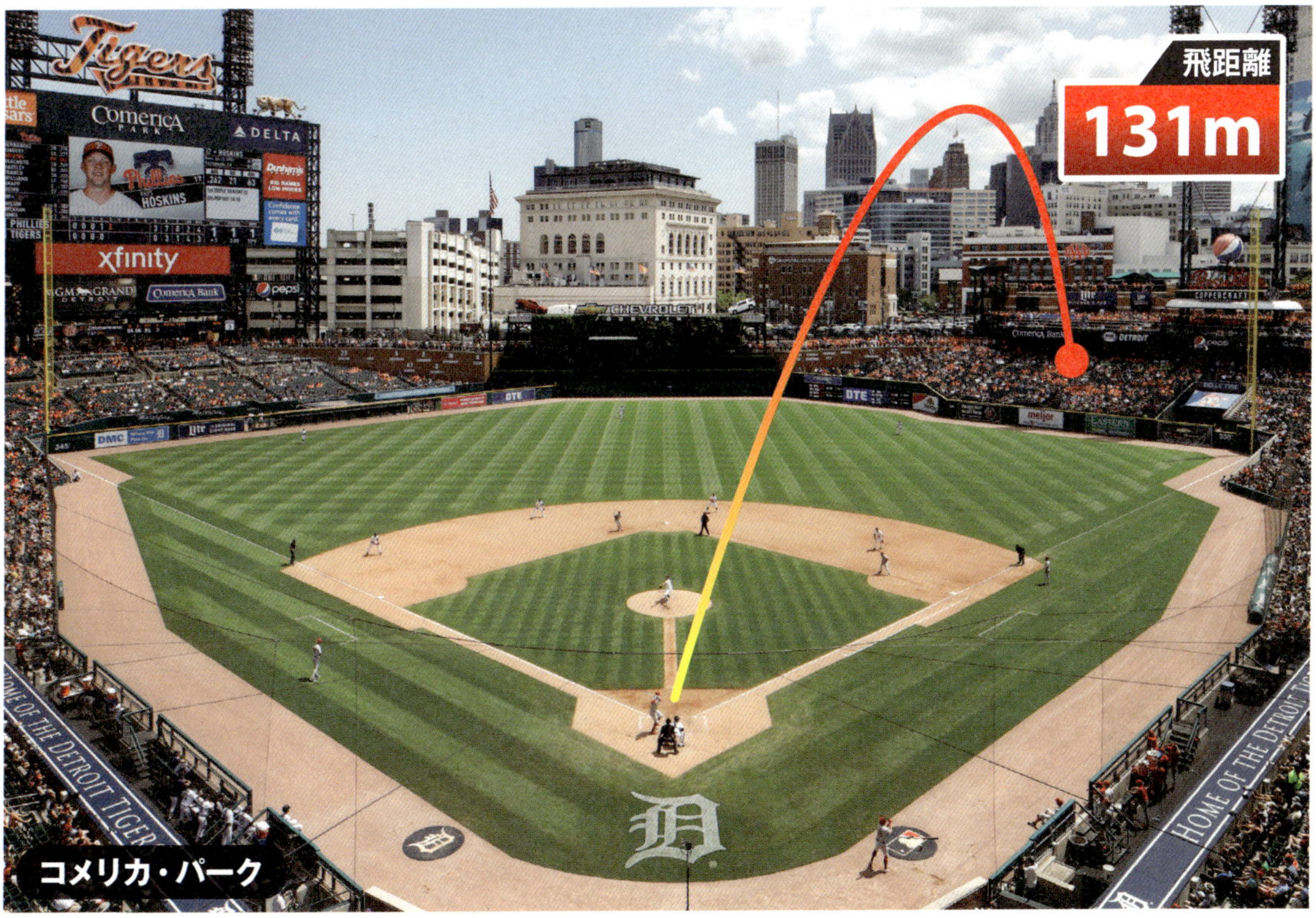

8月18日　試合結果:タイガース 1ー3 エンゼルス

本塁打時のスコアボード	1	2	3	4	5	6	7	8	9	R	H	E
エンゼルス	2	0	0	0	0	0	0	1		3	7	0
タイガース	0	0	0	0	1	0	0			1	6	0

8回　B　S　O

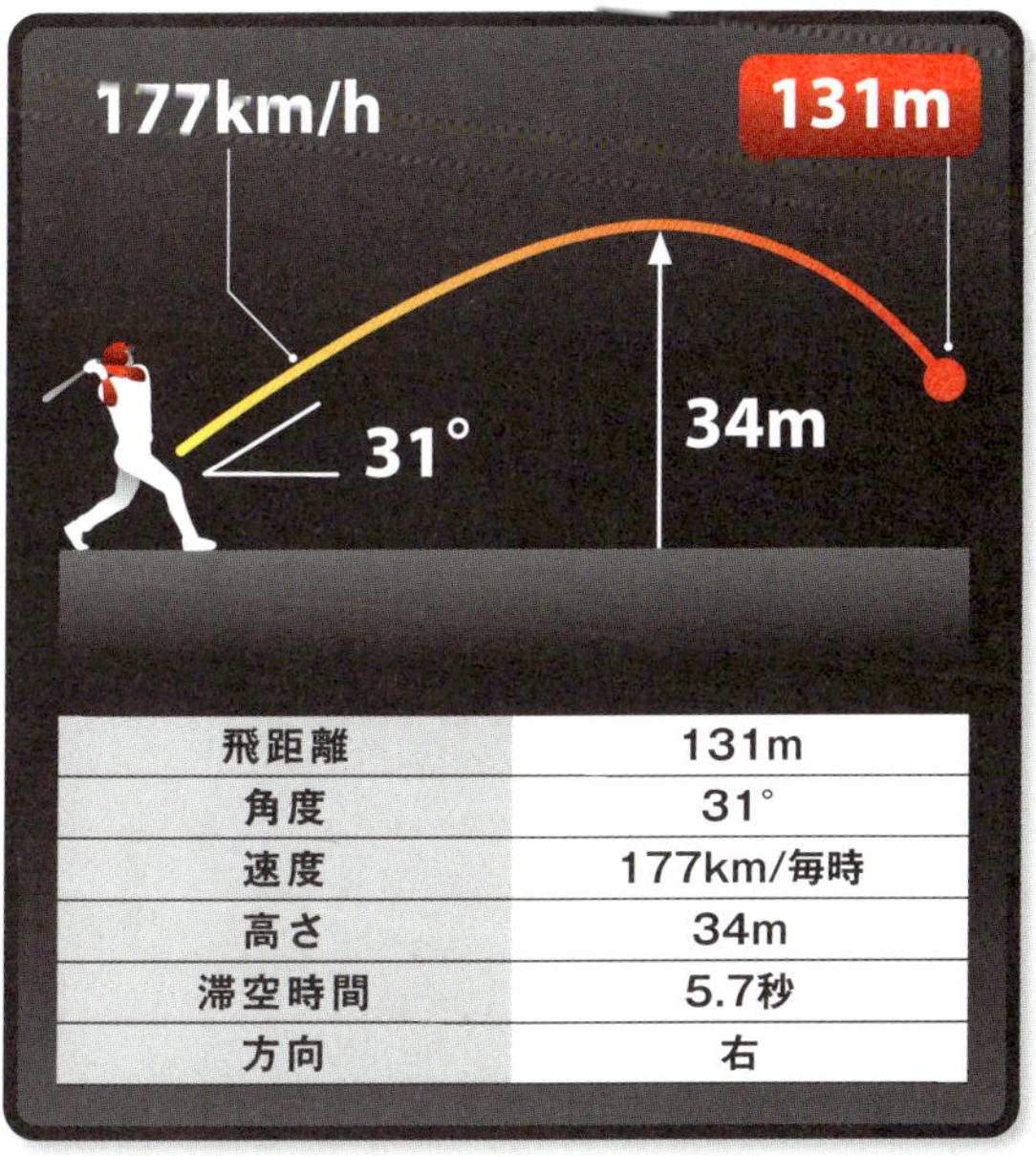

飛距離	131m
角度	31°
速度	177km/毎時
高さ	34m
滞空時間	5.7秒
方向	右

投手
J・シスネロ(右)

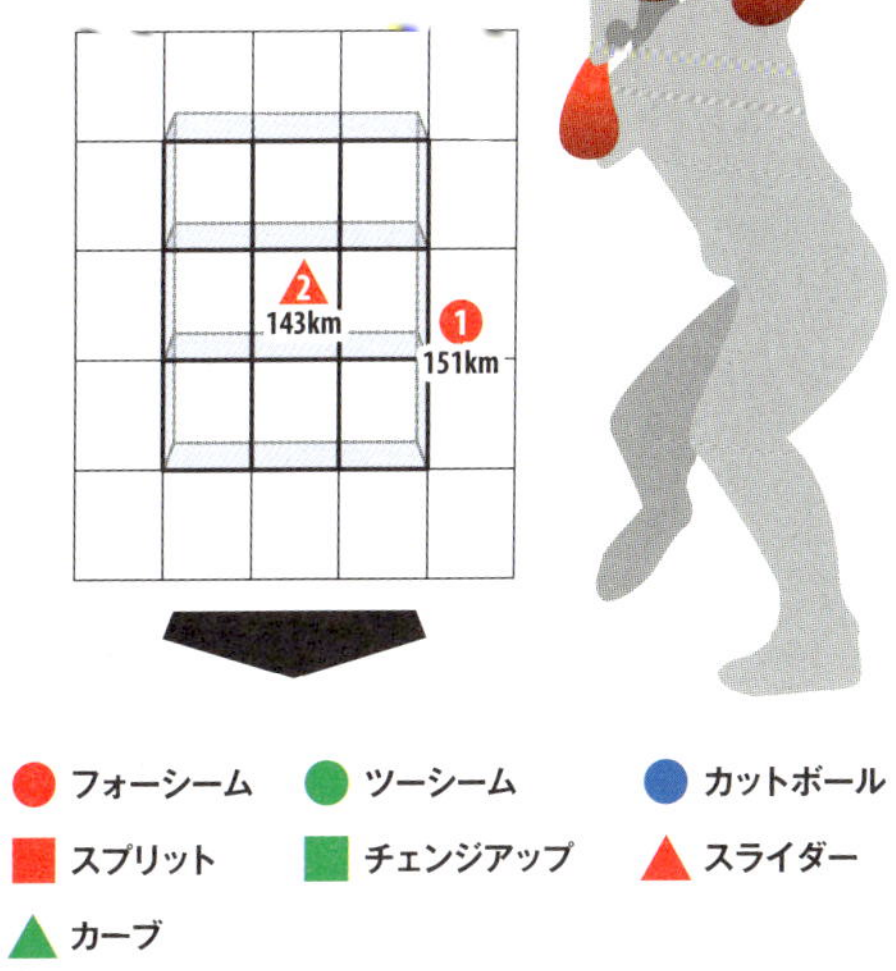

41号

1番・DH

SHOHEI OHTANI 41st HOMERUN

今季最大の「高さ51メートル&角度45度」

サンシャインショット炸裂！

8月26日

滞空時間は今季最長の6・9秒。ナイターの「ムーンショット」に代わり、デーゲームの「サンシャインショット」と呼ばれた。8月26日、オリオールズ戦の1回、先頭打者で7試合ぶりの41号先制ソロ。先発左腕アキンのスライダーを引っ張り、今季最大の打球角度45度となった打球は、これまた今季最大の高さ51メートルを計測した。

先頭打者アーチは、8月14日アストロズ戦の39号以来今季3度目。この通算88本にして、ア・リーグの全15球団の本拠地で本塁打をマークした。

この試合で日米通じて自身初の規定打席に達し、あらためてメジャー4年目での成功を感じさせた。本塁打王争いでも、2位に5本差をつけて単独トップをひた走る。9月を前に、史上初の日本人本塁打王の巨大な夢が現実味を帯びてきた。

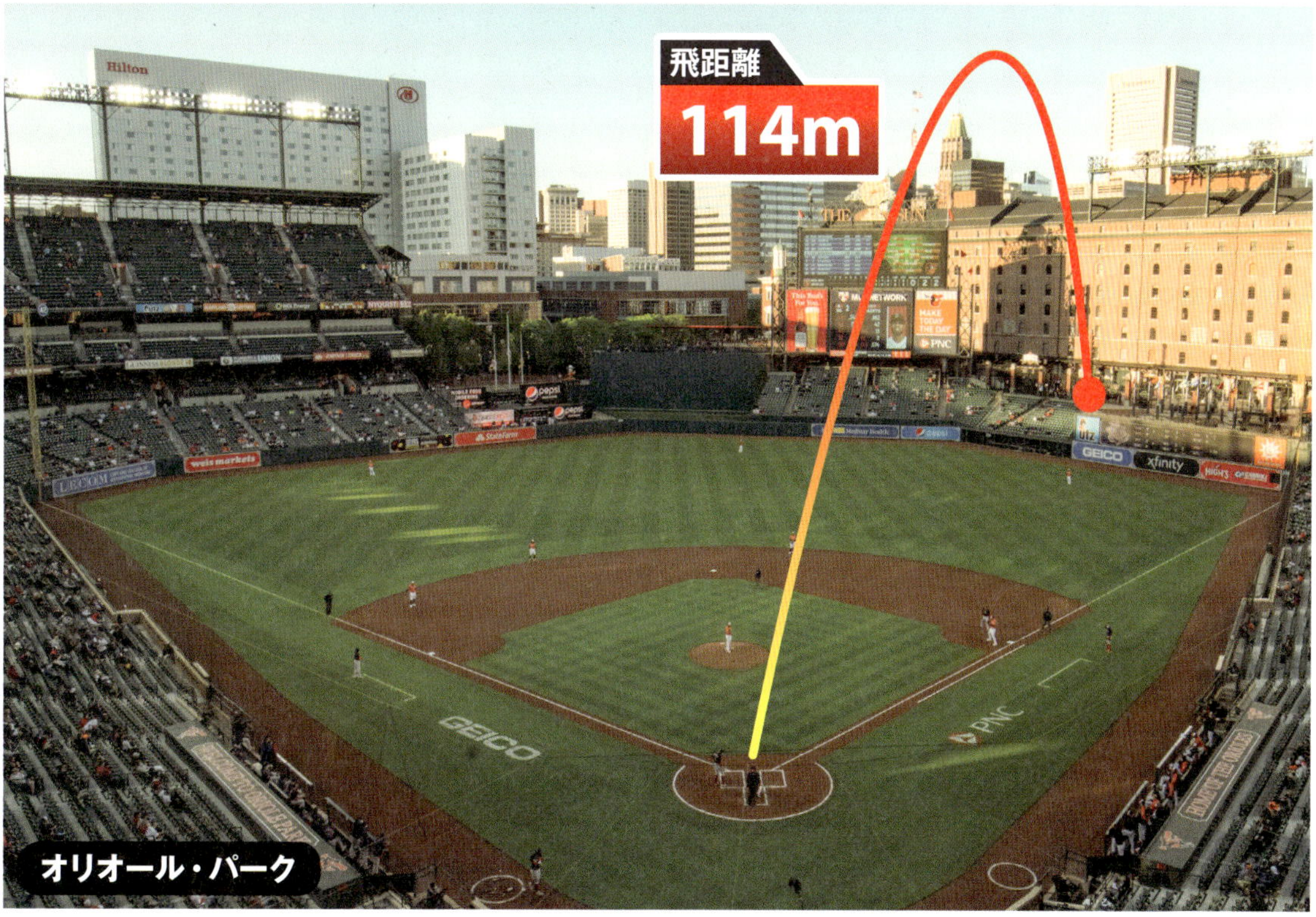

8月26日　試合結果:オリオールズ 13−1 エンゼルス

本塁打時のスコアボード	1	2	3	4	5	6	7	8	9	R	H	E
エンゼルス	1									1	1	0
オリオールズ										0	0	0

1回

B
S
O

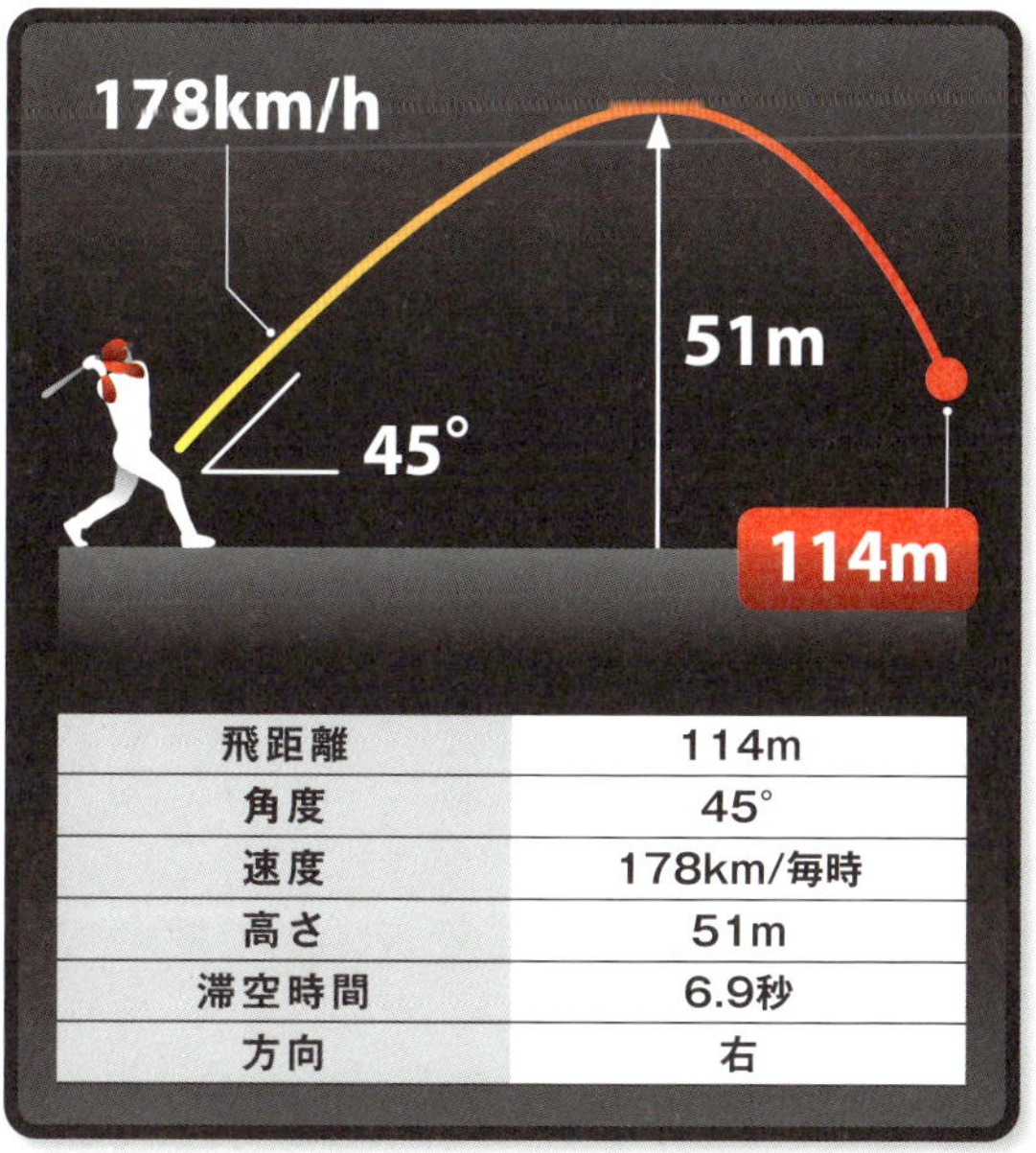

飛距離	114m
角度	45°
速度	178km/毎時
高さ	51m
滞空時間	6.9秒
方向	右

投手
K・アキン(左)

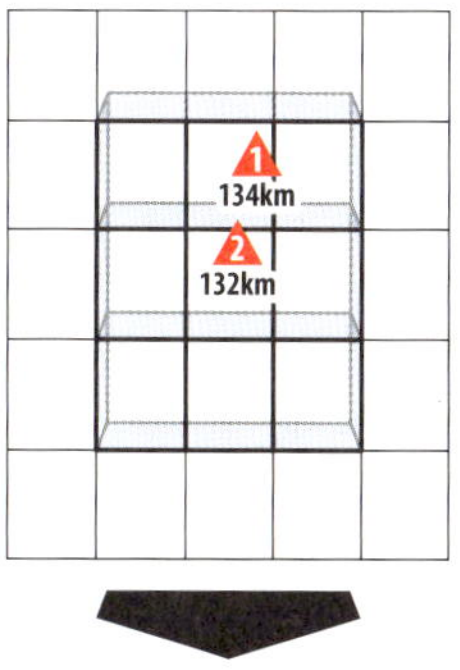

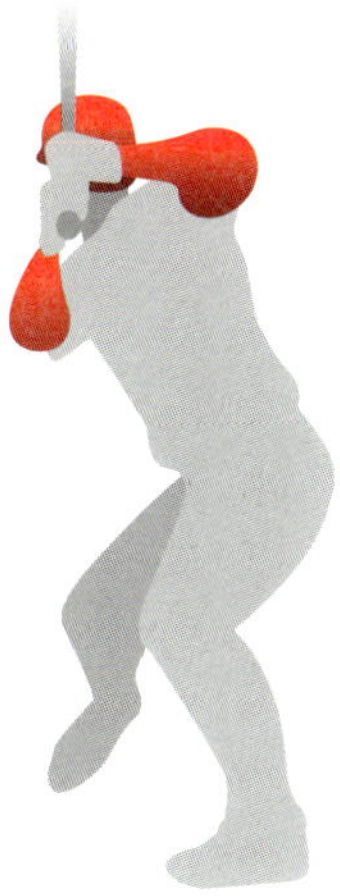

フォーシーム　ツーシーム　カットボール
スプリット　チェンジアップ　スライダー
カーブ

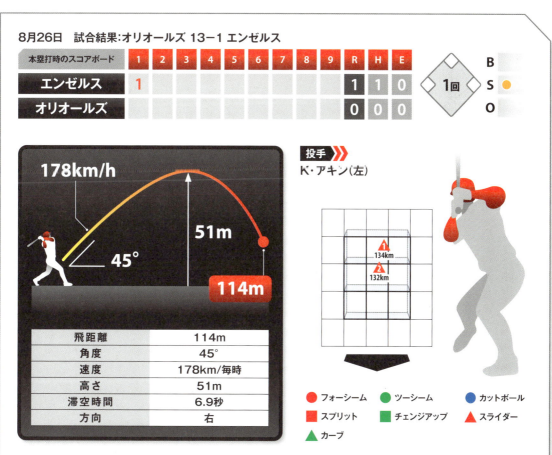

42号

2番・DH

ヤンキース戦で松井超え！

8月30日

SHOHEI OHTANI 42nd HOMERUN

長打の数も「ゴジラ超え」で日本人最多

「ゴジラ超え」は本塁打だけじゃない。8月30日のヤンキース戦で逆転の口火を切る42号ソロを放ち、長打数を72として、2005年松井秀喜（ヤンキース）の71を上回る日本人選手シーズン最多記録を樹立した。

同点の5回、7月までチームメートだった左腕ヒーニーの甘いカーブを逃さず振り抜いた。ヒーニーが落下点を確認することすらあきらめた打球は速度約180キロ、38度の急角度で伸び、右翼フェンスを越えた。

本拠地でのシーズン24本塁打は、2000年グロース以来21年ぶりの球団最多タイ記録となった。また、8月28日パドレス戦では史上32人目、球団初となる「40本塁打＆20盗塁」を達成。一方、1打席目に右手首付近にボールが当たるアクシデントがあったが、42号ソロで負傷の不安を払拭した。

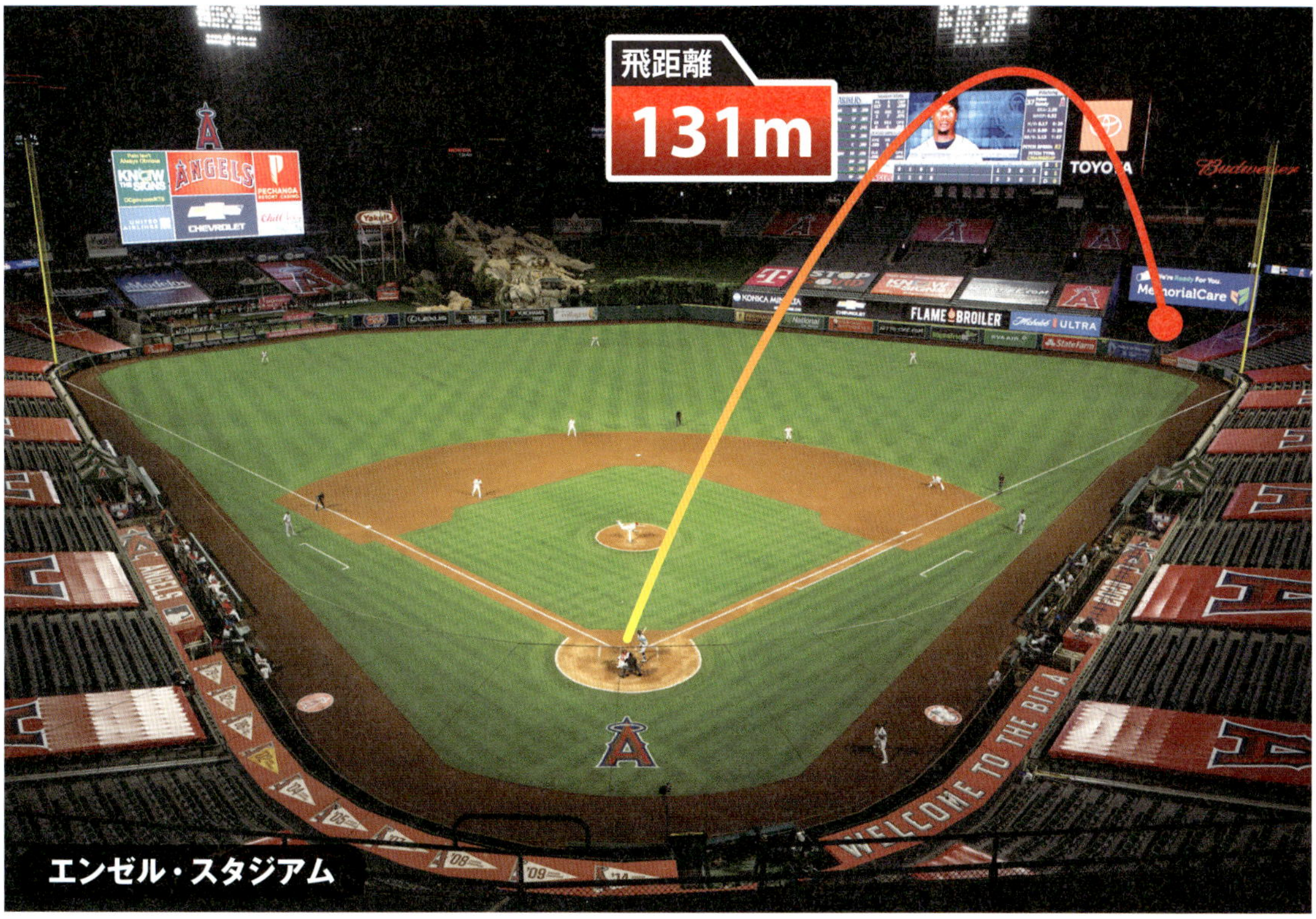

8月30日　試合結果:エンゼルス 8−7 ヤンキース

本塁打時のスコアボード	1	2	3	4	5	6	7	8	9	R	H	E
ヤンキース	2	0	0	0	3					5	7	0
エンゼルス	0	0	0	5	1					6	6	1

5回

B
S
O

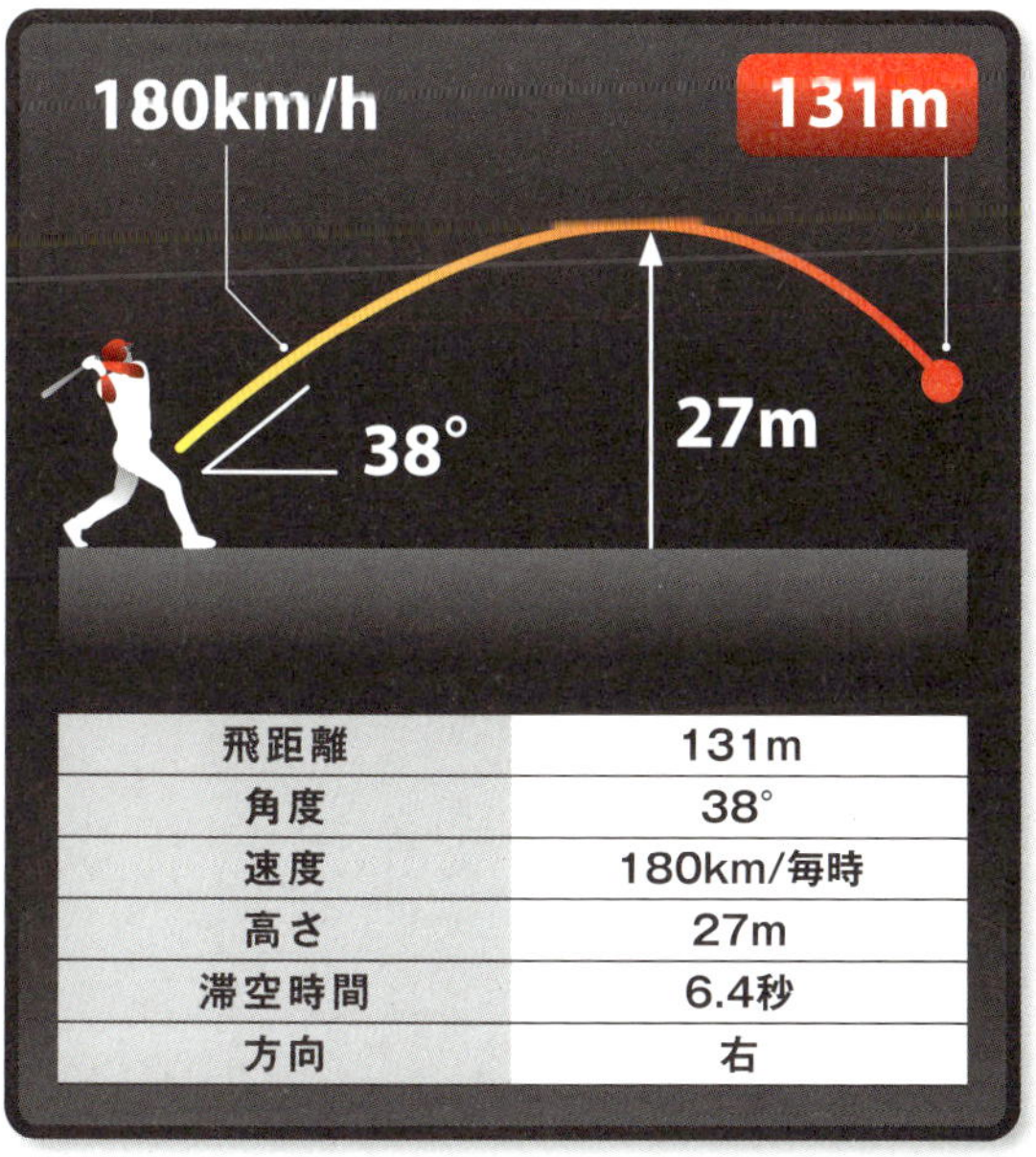

飛距離	131m
角度	38°
速度	180km/毎時
高さ	27m
滞空時間	6.4秒
方向	右

投手

A・ヒーニー(左)

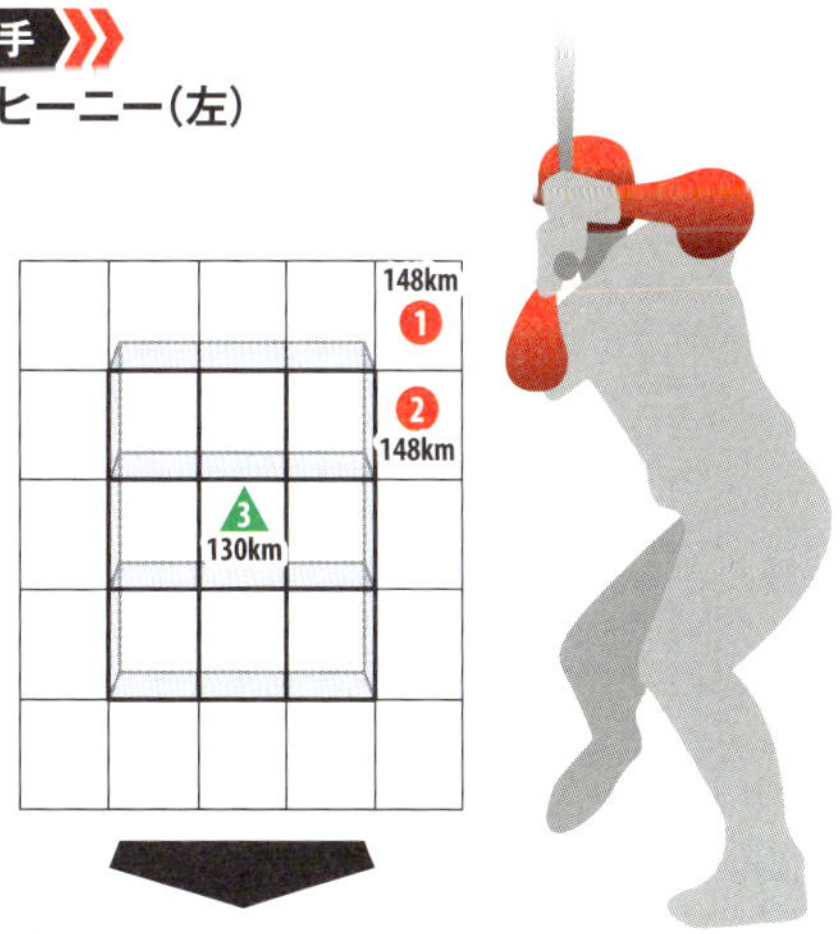

● フォーシーム　● ツーシーム　● カットボール
■ スプリット　■ チェンジアップ　▲ スライダー
▲ カーブ

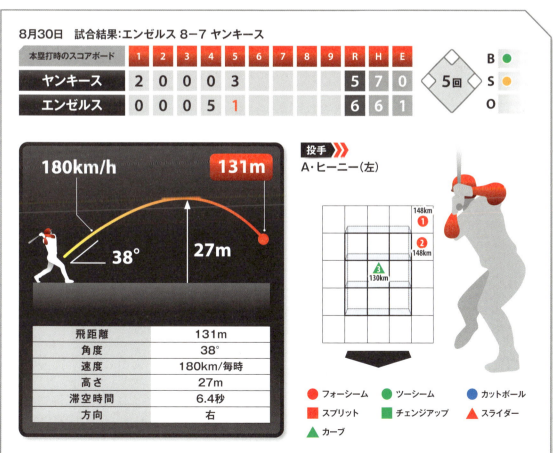

43号

2番・DH

SHOHEI OHTANI 43rd HOMERUN

本拠地のシーズン本塁打「球団新記録」

9月4日

背後から伏兵の足音が近づいてきた。9月4日、レンジャーズ戦で43号3ラン。本拠地では今季25本目で、2000年グロースの24本を超えて球団新記録とした。球団のシーズン本塁打数でも、2019年トラウトの45本、2000年グロースの47本が視界に入ってきた。

二刀流を続けながらの本塁打も板についてきた。登板翌日の本塁打は9本目だ。前日3日には投手として今季9勝目を挙げ、1918年にレッドソックスでベーブ・ルースが唯一達成した2桁本塁打&2桁勝利に王手をかけている。記録を次々と樹立しつつ、本塁打王争いに変化が起きた。シーズン序盤からゲレロ（ブルージェイズ）との一騎打ちが続いていたが、8月にペレス（ロイヤルズ）が猛追。一時2本差まで迫られるも、43号で3本差に突き放した。

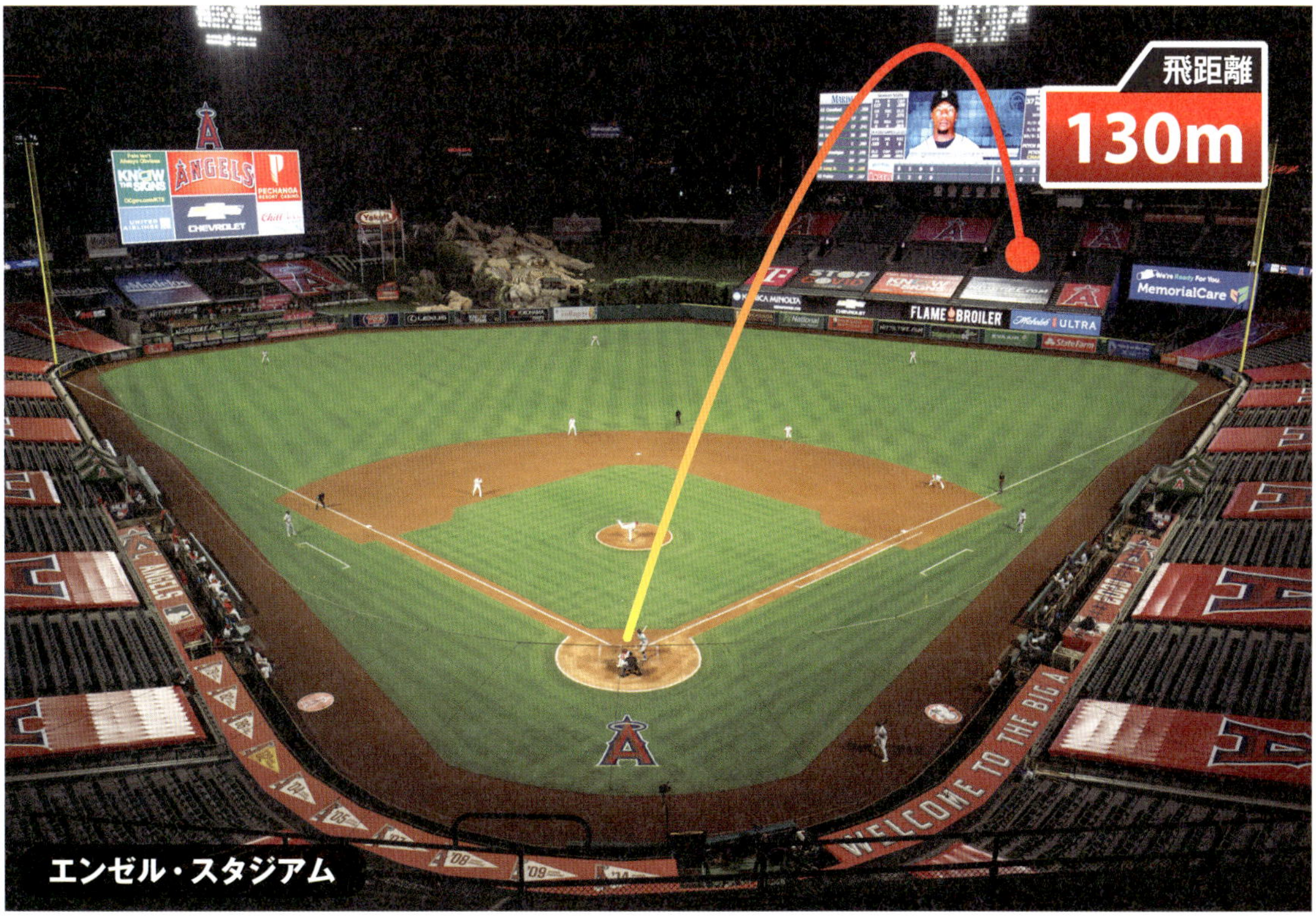

9月4日　試合結果:エンゼルス 4−1 レンジャーズ

本塁打時のスコアボード	1	2	3	4	5	6	7	8	9	R	H	E
レンジャーズ	0	0	0	0	0	0				0	3	1
エンゼルス	0	0	1	0	0	3				4	3	1

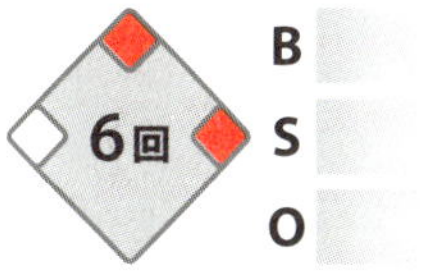

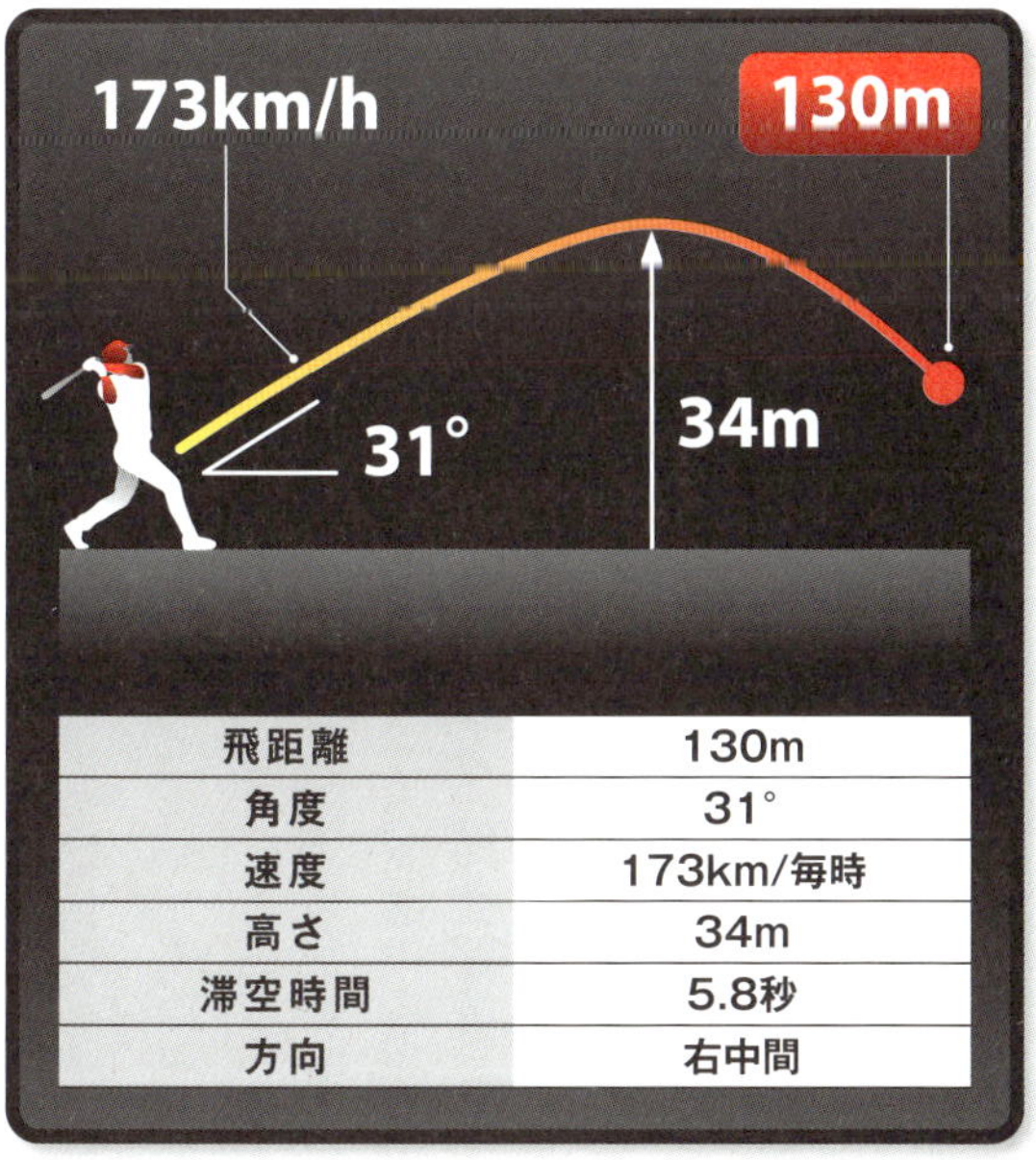

飛距離	130m
角度	31°
速度	173km/毎時
高さ	34m
滞空時間	5.8秒
方向	右中間

投手
K・アラード(左)

フォーシーム　ツーシーム　カットボール
スプリット　チェンジアップ　スライダー
カーブ

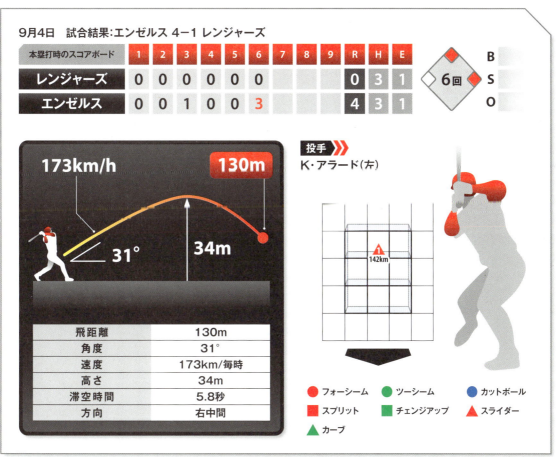

44号

2番・投手

SHOHEI OHTANI 44th HOMERUN

リアル二刀流 投げる前に〝自助努力弾〟

得意の超高速弾！

9月10日

投げる前に打つ。9月10日、敵地アストロズ戦の1回にいきなり44号ソロ。打球速度は約１８５キロで、打球速度１１０マイル（約１７７キロ）以上のアーチは今季23本目。続くゲレロ（ブルージェイズ）の17本を上回るほか、スタットキャストが導入された２０１５年以降、投手の打球速度ランキングはこの時点でトップから5位まで大谷が独占。超高速の本塁打量産機と化している。

そして、その裏には先発投手としてマウンドへ向かった。試合10勝目が懸かっていたが、3回⅓を投げて9安打6失点と乱調。5月28日アスレチックス戦以来の黒星を喫し、１０３年ぶりの2桁本塁打&2桁勝利はこの試合では達成できず。一方、本塁打数はゲレロとペレス（ロイヤルズ）に2本差としてトップをキープした。

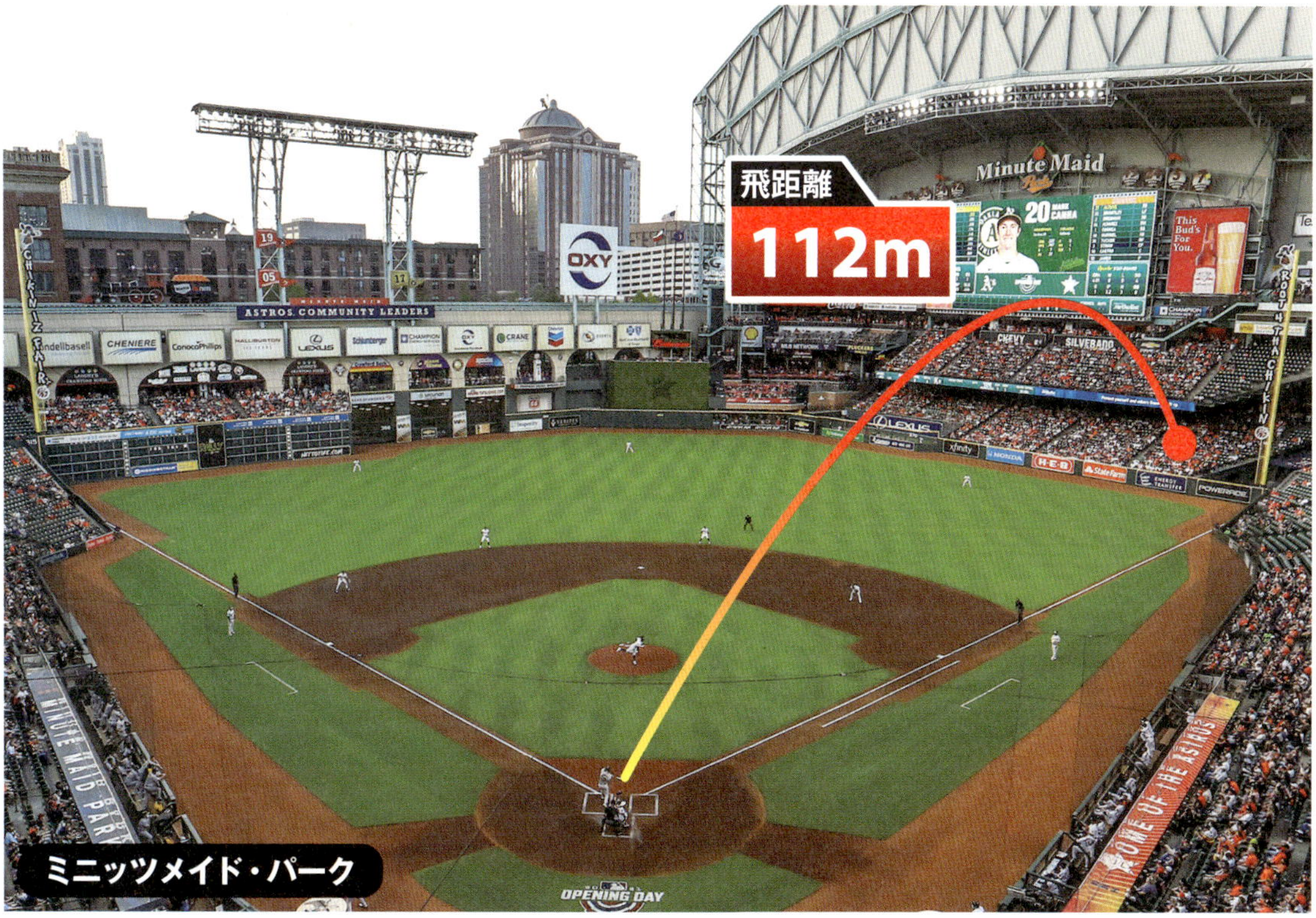

9月10日　試合結果:アストロズ 10−5 エンゼルス

本塁打時のスコアボード	1	2	3	4	5	6	7	8	9	R	H	E
エンゼルス	1									1	1	0
アストロズ										0	0	0

1回　B ●●●　S ●●　O ●

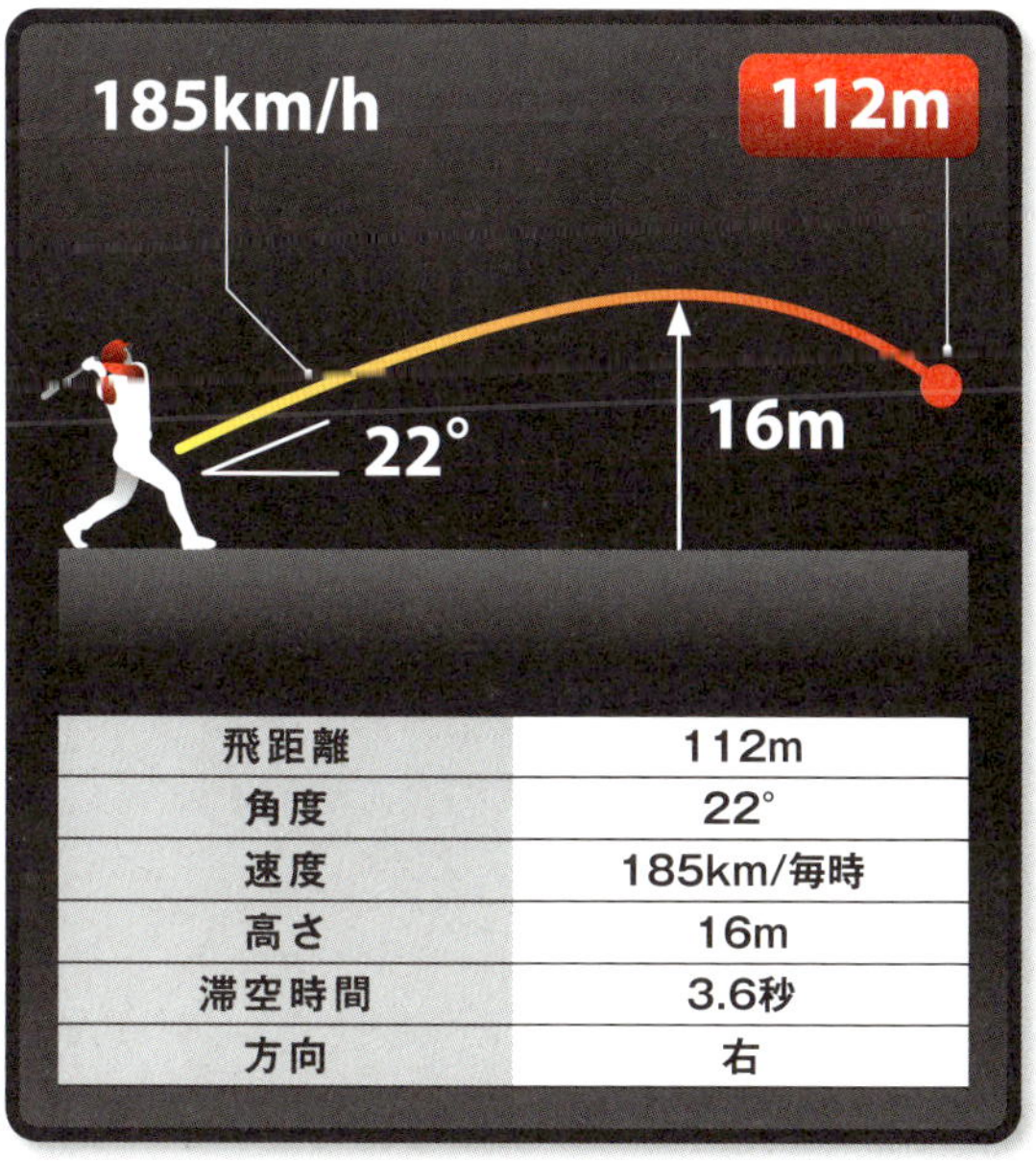

飛距離	112m
角度	22°
速度	185km/毎時
高さ	16m
滞空時間	3.6秒
方向	右

投手
F・ヴァルデス(左)

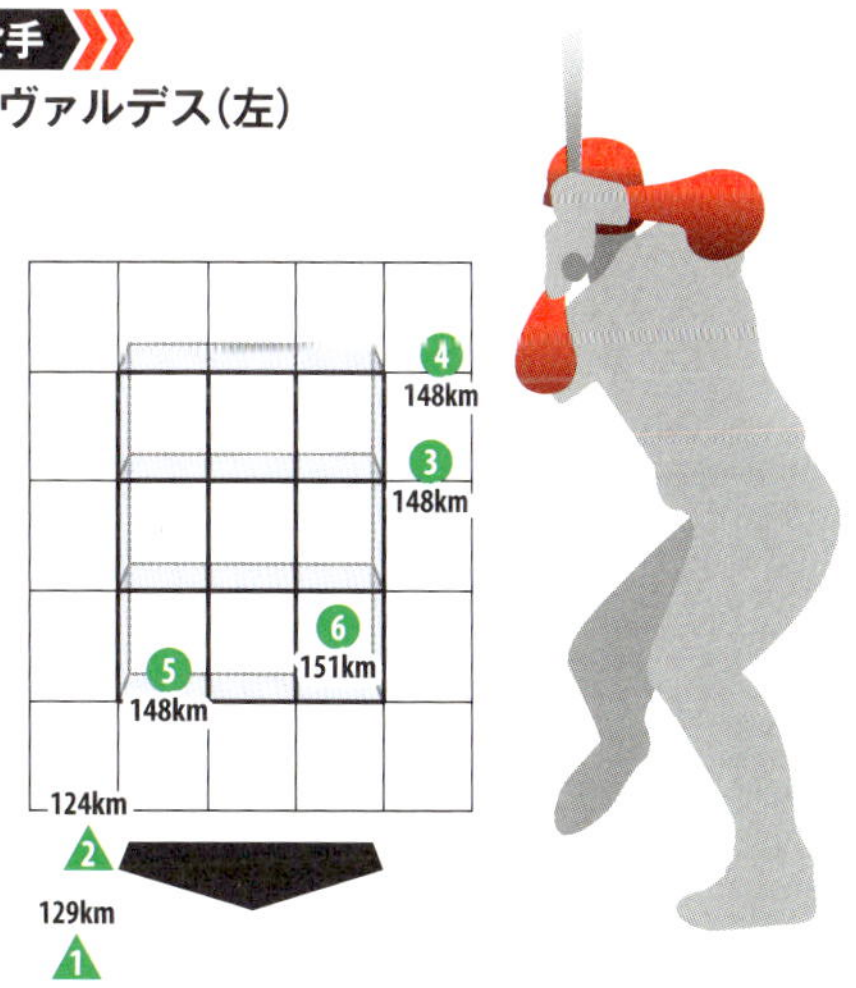

● フォーシーム　● ツーシーム　● カットボール
■ スプリット　■ チェンジアップ　▲ スライダー
▲ カーブ

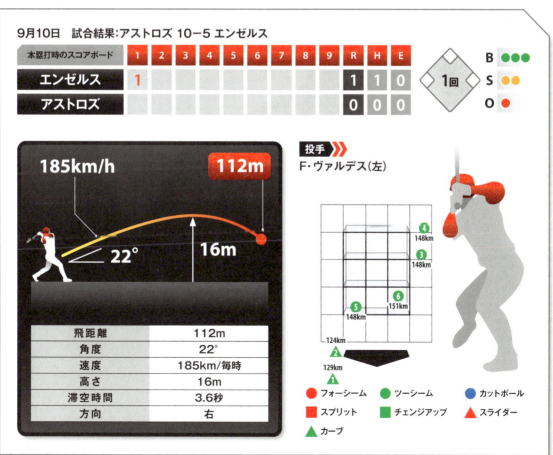

45号

2番・DH

SHOHEI OHTANI 45th HOMERUN

本塁打王争い2位陥落も…1本差追う

待ちに待った1本だった。激化する本塁打王争いで、9月13日にライバルのゲレロ（ブルージェイズ）が単独トップ45号を放ち、大谷は6月27日以来の2位に陥落。このまま引き下がる気はない。9月21日のアストロズ戦で、10試合ぶりとなる快音を響かせた。

4打席目の8回、右腕ハビエルの１５１キロ直球を打球速度約１８７キロではじき返して右中間席へ。約１３６メートルの特大アーチは、２０１９年トラウトの45本と並ぶ球団歴代2位タイ。２０００年グロースの47本に2本差と迫った。

これで本塁打王争いでは、ゲレロ、ペレス（ロイヤルズ）に1本差に迫った。もはや日本国民の関心事となったメジャーの本塁打王争い。残り試合が少なくなる中、1試合1打席ごとの勝負にゆだねられた。

9月21日　試合結果:エンゼルス 5－10 アストロズ

本塁打時のスコアボード	1	2	3	4	5	6	7	8	9	R	H	E
アストロズ	0	3	0	0	4	3	0	0		10	10	0
エンゼルス	0	1	0	0	0	3	0	1		5	7	0

8回

B
S
O

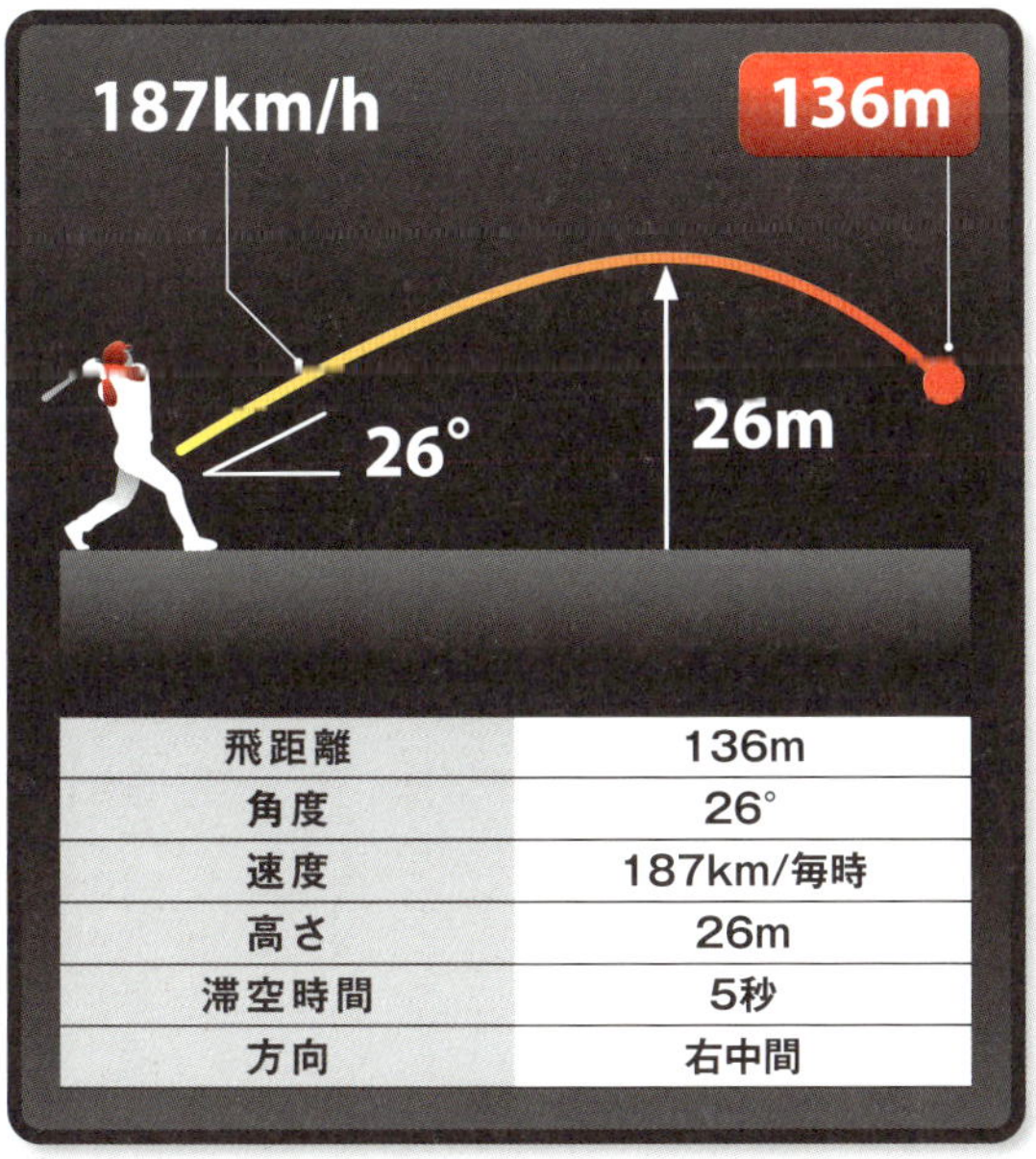

飛距離	136m
角度	26°
速度	187km/毎時
高さ	26m
滞空時間	5秒
方向	右中間

投手
C･ハビエル(右)

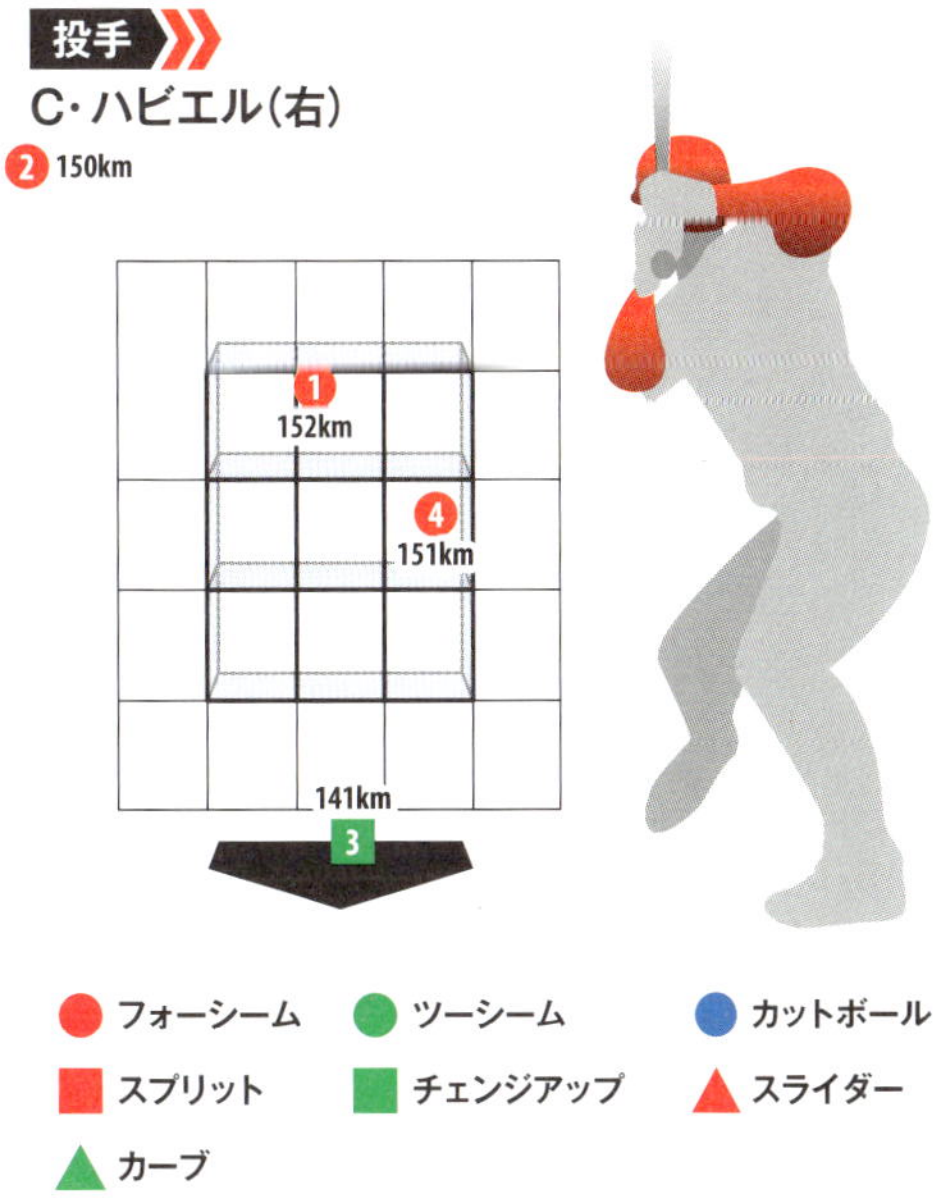

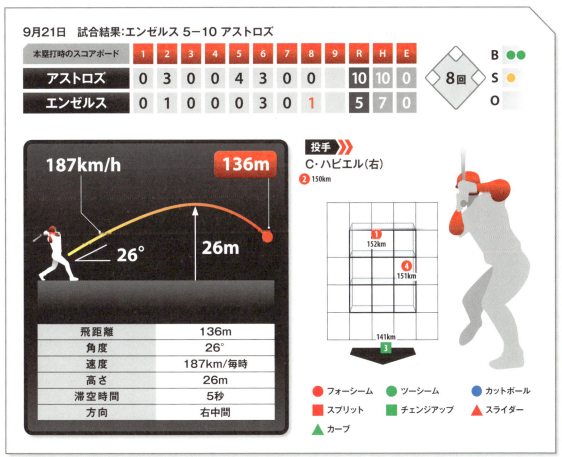

46号

1番・DH

10月3日

SHOHEI OHTANI 46th HOMERUN

2本差で本塁打王逃すも最終戦アーチ

追い抜かれはした。しかし、歴史に名を連ねた。最終戦の10月3日マリナーズ戦。1回、11試合ぶりの46号先頭打者アーチを決めた。これで日本人では2007年松井秀喜（ヤンキース）以来シーズン100打点に到達し、138安打、103得点、投球回130回⅓、156奪三振の投打複数5部門でメジャー初の「クインティプル100」を達成した。

白熱の本塁打王争いは、足踏みを強いられた。9月21日アストロズ戦で45本の大台に乗せた後は、4試合で13四球。結果、ゲレロ（ブルージェイズ）とペレス（ロイヤルズ）が48号でともに本塁打王となり、大谷は2本差で日本人選手初のメジャー本塁打王を逃した。世界中が夢を見たレギュラーシーズンは終わった。だが、来季も大谷が新しい夢をきっと見せてくれる。

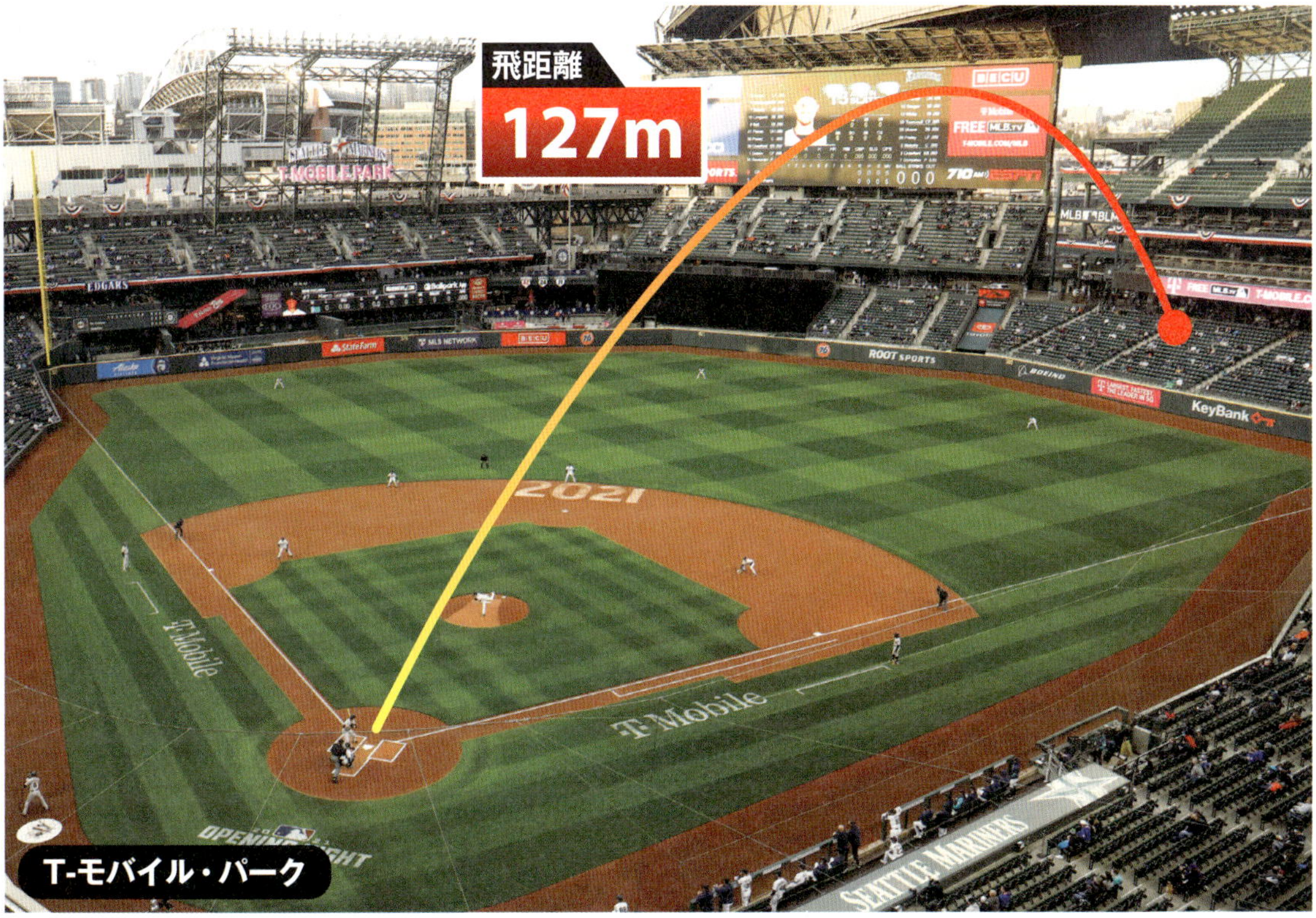

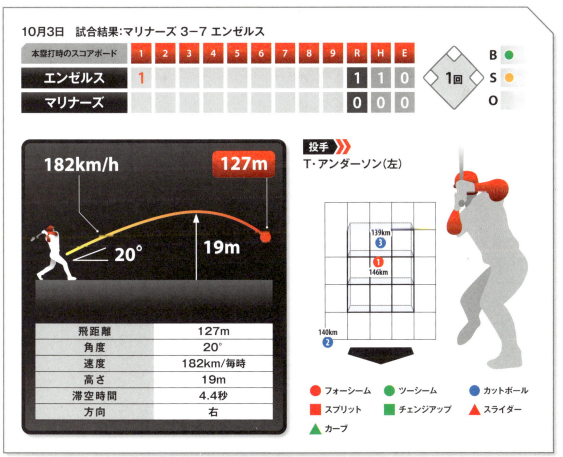

10月3日　試合結果:マリナーズ 3−7 エンゼルス

本塁打時のスコアボード	1	2	3	4	5	6	7	8	9	R	H	E
エンゼルス	1									1	1	0
マリナーズ										0	0	0

1回
B S O

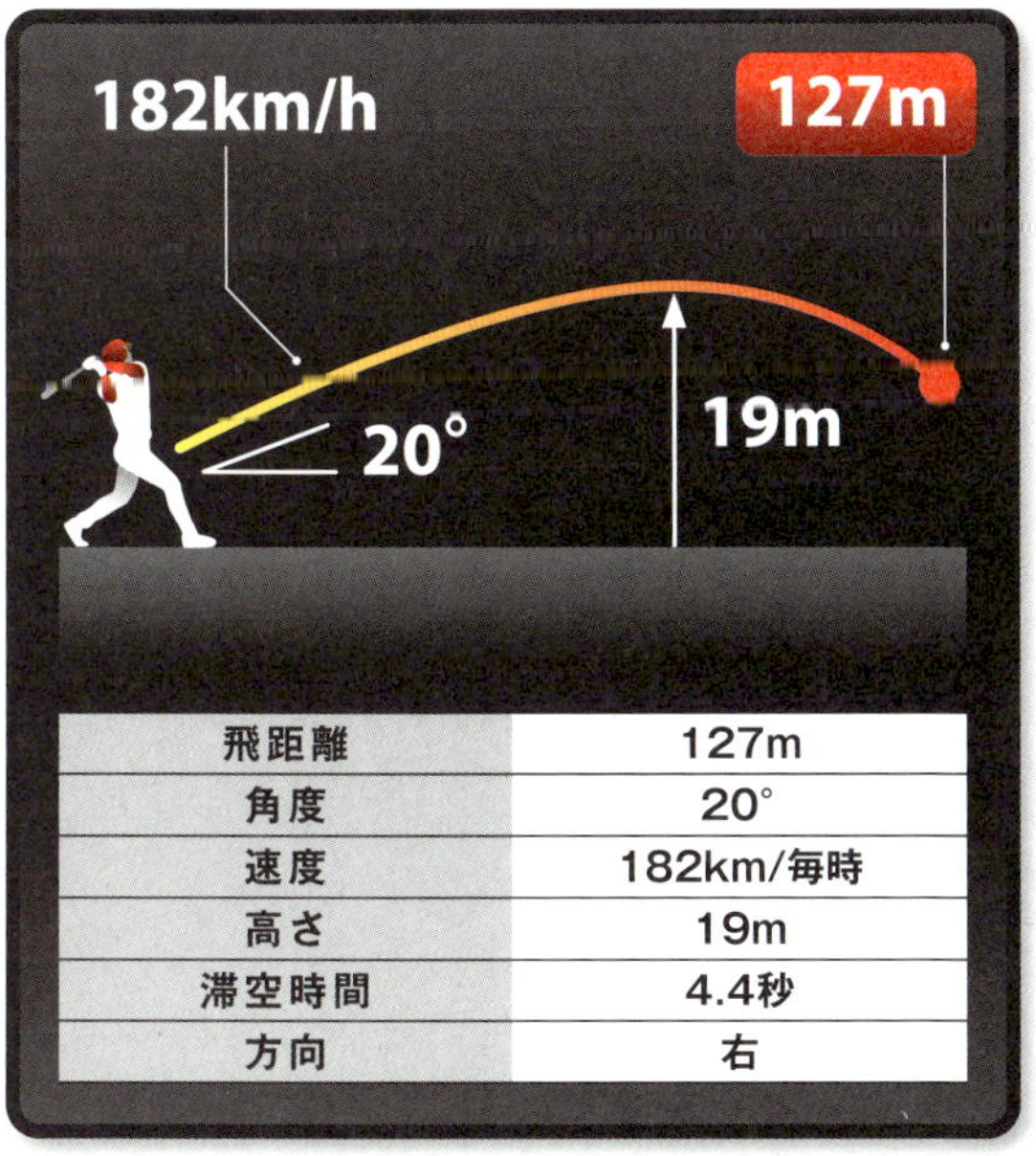

飛距離	127m
角度	20°
速度	182km/毎時
高さ	19m
滞空時間	4.4秒
方向	右

投手
T･アンダーソン(左)

フォーシーム　ツーシーム　カットボール
スプリット　チェンジアップ　スライダー
カーブ

日本人初のMLBコーチ・立花龍司が実演

ホームラン量産を支えたフィジカルの秘密

1997年にMLBニューヨーク・メッツで日本人初のコーチを務めた立花龍司氏。日米の最新コンディショニングを知る専門家が、大谷の打撃を8つのポイントで実演、分析した。

❶ パワーポジション　ジャンプして着地した姿勢に近い

野球は技術もフィジカル面も進化する。その歴史と最先端知識の専門家・立花龍司氏は、以前から大谷の体の使い方に着目していた。

「今年の大谷選手には、トップアスリートの前提となるすごさがあります。それは『**パワーポジション**』（①）の確立です」

パワーポジションとは最も力を出しやすく、素早く動ける姿勢で、背すじが伸び、骨盤が立っている。

「彼には肩甲骨の可動域が非常に広いという特性もありますが、まずはこのパワーポジション。たとえば、短距離走でアフリカ系選手が強い理由は、骨盤の前にある大腰筋が発達していて、骨盤を立てることができるから。パワーポジションを取れるからなんです」

大腰筋が少ない場合は骨盤が寝てしまい、猫背や後傾になりやすく、パワーの最大出力が望めないという。2021年の大谷は、これまで積み重ねたトレーニングが花開いたのだ。

肉体の準備は整った。打撃フォームはどうだろうか。まずは構えのトップに特徴がある（②**ファーストフライングエルボー**）。

「以前のトップは捕手寄りでしたが、今年は自分の体に近づけ、完全にトップハンドの肘を上げています。これで打ちにいくと、水平回転ではなく垂直回転になります」

打撃時の体の回転は、日本ではいわば「メリーゴーランド」＝水平回転で指導されるが、アメリカでは「観覧車のように打て」＝垂直回転が基本だという。

ボールに当たる確率は、レベルスイングが最も高い。ただ、ボールには入射角があり、インパクト時は5～10度落ちる。バットの重量も考慮すると、「緩やかなアッパースイング」が最も確率が高くなる。アメリカでは「NIKEのマークのように打て」とも指導され、それを実現する方法が垂直回転だ。

「肘を上げると右肩と腰の距離が近くなる（②）。この側屈が垂直回転への入り口。水平回転で肘だけまねしてもうまくいきません」

また、日本では足を上げていたが、現在はすり足（③**スライディング・**

ファースト・フライングエルボー トップを体に近づけ、左肘を張る

スライティング・フット すり足を前に出し、かかとを上げた後、足を入れる

エルボー・イン 左肘を畳むことでバットを体の近くで回していく

セカンド・フライングエルボー 右脇を開けて左手でボールを押し込む

ビハインド・ザ・ボール バットの後ろからボールを見て確率アップ

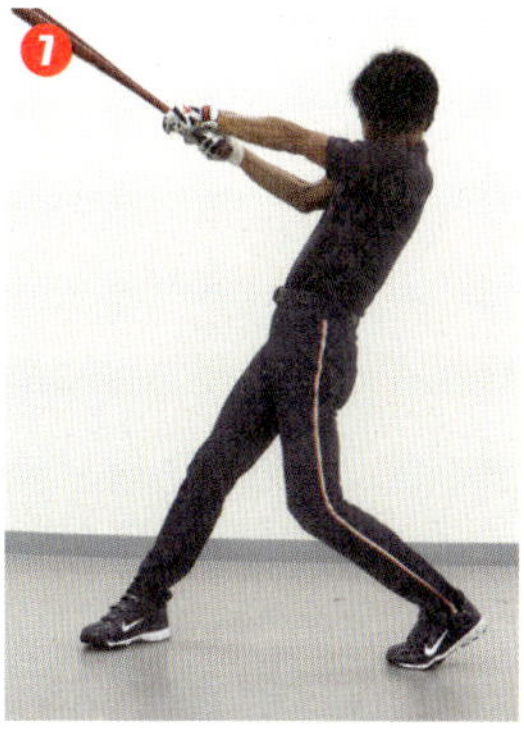

ステイ・バック 強く踏み込むことで左足に体重をかけることができる

ハイ・フィニッシュ 垂直回転の「緩やかなアッパースイング」ならでは

PROFILE

たちばな・りゅうじ●1964年7月3日生まれ。大阪府出身。浪商－大商大。大学時代に故障を経験し、コンディショニングの道へ。89年近鉄をはじめ、ロッテ、楽天で指導し、97年ニューヨーク・メッツで日本人初MLBコーチ。筑波大大学院を経て、ジム経営、講演などで活躍。

フット）に変更している。

「足を上げるとタイミングは取りやすいけれど、地面を強く踏むことで得られる地面反力というパワーが減るんです」

右脇を開けるタブー解禁 地面反力の結果が軸足に

左肘を畳む動作（④**エルボー・イン）**で垂直回転が始まる。

「今度は左肩と腰の距離が近い（③）。側屈から側屈の動きです。大谷選手は左右均等に体重をかけてから、股関節を軽く内旋して体を安定させ、投手が正面を向く直前にもう1回内旋して体重移動しながら踏み込み、かかとを着くと同時に左肘を畳む。その瞬間、あごを引き、首を左に回し、左に傾ける。これは『頸反射』といって、あごの位置で体の各部位が伸展、または屈曲しやすくなる動作。大谷選手はこれを複合的に行うことで、軸足のパワーを発揮し、かつ左腕を伸ばしやすくしています」

さらに、日本球界でタブー視される点がある。右脇が開いているのだ（⑤**セカンド・フライングエルボー）**。立花氏は、2018年に大谷が受けたトミー・ジョン手術にその理由があるとみる。

「この手術を受けた選手は術後、左手の力が強くなる傾向があります。大谷選手も左手が強くなり、右脇を開けることでボールを押し込む時間を確保できたのでは」

ボールを上からではなく、より後ろから見る（⑥**ビハインド・ザ・ボール）**もポイントだ。

「バントをする時にバットの後ろからボールをよく見ますよね。見る時間が長くなることで、当たる確率も高くなります」

インパクト後は、左足に加重し（⑦**ステイ・バック）**、垂直回転ならではの⑧**ハイ・フィニッシュ**。

「日本人の首位打者タイプは、左右の足の真ん中に頭がある。一方、長距離砲はステイ・バックしないとボールに力が伝わらない。踏み込み足でどーんと地面を押すので、その延長線上に頭がある。ステイ・バックは左膝に負荷がかかりますが、大谷選手は2019年に左膝の手術をしたことで、可能になったのではないかと思います」

記録から見る「投手・大谷」——来季はタイトルも夢じゃない!?

被打率はわずか2割7厘 S・ヤング賞級の安定感

本塁打王争いが注目された今季、大谷は投手としても実績を残した。先発ローテーション入りし、メジャーで自身最多の23試合に登板。今季解禁した投打同時出場の〝リアル二刀流〟を20試合含め、フル回転の年となった。

「投手・大谷」は今季、23試合登板で9勝2敗。先発ローテーション入りし、防御率は３・18。先発投手として十分な成績を挙げた。

二刀流の元祖として比較されるベーブ・ルースは、投手としてはプロ2年目の１９１５年以降の4シーズンで18勝、23勝、24勝、13勝。最初は投手として大活躍していた。１９１８年に20試合登板で13勝7敗、かつ11本塁打と打撃の才能も開花。１９１９年には17試合9勝5敗、29本塁打をマーク。以降は野手で起用される機会が増え、１９２０年には本塁打数を50本の大台に乗せると、１９２７年には60本を記録。ただ、この時期は投手としてほぼ登板していない。大谷は今季の二刀流成功により、今後ベーブ・ルースを超える存在になり得るのだ。

その大谷はメジャー初年、10試合登板で4勝2敗、防御率３・31と上々の結果を残した。しかし、2年目の２０１９年はオフに右肘の側副じん帯再建手術を受けたことで登板がなく、リハビリ明けの２０２０年は２試合登板、0勝1敗、防御率37・80と不調だった。

体が万全となった今季は2桁勝利

投手&リアル二刀流成績

日付	スコア	球場	対戦チーム	先発	投手成績									打撃成績										
					勝敗	投球回	被安打	被本塁打	失点	自責点	奪三振	与四球	与死球	打数	単打	二塁打	三塁打	本塁打	打点	四球	死球	三振	犠飛	盗塁
4/4	7-4	エンゼル・スタジアム	ホワイトソックス	先発	-	4 2/3	2	0	3	1	7	5	0	3	0	0	0	1	1	0	0	0	0	0
4/20	6-2	エンゼル・スタジアム	レンジャーズ	先発	-	4	1	0	0	0	7	6	1	-	-	-	-	-	-	-	-	-	-	-
4/26	4-9	グローブライフ・フィールド	レンジャーズ	先発	○	5	3	1	4	4	9	2	1	3	1	1	0	0	2	1	0	1	0	0
5/5	1-3	エンゼル・スタジアム	レイズ	先発	-	5	1	0	0	0	7	6	0	-	-	-	-	-	-	-	-	-	-	-
5/11	5-1	ミニッツメイド・パーク	アストロズ	先発	-	7	4	1	1	1	10	1	0	4	1	0	0	0	0	0	0	2	0	0
5/19	2-3	エンゼル・スタジアム	インディアンス	先発	-	4 2/3	5	1	2	2	5	2	0	3	1	0	0	0	0	0	0	0	0	0
5/28	3-1	オークランド・コロシアム	アスレチックス	先発	●	6	3	0	3	3	5	4	1	-	-	-	-	-	-	-	-	-	-	-
6/4	3-2	エンゼル・スタジアム	マリナーズ	先発	○	6	4	1	2	2	10	0	0	2	0	0	0	0	0	1	0	0	0	0
6/11	5-6	チェース・フィールド	ダイヤモンドバックス	先発	-	5	5	0	2	2	8	2	1	4	0	2	0	0	1	0	0	0	0	0
6/17	7-5	エンゼル・スタジアム	タイガース	先発	○	6	5	1	1	1	5	1	1	1	0	0	0	0	0	2	0	0	0	0
6/23	3-9	エンゼル・スタジアム	ジャイアンツ	先発	-	6	6	1	1	1	9	2	0	3	0	0	0	0	0	0	0	2	0	0
6/30	8-11	ヤンキー・スタジアム	ヤンキース	先発	-	2/3	2	0	7	7	1	4	1	1	0	0	0	0	0	0	0	0	0	0
7/6	5-3	エンゼル・スタジアム	レッドソックス	先発	○	7	5	0	2	2	4	0	0	4	0	1	0	0	1	0	0	2	0	0
7/19	4-1	オークランド・コロシアム	アスレチックス	先発	-	6	3	0	0	0	8	1	0	4	0	1	0	0	0	0	0	1	0	0
7/26	6-2	エンゼル・スタジアム	ロッキーズ	先発	○	7	5	1	1	1	5	0	1	4	1	0	0	0	1	0	0	2	0	1
8/4	1-2	グローブライフ・フィールド	レンジャーズ	先発	○	6	4	0	1	1	6	0	0	3	0	0	0	0	0	0	0	1	0	0
8/12	6-3	エンゼル・スタジアム	ブルージェイズ	先発	○	6	3	0	2	2	6	3	0	3	0	1	0	0	0	1	0	1	0	0
8/18	1-3	コメリカ・パーク	タイガース	先発	○	8	6	1	1	1	8	0	0	4	0	0	0	1	1	0	0	1	0	0
8/25	10-6	オリオール・パーク	オリオールズ	先発	-	5	5	3	4	4	7	0	0	4	0	0	0	0	0	0	0	3	0	0
9/3	3-2	エンゼル・スタジアム	レンジャーズ	先発	○	7	7	1	2	2	8	2	0	4	0	0	0	0	0	0	0	1	0	0
9/10	10-5	ミニッツメイド・パーク	アストロズ	先発	●	3 1/3	9	0	6	6	1	0	1	1	0	0	0	1	1	2	0	0	0	0
9/19	2-3	エンゼル・スタジアム	アスレチックス	先発	-	8	5	2	2	2	10	3	1	2	0	0	0	0	0	2	0	1	0	0
9/26	1-5	エンゼル・スタジアム	マリナーズ	先発	-	7	5	1	1	1	10	0	1	3	1	0	0	0	0	0	0	0	0	0
			計	9勝2敗		130 1/3	98	15	48	46	156	44	10	60	5	6	0	3	8	9	0	18	0	1

こそならなかったが、「KO」された試合が非常に少ない。今季初登板の4月4日のホワイトソックス戦で5回終了を待たずに降板したケースはあるが、3失点（自責1）は許容範囲だろう。大量点を奪われた試合は、6月30日のヤンキース戦、9月10日アストロズ戦の2試合だけ。開幕から登板4試合こそ、四死球は合計21個と不安定だったが、以降の19試合では1試合平均の与四死球はわずか1・73の安定感をみせている。

注目は被打率の低さだ。過去の偉大な投手を例にとれば、1995年、マダックスは被打率1割9分7厘、ジョンソンは同2割1厘でそれぞれサイ・ヤング賞を受賞した。ひるがえって、今季の大谷は2割7厘。本塁打王争いで打撃が注目されたが、将来的に投手としてタイトルを争う可能性も十二分にあるのだ。

今季後半戦は本塁打のペースが落ちたが、投手としては後半戦開始初戦の7月19日のアスレチックス戦から9月3日のレンジャーズ戦の登板7試合は負けなしの5連勝をマーク。2021年は「二刀流」として、シーズントータルでは不調に陥ることなく駆け抜けたことになる。

2021年シーズン 全出場試合 打者成績

※8月10日①はエンゼル・スタジアム開催だが、エンゼルスのビジターゲーム　※日本時間2021年9月10日時点のデータ

日付	勝敗	スコア	球場	対戦チーム	打順	ポジション	打数	安打	本塁打	打点	四球	死球	三振	犠飛	盗塁	打率
4/1	○	4-3	エンゼル・スタジアム	ホワイトソックス	2	DH	4	0	0	0	0	0	1	0	0	.000
4/2	●	8-12	エンゼル・スタジアム	ホワイトソックス	2	DH	5	2	1	2	0	0	3	0	0	.222
4/3	○	5-3	エンゼル・スタジアム	ホワイトソックス	2	DH	4	1	0	0	0	0	2	0	1	.231
4/4	○	7-4	エンゼル・スタジアム	ホワイトソックス	2	投手	3	1	1	1	0	0	0	0	0	.250
4/5	○	7-6	エンゼル・スタジアム	アストロズ	8	代打	0	0	0	0	0	1	0	0	0	.250
4/6	●	2-4	エンゼル・スタジアム	アストロズ	2	DH	4	2	0	0	0	0	0	0	1	.300
4/8	○	7-5	TDボールパーク	ブルージェイズ	2	DH	5	1	0	1	1	0	2	0	0	.280
4/9	○	7-1	TDボールパーク	ブルージェイズ	2	DH	5	2	1	4	0	0	1	0	0	.300
4/10	●	1-15	TDボールパーク	ブルージェイズ	2	DH	4	1	0	0	0	0	2	0	0	.294
4/12	○	10-3	カウフマン・スタジアム	ロイヤルズ	2	DH	5	3	0	3	0	0	0	0	0	.333
4/13	●	2-3	カウフマン・スタジアム	ロイヤルズ	2	DH	5	3	1	1	0	0	0	0	0	.364
4/14	●	1-6	カウフマン・スタジアム	ロイヤルズ	2	DH	3	0	0	0	1	0	2	0	0	.340
4/16	○	10-3	エンゼル・スタジアム	ツインズ	2	DH	4	1	0	0	0	0	1	0	0	.333
4/19	●	4-6	エンゼル・スタジアム	レンジャーズ	2	DH	4	0	0	0	0	0	2	0	0	.309
4/21	●	4-7	エンゼル・スタジアム	レンジャーズ	2	DH	3	1	1	1	0	1	2	0	0	.310
4/22	●	2-8	ミニッツメイド・パーク	アストロズ	2	DH	5	0	0	0	0	0	2	0	0	.286
4/23	●	4-5	ミニッツメイド・パーク	アストロズ	2	DH	5	2	0	1	0	0	2	0	1	.294
4/24	●	2-16	ミニッツメイド・パーク	アストロズ	2	DH→左翼手	4	1	1	1	0	0	0	0	0	.292
4/25	○	4-2	ミニッツメイド・パーク	アストロズ	2	DH	5	1	1	1	0	0	2	0	0	.286
4/26	○	9-4	グローブライフ・フィールド	レンジャーズ	2	投手	3	2	0	2	1	0	1	0	0	.300
4/27	●	1-6	グローブライフ・フィールド	レンジャーズ	2	DH	4	0	0	0	0	0	1	0	0	.286
4/28	○	4-3	グローブライフ・フィールド	レンジャーズ	2	DH	4	1	0	0	0	0	1	0	0	.284
4/30	●	4-7	T-モバイル・パーク	マリナーズ	2	DH	4	1	1	1	0	0	0	0	0	.283
4月							92	26	8	19	3	2	27	0	3	.283
5/1	○	5-10	T-モバイル・パーク	マリナーズ	2	DH	4	0	0	1	1	0	0	0	1	.271
5/2	●	2-0	T-モバイル・パーク	マリナーズ	2	DH	3	0	0	0	0	1	0	0	2	.263
5/3	●	3-7	エンゼル・スタジアム	レイズ	2	DH	4	2	1	2	0	0	1	0	0	.272
5/4	●	3-8	エンゼル・スタジアム	レイズ	2	DH	3	0	0	0	1	0	0	0	0	.264
5/6	●	3-8	エンゼル・スタジアム	レイズ	2	DH	4	2	1	2	0	0	2	0	0	.273
5/7	○	9-2	エンゼル・スタジアム	ドジャース	2	DH	5	2	0	2	0	0	1	0	0	.278
5/8	●	11-14	エンゼル・スタジアム	ドジャース	2	DH	5	1	0	0	0	0	1	0	0	.275
5/9	○	2-1	エンゼル・スタジアム	ドジャース	2	DH	3	1	0	0	1	0	1	0	0	.276
5/10	○	5-4	ミニッツメイド・パーク	アストロズ	2	DH	5	0	0	0	0	0	3	0	0	.266
5/11	●	1-5	ミニッツメイド・パーク	アストロズ	2	投手→右翼手	4	1	0	0	0	0	2	0	0	.265
5/12	●	1-9	ミニッツメイド・パーク	アストロズ	1	DH	4	0	0	0	0	0	2	0	0	.257
5/14	●	3-4	フェンウェイ・パーク	レッドソックス	2	DH	4	2	1	1	0	0	2	0	0	.264
5/15	●	0-9	フェンウェイ・パーク	レッドソックス	2	DH	4	1	0	0	0	0	3	0	0	.264
5/16	○	6-5	フェンウェイ・パーク	レッドソックス	3	DH	5	1	1	2	0	0	1	0	0	.262
5/17	○	7-4	エンゼル・スタジアム	インディアンス	2	DH	3	1	1	3	2	0	2	0	0	.263
5/18	●	5-6	エンゼル・スタジアム	インディアンス	2	DH	3	2	1	1	1	0	0	0	0	.271
5/19	●	2-3	エンゼル・スタジアム	インディアンス	2	投手→右翼手	3	1	0	0	0	0	0	0	0	.272
5/20	●	3-6	エンゼル・スタジアム	ツインズ	2	DH	3	0	0	0	0	0	3	0	0	.267
5/21	●	4-8	エンゼル・スタジアム	アスレチックス	2	DH	3	0	0	0	1	0	1	0	0	.262
5/22	●	2-6	エンゼル・スタジアム	アスレチックス	2	DH	4	2	0	1	0	0	2	0	0	.268
5/23	○	6-5	エンゼル・スタジアム	アスレチックス	4	代打→右翼手	0	0	0	1	0	0	0	1	0	.268
5/25	○	11-5	エンゼル・スタジアム	レンジャーズ	2	DH	3	1	1	3	2	0	2	0	0	.269
5/26	○	9-8	エンゼル・スタジアム	レンジャーズ	2	DH	3	1	0	0	1	0	1	0	0	.270
5/27	●	0-5	オークランド・コロシアム	アスレチックス	2	DH	3	0	0	0	1	0	1	0	0	.266
5/29	○	4-0	オークランド・コロシアム	アスレチックス	2	DH	5	2	0	2	0	0	1	0	1	.269
5/30	○	4-2	オークランド・コロシアム	アスレチックス	2	DH	4	0	0	0	1	0	1	0	0	.263
5/31	●	1-6	オラクル・パーク	ジャイアンツ	6	代打	0	0	0	0	1	0	0	0	0	.263
5月							94	23	7	21	13	1	33	1	4	.245
6/3	●	2-6	エンゼル・スタジアム	マリナーズ	2	DH	4	0	0	0	0	0	3	0	0	.258

日付	勝敗	スコア	球場	対戦チーム	打順	ポジション	打数	安打	本塁打	打点	四球	死球	三振	犠飛	盗塁	打率
6/4	○	3-2	エンゼル・スタジアム	マリナーズ	2	投手	2	0	0	0	1	0	0	0	0	.255
6/5	○	12-5	エンゼル・スタジアム	マリナーズ	2	DH	5	2	1	2	0	0	2	0	0	.259
6/6	●	5-9	エンゼル・スタジアム	マリナーズ	2	DH	2	0	0	0	3	0	2	0	1	.256
6/7	○	8-3	エンゼル・スタジアム	ロイヤルズ	2	DH	1	0	0	0	3	0	0	0	1	.255
6/8	○	8-1	エンゼル・スタジアム	ロイヤルズ	2	DH	3	2	1	2	1	0	1	0	0	.261
6/9	○	6-1	エンゼル・スタジアム	ロイヤルズ	2	DH	3	1	0	0	1	0	1	0	0	.262
6/11	○	6-5	チェース・フィールド	ダイヤモンドバックス	2	投手→右翼手	4	2	0	1	0	0	0	0	0	.267
6/12	○	8-7	チェース・フィールド	ダイヤモンドバックス	7	代打	1	1	0	0	0	0	0	0	0	.270
6/13	○	10-3	チェース・フィールド	ダイヤモンドバックス	8	代打	1	0	0	0	0	0	1	0	0	.269
6/14	●	5-8	オークランド・コロシアム	アスレチックス	2	DH	5	1	0	0	0	0	1	0	0	.267
6/15	●	4-6	オークランド・コロシアム	アスレチックス	2	DH	4	1	1	1	0	0	1	0	0	.267
6/16	●	4-8	オークランド・コロシアム	アスレチックス	2	DH	4	2	1	1	0	0	0	0	1	.271
6/17	○	7-5	エンゼル・スタジアム	タイガース	2	投手	1	0	0	0	2	0	0	0	0	.270
6/18	○	11-3	エンゼル・スタジアム	タイガース	2	DH	5	2	2	3	0	0	2	0	0	.273
6/19	○	8-3	エンゼル・スタジアム	タイガース	2	DH	4	1	1	2	1	0	1	0	0	.272
6/20	●	3-5	エンゼル・スタジアム	タイガース	2	DH	4	1	1	2	1	0	3	0	0	.272
6/22	●	0-5	エンゼル・スタジアム	ジャイアンツ	2	DH	3	0	0	0	1	0	3	0	0	.269
6/23	●	3-9	エンゼル・スタジアム	ジャイアンツ	2	投手	3	0	0	0	0	0	2	0	0	.265
6/25	●	3-4	トロピカーナ・フィールド	レイズ	1	DH	4	2	1	1	0	0	1	0	0	.269
6/26	●	3-13	トロピカーナ・フィールド	レイズ	1	DH	3	1	0	1	1	0	0	0	0	.270
6/27	○	6-4	トロピカーナ・フィールド	レイズ	2	DH	4	3	1	3	1	0	1	0	1	.277
6/28	○	5-3	ヤンキー・スタジアム	ヤンキース	2	DH	5	1	1	1	0	0	2	0	0	.276
6/29	●	5-11	ヤンキー・スタジアム	ヤンキース	2	DH	5	2	2	3	0	0	0	0	0	.278
6/30	○	11-8	ヤンキー・スタジアム	ヤンキース	1	投手	1	0	0	0	0	0	0	0	0	.277
6月							81	25	13	23	16	0	27	0	4	.309
7/2	○	8-7	エンゼル・スタジアム	オリオールズ	2	DH	4	2	2	3	1	0	0	0	1	.280
7/3	○	4-1	エンゼル・スタジアム	オリオールズ	2	DH	2	0	0	0	3	0	0	0	0	.278
7/4	○	6-5	エンゼル・スタジアム	オリオールズ	2	DH	4	1	1	1	0	0	2	0	0	.278
7/5	●	4-5	エンゼル・スタジアム	レッドソックス	2	DH	5	1	0	0	0	0	1	0	0	.277
7/6	○	5-3	エンゼル・スタジアム	レッドソックス	2	投手	4	1	0	1	0	0	2	0	0	.276
7/7	○	5-4	エンゼル・スタジアム	レッドソックス	2	DH	4	2	1	1	0	0	2	0	0	.279
7/9	●	3-7	T-モバイル・パーク	マリナーズ	2	DH	4	1	1	1	0	0	1	0	0	.279
7/10	●	0-2	T-モバイル・パーク	マリナーズ	2	DH	3	0	0	0	1	0	2	0	0	.276
7/11	○	7-1	T-モバイル・パーク	マリナーズ	2	DH	4	2	0	0	1	0	1	0	0	.279
7/16	●	5-6	エンゼル・スタジアム	マリナーズ	2	DH	5	1	0	2	0	0	2	0	0	.278
7/17	○	9-4	エンゼル・スタジアム	マリナーズ	2	DH	5	0	0	0	0	0	4	0	0	.273
7/18	●	4-7	エンゼル・スタジアム	マリナーズ	2	DH	3	2	1	2	2	0	1	0	0	.277
7/19	●	1-4	オークランド・コロシアム	アスレチックス	2	投手→右翼手	4	1	0	0	0	0	1	0	0	.277
7/20	●	0-6	オークランド・コロシアム	アスレチックス	2	DH	3	0	0	0	1	0	3	0	0	.274
7/22	○	3-2	ターゲット・フィールド	ツインズ	2	DH	4	0	0	0	0	0	3	0	0	.271
7/24	○	2-1	ターゲット・フィールド	ツインズ	2	DH	4	2	0	0	0	0	1	0	0	.274
7/25	○	6-2	ターゲット・フィールド	ツインズ	2	DH	3	2	1	1	1	0	1	0	1	.277
7/26	○	6-2	エンゼル・スタジアム	ロッキーズ	2	投手	4	1	0	1	0	0	2	0	1	.277
7/27	●	3-12	エンゼル・スタジアム	ロッキーズ	2	DH	4	1	1	2	1	0	2	0	0	.276
7/28	○	8-7	エンゼル・スタジアム	ロッキーズ	2	DH	3	2	1	3	2	0	1	0	0	.280
7/29	●	0-4	エンゼル・スタジアム	アスレチックス	2	DH	1	0	0	0	3	0	1	0	1	.279
7/30	●	0-2	エンゼル・スタジアム	アスレチックス	2	DH	4	1	0	0	0	0	1	0	0	.279
7/31	○	1-0	エンゼル・スタジアム	アスレチックス	2	DH	4	1	0	1	0	0	3	0	0	.278
7月							85	24	9	19	16	0	37	0	4	.282
8/1	●	3-8	エンゼル・スタジアム	アスレチックス	2	DH	4	0	0	0	0	0	0	0	0	.275
8/2	●	1-4	グローブライフ・フィールド	レンジャーズ	2	DH	4	0	0	0	0	0	2	0	0	.272
8/3	○	11-3	グローブライフ・フィールド	レンジャーズ	2	DH	5	2	0	0	0	0	1	0	0	.274
8/4	○	2-1	グローブライフ・フィールド	レンジャーズ	2	投手	3	0	0	0	0	0	1	0	0	.272
8/5	○	5-0	グローブライフ・フィールド	レンジャーズ	2	DH	3	0	0	0	2	0	2	0	0	.270
8/6	○	4-3	ドジャー・スタジアム	ドジャース	7	代打	0	0	0	0	1	0	0	0	0	.270
8/7	●	3-5	ドジャー・スタジアム	ドジャース	8	代打	1	0	0	0	0	0	1	0	0	.269
8/8	●	2-8	ドジャー・スタジアム	ドジャース	8	代打→右翼手	0	0	0	0	1	0	0	0	0	.269
8/10①	○	6-3	エンゼル・スタジアム	ブルージェイズ	2	DH	3	0	0	0	1	0	1	0	1	.267

日付	勝敗	スコア	球場	対戦チーム	打順	ポジション	打数	安打	本塁打	打点	四球	死球	三振	犠飛	盗塁	打率
8/10②	●	0-4	エンゼル・スタジアム	ブルージェイズ	1	DH	4	1	0	0	0	0	2	0	0	.266
8/11	●	2-10	エンゼル・スタジアム	ブルージェイズ	1	DH	3	1	1	2	1	0	1	0	0	.267
8/12	○	6-3	エンゼル・スタジアム	ブルージェイズ	1	投手	3	1	0	0	1	0	1	0	0	.268
8/13	●	1-4	エンゼル・スタジアム	アストロズ	1	DH	4	1	0	1	0	0	1	0	0	.267
8/14	●	2-8	エンゼル・スタジアム	アストロズ	1	DH	5	2	1	1	0	0	1	0	1	.269
8/15	○	3-1	エンゼル・スタジアム	アストロズ	1	DH	4	2	0	0	0	0	2	0	0	.271
8/16	●	1-2	ヤンキー・スタジアム	ヤンキース	1	DH	4	0	0	0	0	0	2	0	0	.269
8/17	○	8-2	コメリカ・パーク	タイガース	1	DH	3	1	0	0	3	0	1	0	1	.269
8/18	○	3-1	コメリカ・パーク	タイガース	1	投手	4	1	1	1	0	0	1	0	0	.269
8/19	○	13-10	コメリカ・パーク	タイガース	1	DH	3	2	0	1	2	0	0	1	0	.272
8/20	●	1-9	プログレッシブ・フィールド	インディアンス	1	DH	4	1	0	0	0	0	1	0	0	.272
8/21	●	1-5	プログレッシブ・フィールド	インディアンス	1	DH	4	0	0	0	0	0	3	0	0	.269
8/22	●	0-3	BB&Tボールパーク	インディアンス	1	DH	2	1	0	0	2	0	1	0	1	.270
8/24	○	14-8	オリオール・パーク	オリオールズ	1	DH	4	1	0	0	2	0	2	0	0	.270
8/25	●	6-10	オリオール・パーク	オリオールズ	1	投手	4	0	0	0	0	0	3	0	0	.267
8/26	●	1-13	オリオール・パーク	オリオールズ	1	DH	2	1	1	1	2	0	0	0	0	.269
8/27	●	0-5	エンゼル・スタジアム	パドレス	1	DH	4	0	0	0	0	0	0	0	0	.266
8/28	○	10-2	エンゼル・スタジアム	パドレス	2	DH	4	0	0	0	1	0	2	0	1	.264
8/30	○	8-7	エンゼル・スタジアム	ヤンキース	2	DH	4	1	1	1	0	0	3	0	0	.264
8/31	○	6-4	エンゼル・スタジアム	ヤンキース	2	DH	2	0	0	0	2	0	0	0	2	.262
8月							94	19	5	8	21	0	35	1	7	.202
9/1	●	1-4	エンゼル・スタジアム	ヤンキース	2	DH	4	0	0	0	0	0	3	0	0	.260
9/3	○	3-2	エンゼル・スタジアム	レンジャーズ	2	投手	4	0	0	0	0	0	1	0	0	.258
9/4	○	4-1	エンゼル・スタジアム	レンジャーズ	2	DH	4	2	1	3	0	0	0	0	0	.260
9/5	●	3-7	エンゼル・スタジアム	レンジャーズ	2	DH	4	0	0	0	1	0	3	0	1	.258
9/6	●	0-4	エンゼル・スタジアム	レンジャーズ	2	DH	4	0	0	0	0	0	2	0	0	.255
9/7	○	4-0	ペトコ・パーク	パドレス	8	代打	1	1	0	0	0	0	0	0	0	.257
9/10	●	5-10	ミニッツメイド・パーク	アストロズ	2	投手	1	1	1	1	2	0	0	0	0	.259
9/11	○	4-2	ミニッツメイド・パーク	アストロズ	2	DH	4	1	0	0	1	0	0	0	0	.258
9/12	●	1-3	ミニッツメイド・パーク	アストロズ	2	DH	3	1	0	0	1	0	0	0	0	.259
9/14	●	3-9	ギャランティード・レート・フィールド	ホワイトソックス	2	DH	4	0	0	0	1	0	3	0	0	.257
9/15	○	3-2	ギャランティード・レート・フィールド	ホワイトソックス	2	DH	5	0	0	0	0	0	2	0	0	.254
9/16	○	9-3	ギャランティード・レート・フィールド	ホワイトソックス	3	DH	4	2	0	0	0	1	2	0	0	.256
9/17	●	4-5	エンゼル・スタジアム	アスレチックス	3	DH	4	1	0	0	0	0	1	0	0	.256
9/18	●	1-3	エンゼル・スタジアム	アスレチックス	3	DH	4	2	0	0	0	0	1	0	0	.258
9/19	●	2-3	エンゼル・スタジアム	アスレチックス	2	投手	2	0	0	0	2	0	1	0	0	.257
9/20	●	0-10	エンゼル・スタジアム	アストロズ	3	DH	4	0	0	0	0	0	1	0	0	.255
9/21	●	5-10	エンゼル・スタジアム	アストロズ	2	DH	4	2	1	1	0	0	0	0	0	.257
9/22	●	5-9	エンゼル・スタジアム	アストロズ	3	DH	2	0	0	0	4	0	1	0	0	.256
9/23	○	3-2	エンゼル・スタジアム	アストロズ	2	DH	1	0	0	0	3	0	1	0	1	.255
9/24	●	5-6	エンゼル・スタジアム	マリナーズ	2	DH	1	0	0	0	4	0	1	0	0	.255
9/25	○	14-1	エンゼル・スタジアム	マリナーズ	2	DH	3	2	0	3	2	0	1	0	0	.257
9/26	●	1-5	エンゼル・スタジアム	マリナーズ	2	投手	3	1	0	0	0	0	0	0	0	.258
9/28	●	5-2	グローブライフ・フィールド	レンジャーズ	2	DH	3	0	0	0	1	0	1	0	0	.256
9/29	○	2-7	グローブライフ・フィールド	レンジャーズ	1	DH	5	2	0	0	0	0	1	0	2	.258
9/30	●	7-6	グローブライフ・フィールド	レンジャーズ	2	DH	5	2	0	1	0	0	1	0	0	.259
9月							83	20	3	9	22	1	27	0	4	.241
10/1	○	2-1	T-モバイル・パーク	マリナーズ	2	DH	3	0	0	0	1	0	1	0	0	.258
10/2	●	4-6	T-モバイル・パーク	マリナーズ	2	DH	2	0	0	0	2	0	0	0	0	.257
10/3	○	7-3	T-モバイル・パーク	マリナーズ	1	DH	3	1	1	1	2	0	2	0	0	.257
10月							8	1	1	1	5	0	3	0	0	.125
通算							537	138	46	100	96	4	189	2	26	.257

2021年シーズン 全打席完全データ

※日本時間2021年9月10日時点のデータ

日付	球場	曜日	デー・ナイター	対戦チーム	対戦投手名	投手左右	打順	ポジション	試合状況	ランナー状況	アウト	カウント	打席結果	投球数	球種名	球速	コース
4/1	エンゼル・スタジアム	木	N	ホワイトソックス	ルーカス・ジオリト	右	2	DH	1回裏	-	1死	1-2	空三振	5球目	チェンジアップ	135	外高
					ルーカス・ジオリト	右	2	DH	4回裏	-	1死	0-0	三邪飛	1球目	フォーシーム	152	内高
					ルーカス・ジオリト	右	2	DH	6回裏	-	無死	1-1	右飛	3球目	スライダー	140	内中
					アーロン・バマー	左	2	DH	8回裏	一塁	無死	1-2	二失	4球目	スライダー	133	中中
4/2	エンゼル・スタジアム	金	N	ホワイトソックス	ダラス・カイケル	左	2	DH	1回裏	-	1死	1-1	右3	3球目	ツーシーム	142	内中
					ダラス・カイケル	左	2	DH	3回裏	-	2死	1-2	空三振	4球目	スライダー	129	外低
					マット・フォスター	右	2	DH	5回裏	一二塁	無死	1-2	空三振	4球目	フォーシーム	151	外高
					マイケル・コペック	右	2	DH	7回裏	-	2死	2-2	空三振	6球目	スライダー	141	内低
					リアム・ヘンドリクス	右	2	DH	9回裏	二塁	2死	3-2	右中本	6球目	フォーシーム	157	外中
4/3	エンゼル・スタジアム	土	N	ホワイトソックス	ランス・リン	右	2	DH	1回裏	一塁	無死	1-2	空三振	5球目	フォーシーム	153	内高
					ランス・リン	右	2	DH	3回裏	一塁	無死	2-1	遊飛	4球目	チェンジアップ	143	内低
					ランス・リン	右	2	DH	5回裏	-	1死	1-0	右安	2球目	フォーシーム	151	内中
					ギャレット・クロシェ	左	2	DH	7回裏	-	2死	2-2	空三振	5球目	スライダー	132	外低
4/4	エンゼル・スタジアム	日	N	ホワイトソックス	ディラン・シーズ	右	2	投手	1回裏	-	1死	0-0	中本	1球目	フォーシーム	156	中高
					ディラン・シーズ	右	2	投手	2回裏	一塁	2死	0-0	中飛	1球目	フォーシーム	158	内中
					ディラン・シーズ	右	2	投手	4回裏	一三塁	2死	2-2	遊ゴロ	5球目	フォーシーム	158	外低
4/5	エンゼル・スタジアム	月	N	アストロズ	ジョー・スミス	右	8	代打	8回裏	一二塁	無死	0-1	死球	2球目	スライダー	126	内低
4/6	エンゼル・スタジアム	火	D	アストロズ	ザック・グリンキー	右	2	DH	1回裏	-	1死	2-2	投安	6球目	チェンジアップ	142	外低
					ザック・グリンキー	右	2	DH	3回裏	-	無死	0-1	右飛	2球目	カーブ	113	外低
					ザック・グリンキー	右	2	DH	5回裏	一塁	2死	2-2	投ゴロ	5球目	チェンジアップ	140	中低
					ライアン・プレスリー	右	2	DH	8回裏	-	2死	0-0	左安	1球目	カーブ	132	内中
4/8	TDボールパーク	木	N	ブルージェイズ	ロス・ストライプリング	右	2	DH	1回表	-	1死	1-2	空三振	4球目	チェンジアップ	135	外低
					ロス・ストライプリング	右	2	DH	2回表	二塁	2死	0-0	一直	1球目	チェンジアップ	134	外低
					ロス・ストライプリング	右	2	DH	5回表	-	1死	2-2	空三振	5球目	チェンジアップ	137	外低
					ジョーダン・ロマノ	右	2	DH	7回表	三塁	2死	1-1	右安	3球目	スライダー	146	中低
					ジュリアン・メリーウェザー	右	2	DH	9回表	一塁	2死	3-1	四球	5球目	フォーシーム	156	外高
					ラファエル・ドリス	右	2	DH	11回表	一塁	2死	0-0	一ゴロ	1球目	スプリット	137	外低
4/9	TDボールパーク	金	N	ブルージェイズ	デイヴィッド・フェルプス	右	2	DH	1回表	-	1死	2-2	空三振	5球目	カーブ	130	外中
					ティモシー・ゾイク	右	2	DH	2回表	満塁	2死	1-2	中2	4球目	チェンジアップ	130	外低
					ティモシー・ゾイク	右	2	DH	5回表	-	無死	0-0	中本	1球目	ツーシーム	148	外低
					ジョエル・パヤンプス	右	2	DH	7回表	-	無死	1-2	左飛	4球目	フォーシーム	151	中高
					タイ・タイス	右	2	DH	9回表	-	無死	2-2	中飛	7球目	フォーシーム	151	中中
4/10	TDボールパーク	土	N	ブルージェイズ	スティーヴン・マッツ	左	2	DH	1回表	-	1死	0-1	右3	2球目	カーブ	127	外低
					スティーヴン・マッツ	左	2	DH	3回表	一塁	1死	2-2	見三振	5球目	チェンジアップ	135	内中
					スティーヴン・マッツ	左	2	DH	5回表	一塁	2死	1-2	ニゴロ	4球目	ツーシーム	151	内中
					トミー・ミローン	左	2	DH	8回表	-	1死	3-2	空三振	6球目	カーブ	124	外低
4/12	カウフマン・スタジアム	月	N	ロイヤルズ	ブレイディ・シンガー	右	2	DH	1回表	-	1死	1-2	左安	4球目	スライダー	142	内低
					ブレイディ・シンガー	右	2	DH	3回表	一三塁	無死	2-2	二併打	6球目	ツーシーム	153	外低
					ブレイディ・シンガー	右	2	DH	5回表	二三塁	2死	3-2	遊失	7球目	ツーシーム	150	外高
					スコット・バーロー	右	2	DH	7回表	二三塁	2死	1-1	右2	3球目	フォーシーム	153	中高
					ジェイク・ニューベリー	右	2	DH	9回表	一塁	無死	3-1	左2	5球目	スライダー	135	内中
4/13	カウフマン・スタジアム	火	N	ロイヤルズ	ダニー・ダフィー	左	2	DH	1回表	-	1死	1-2	三安	4球目	カーブ	128	内中
					ダニー・ダフィー	左	2	DH	3回表	-	無死	3-1	左飛	5球目	スライダー	136	外中
					ダニー・ダフィー	左	2	DH	5回表	-	2死	1-0	中本	2球目	スライダー	134	中低
					ジェイク・ブレンツ	左	2	DH	7回表	-	1死	0-1	二直	2球目	スライダー	135	外中
					グレッグ・ホランド	右	2	DH	9回表	一塁	1死	2-1	右安	4球目	フォーシーム	152	外中
4/14	カウフマン・スタジアム	水	D	ロイヤルズ	ブラッド・ケラー	右	2	DH	1回表	一塁	無死	1-2	空三振	7球目	フォーシーム	154	外高
					ブラッド・ケラー	右	2	DH	3回表	一二塁	1死	3-2	四球	6球目	フォーシーム	156	外高
					ブラッド・ケラー	右	2	DH	6回表	-	無死	1-2	空三振	5球目	スライダー	140	内低
					ジョー・ストーモント	右	2	DH	8回表	-	無死	1-0	左飛	2球目	フォーシーム	154	内高
4/16	エンゼル・スタジアム	金	N	ツインズ	ルイス・ソープ	左	2	DH	1回裏	-	1死	1-2	遊飛	4球目	スライダー	137	外中
					ルイス・ソープ	左	2	DH	4回裏	-	1死	1-2	遊ゴロ	4球目	スライダー	138	外中
					ランディ・ドブナック	右	2	DH	6回裏	一塁	無死	0-1	中安	2球目	チェンジアップ	138	中低
					ケイレブ・シールバー	左	2	DH	7回裏	一三塁	1死	2-2	空三振	5球目	スライダー	129	外低
4/19	エンゼル・スタジアム	月	N	レンジャーズ	有原航平	右	2	DH	1回裏	一塁	無死	2-1	一併打	4球目	カットボール	143	内低
					有原航平	右	2	DH	4回裏	-	1死	2-1	中飛	4球目	チェンジアップ	132	外中
					ブレット・マーティン	左	2	DH	6回裏	一二塁	2死	2-2	空三振	5球目	スライダー	139	外低
					ジョエリー・ロドリゲス	左	2	DH	8回裏	-	無死	3-2	空三振	7球目	ツーシーム	150	外低
4/21	エンゼル・スタジアム	水	D	レンジャーズ	マイク・フォルテネービッチ	右	2	DH	1回裏	-	1死	3-2	見三振	6球目	フォーシーム	151	内低
					マイク・フォルテネービッチ	右	2	DH	3回裏	-	2死	2-2	右中本	5球目	スライダー	134	内中
					マイク・フォルテネービッチ	右	2	DH	5回裏	-	1死	2-2	見三振	5球目	ツーシーム	151	内低
					ジョン・キング	左	2	DH	7回裏	一三塁	2死	0-0	死球	1球目	ツーシーム	151	内高
4/22	ミニッツメイド・パーク	木	N	アストロズ	クリスチャン・ハビエル	右	2	DH	1回表	-	1死	2-2	空三振	5球目	チェンジアップ	140	外高
					クリスチャン・ハビエル	右	2	DH	3回表	二塁	2死	0-2	中飛	3球目	フォーシーム	150	中高
					クリスチャン・ハビエル	右	2	DH	5回表	一塁	2死	0-0	一ゴロ	1球目	フォーシーム	148	中高
					ブルックス・レイリー	左	2	DH	7回表	一二塁	1死	2-2	遊ゴロ	5球目	ツーシーム	145	内高
					ライアン・プレスリー	右	2	DH	9回表	一塁	1死	3-2	空三振	6球目	フォーシーム	154	内高
4/23	ミニッツメイド・パーク	金	N	アストロズ	ザック・グリンキー	右	2	DH	1回表	一塁	無死	1-1	中安	3球目	フォーシーム	143	内中
					ザック・グリンキー	右	2	DH	3回表	-	無死	3-2	見三振	6球目	フォーシーム	142	外低
					ザック・グリンキー	右	2	DH	5回表	一三塁	1死	0-0	右2	1球目	フォーシーム	143	内高
					ザック・グリンキー	右	2	DH	7回表	-	2死	3-1	一ゴロ	5球目	チェンジアップ	140	外低
					ライアン・プレスリー	右	2	DH	10回表	二塁	無死	1-2	空三振	4球目	カーブ	130	中低
4/24	ミニッツメイド・パーク	土	D	アストロズ	ケント・エマニュエル	左	2	DH	1回表	-	1死	2-1	一ゴロ	4球目	ツーシーム	146	内低
					ケント・エマニュエル	左	2	DH	3回表	-	2死	1-0	中本	2球目	ツーシーム	148	中中
					ケント・エマニュエル	左	2	DH	6回表	-	1死	1-0	遊ゴロ	2球目	ツーシーム	146	内中
					ケント・エマニュエル	左	2	左翼手	9回表	一塁	無死	1-0	一失	2球目	スライダー	122	外中
4/25	ミニッツメイド・パーク	日	D	アストロズ	ランス・マッカラーズ・ジュニア	右	2	DH	1回表	-	1死	3-2	見三振	6球目	カーブ	137	外低
					ランス・マッカラーズ・ジュニア	右	2	DH	4回表	-	無死	2-1	三ゴロ	4球目	カーブ	137	中低
					ランス・マッカラーズ・ジュニア	右	2	DH	5回表	一二塁	2死	2-1	中飛	4球目	カーブ	138	中低
					ルイス・ガルシア	右	2	DH	8回表	-	無死	0-1	中本	2球目	フォーシーム	148	外中
					ブルックス・レイリー	左	2	DH	9回表	一塁	2死	1-2	空三振	5球目	スライダー	130	内中
4/26	グローブライフ・フィールド	月	N	レンジャーズ	ジョーダン・ライルズ	右	2	投手	1回表	-	1死	3-1	四球	5球目	フォーシーム	151	外高
					ジョーダン・ライルズ	右	2	投手	2回表	一二塁	2死	0-1	右2	2球目	フォーシーム	149	内高
					ジョーダン・ライルズ	右	2	投手	3回表	一二塁	1死	2-2	空三振	6球目	カーブ	131	内低

日付	球場	曜日	デー・ナイター	対戦チーム	対戦投手名	投手左右	打順	ポジション	試合状況	ランナー状況	アウト	カウント	打席結果	投球数	球種名	球速	コース
4/26	グローブライフ・フィールド	月	N	レンジャーズ	ヤン・ヒョンジョン	左	2	投手	6回表	-	無死	0-0	三安	1球目	フォーシーム	143	内高
4/27	グローブライフ・フィールド	火	N	レンジャーズ	マイク・フォルテネービッチ	右	2	DH	1回表	二塁	無死	1-1	右飛	3球目	チェンジアップ	140	外中
					マイク・フォルテネービッチ	右	2	DH	3回表	-	1死	2-2	右飛	6球目	スライダー	135	内中
					マイク・フォルテネービッチ	右	2	DH	5回表	一二塁	1死	2-2	空三振	5球目	チェンジアップ	137	外低
					ジョン・キング	左	2	DH	7回表	一塁	1死	0-0	三ゴロ	1球目	ツーシーム	153	内中
4/28	グローブライフ・フィールド	水	N	レンジャーズ	デイン・ダニング	右	2	DH	1回表	一塁	無死	1-2	三邪飛	4球目	チェンジアップ	135	外低
					デイン・ダニング	右	2	DH	2回表	-	2死	3-1	左2	5球目	ツーシーム	145	外中
					デイン・ダニング	右	2	DH	5回表	-	1死	1-0	二ゴロ	2球目	ツーシーム	145	外低
					コルビー・アラード	左	2	DH	7回表	-	2死	0-2	空三振	4球目	フォーシーム	146	内高
4/30	T-モバイル・パーク	金	N	マリナーズ	クリス・フレクセン	右	2	DH	1回表	一塁	無死	1-2	左飛	4球目	チェンジアップ	134	外低
					クリス・フレクセン	右	2	DH	3回表	-	1死	1-0	右本	2球目	チェンジアップ	134	外低
					ドリュー・ステッケンライダー	右	2	DH	5回表	-	2死	0-1	三ゴロ	2球目	チェンジアップ	143	中低
					アンソニー・ミシービッチ	左	2	DH	8回表	-	2死	1-1	二ゴロ	3球目	カットボール	143	中低
5/1	T-モバイル・パーク	土	N	マリナーズ	エルジェイ・ニューサム	右	2	DH	1回表	-	1死	3-2	四球	9球目	フォーシーム	151	内低
					エルジェイ・ニューサム	右	2	DH	2回表	二三塁	1死	0-0	一ゴロ	1球目	チェンジアップ	134	外高
					ロバート・ダガー	右	2	DH	4回表	一塁	無死	1-1	左飛	3球目	スライダー	129	中低
					キーナン・ミドルトン	右	2	DH	6回表	-	無死	1-0	三飛	2球目	チェンジアップ	137	内中
					ドミンゴ・タピア	右	2	DH	9回表	-	無死	2-2	中飛	7球目	ツーシーム	158	中低
5/2	T-モバイル・パーク	日	D	マリナーズ	ジャスティス・シェフィールド	左	2	DH	1回表	-	1死	1-2	死球	4球目	ツーシーム	150	内高
					ジャスティス・シェフィールド	左	2	DH	3回表	-	無死	0-1	二失	2球目	ツーシーム	148	内中
					ジャスティス・シェフィールド	左	2	DH	5回表	一塁	1死	1-1	遊飛	3球目	スライダー	129	内高
					アンソニー・ミシービッチ	左	2	DH	7回表	二塁	2死	0-0	二ゴロ	1球目	カットボール	145	中低
5/3	エンゼル・スタジアム	月	N	レイズ	タイラー・グラスノー	右	2	DH	1回裏	-	1死	0-2	中2	4球目	カーブ	137	外中
					タイラー・グラスノー	右	2	DH	3回裏	二塁	1死	0-2	空三振	4球目	カーブ	137	中低
					タイラー・グラスノー	右	2	DH	6回裏	一塁	無死	0-1	中本	2球目	スライダー	142	内中
					ジェフリー・スプリングス	左	2	DH	8回裏	-	1死	1-2	左飛	4球目	スライダー	134	中中
5/4	エンゼル・スタジアム	火	N	レイズ	シェーン・マクラナハン	左	2	DH	1回裏	一塁	無死	1-2	左飛	6球目	フォーシーム	161	外中
					シェーン・マクラナハン	左	2	DH	3回裏	-	2死	1-2	中飛	4球目	カーブ	137	中高
					ルイス・パティーノ	右	2	DH	6回裏	-	無死	2-2	左飛	5球目	フォーシーム	157	中中
					コディ・リード	左	2	DH	8回裏	一塁	無死	3-1	四球	5球目	スライダー	141	外低
5/6	エンゼル・スタジアム	木	N	レイズ	コリン・マクヒュー	右	2	DH	1回裏	-	1死	1-2	空三振	4球目	スライダー	132	内低
					ジョシュ・フレミング	左	2	DH	3回裏	二塁	2死	0-0	中本	1球目	ツーシーム	148	内中
					ジョシュ・フレミング	左	2	DH	6回裏	-	無死	3-2	空三振	6球目	カットボール	139	外低
					ハンター・ストリックランド	右	2	DH	8回裏	-	2死	1-1	二安	3球目	チェンジアップ	145	外高
5/7	エンゼル・スタジアム	金	N	ドジャース	フリオ・ウリアス	左	2	DH	1回裏	-	1死	0-2	空三振	3球目	フォーシーム	150	内高
					フリオ・ウリアス	左	2	DH	2回裏	一塁	2死	0-1	中飛	2球目	カーブ	131	外低
					フリオ・ウリアス	左	2	DH	5回裏	一塁	1死	0-2	左2	3球目	フォーシーム	151	外高
					ジョー・ケリー	右	2	DH	6回裏	二塁	2死	2-2	右2	5球目	チェンジアップ	142	外低
					エドウィン・ウセタ	右	2	DH	8回裏	-	2死	1-2	遊飛	4球目	フォーシーム	150	内高
5/8	エンゼル・スタジアム	土	N	ドジャース	クレイトン・カーショー	左	2	DH	1回裏	-	1死	1-2	三ゴロ	4球目	スライダー	140	外中
					クレイトン・カーショー	左	2	DH	4回裏	一塁	無死	1-2	空三振	4球目	フォーシーム	145	中中
					デニス・サンタナ	右	2	DH	6回裏	二塁	1死	0-1	右安	2球目	チェンジアップ	140	外中
					ミッチ・ホワイト	右	2	DH	7回裏	-	2死	0-0	二失	1球目	フォーシーム	153	外高
					ヴィクトル・ゴンサレス	左	2	DH	8回裏	-	1死	0-0	二ゴロ	1球目	ツーシーム	151	中高
5/9	エンゼル・スタジアム	日	D	ドジャース	トレヴァー・バウアー	右	2	DH	1回裏	-	1死	0-2	遊安	3球目	カットボール	142	内低
					トレヴァー・バウアー	右	2	DH	3回裏	一塁	2死	3-1	四球	5球目	フォーシーム	151	外低
					トレヴァー・バウアー	右	2	DH	5回裏		2死	0-2	空三振	3球目	カーブ	132	内低
					ケンリー・ジャンセン	右	2	DH	8回裏	一塁	無死	1-1	中飛	3球目	スライダー	132	内低
5/10	ミニッツメイド・パーク	月	N	アストロズ	ルイス・ガルシア	右	2	DH	1回表	-	1死	0-2	空三振	3球目	チェンジアップ	135	外低
					ルイス・ガルシア	右	2	DH	3回表	-	2死	1-2	空三振	4球目	チェンジアップ	135	外低
					ルイス・ガルシア	右	2	DH	5回表	-	2死	0-2	空三振	3球目	カーブ	122	内低
					ブルックス・レイリー	左	2	DH	6回表	一三塁	2死	1-0	二ゴロ	2球目	ツーシーム	145	内低
					ケント・エマニュエル	左	2	DH	8回表	三塁	2死	3-2	一ゴロ	6球目	スライダー	124	外低
5/11	ミニッツメイド・パーク	火	N	アストロズ	ランス・マッカラーズ・ジュニア	右	2	投手	1回表	-	1死	1-1	二ゴロ	3球目	チェンジアップ	138	外中
					ランス・マッカラーズ・ジュニア	右	2	投手	4回表	-	無死	1-2	空三振	5球目	カーブ	138	内低
					ランス・マッカラーズ・ジュニア	右	2	投手	7回表	-	無死	1-0	右安	2球目	チェンジアップ	135	外低
					ライアン・プレスリー	右	2	右翼手	9回表	-	1死	3-2	見三振	7球目	フォーシーム	155	内低
5/12	ミニッツメイド・パーク	水	N	アストロズ	ホセ・ウルキディ	右	1	DH	1回表	-	無死	0-2	空三振	3球目	フォーシーム	151	外中
					ホセ・ウルキディ	右	1	DH	3回表	-	1死	0-0	左邪飛	1球目	チェンジアップ	135	外低
					ブランドン・ビーラック	右	1	DH	6回表	-	無死	2-2	空三振	8球目	フォーシーム	153	内高
					アンドレ・スクラブ	右	1	DH	8回表	一塁	1死	0-0	二ゴロ	1球目	カットボール	150	内中
5/14	フェンウェイ・パーク	金	N	レッドソックス	ニック・ピヴェッタ	右	2	DH	1回表	-	1死	2-2	左2	6球目	カーブ	129	内中
					ニック・ピヴェッタ	右	2	DH	3回表	-	2死	2-2	空三振	6球目	カーブ	130	中低
					ニック・ピヴェッタ	右	2	DH	6回表	-	2死	1-1	左中本	3球目	カーブ	127	外低
					アダム・オッタビーノ	右	2	DH	8回表	-	1死	2-2	空三振	6球目	スライダー	132	内低
5/15	フェンウェイ・パーク	土	D	レッドソックス	マルティン・ペレス	左	2	DH	1回表	一塁	無死	1-1	左安	3球目	ツーシーム	153	内高
					マルティン・ペレス	左	2	DH	3回表	-	1死	3-2	空三振	8球目	ツーシーム	151	内高
					マルティン・ペレス	左	2	DH	5回表	一塁	2死	1-2	見三振	4球目	カットボール	146	内低
					ダルウィンソン・エルナンデス	左	2	DH	8回表	一塁	無死	1-2	空三振	4球目	フォーシーム	154	中高
5/16	フェンウェイ・パーク	日	D	レッドソックス	ネイサン・イオバルディ	右	3	DH	1回表	-	2死	0-1	二ゴロ	2球目	カットボール	153	内高
					ネイサン・イオバルディ	右	3	DH	2回表	一二塁	2死	0-2	空三振	3球目	フォーシーム	156	内中
					ネイサン・イオバルディ	右	3	DH	5回表	-	1死	1-0	三失	2球目	フォーシーム	159	内低
					ジョシュ・タイラー	左	3	DH	7回表	-	2死	0-0	右飛	1球目	フォーシーム	151	中高
					マット・バーンズ	右	3	DH	9回表	一塁	2死	0-0	右本	1球目	フォーシーム	156	内中
5/17	エンゼル・スタジアム	月	N	インディアンス	サム・ヘンジェス	左	2	DH	1回裏	-	1死	3-2	四球	6球目	カーブ	134	外低
					サム・ヘンジェス	左	2	DH	2回裏	一三塁	1死	1-2	右中本	4球目	フォーシーム	151	外高
					トレヴァー・ステファン	右	2	DH	4回裏	-	1死	3-1	四球	5球目	スライダー	136	内低
					ニック・サンドリン	右	2	DH	6回裏	-	2死	1-2	見三振	4球目	フォーシーム	153	中高
					ニック・ウィットグレン	右	2	DH	8回裏	-	2死	0-2	見三振	3球目	フォーシーム	150	外中
5/18	エンゼル・スタジアム	火	N	インディアンス	ザック・プリーサック	右	2	DH	1回裏	-	1死	1-0	中本	2球目	フォーシーム	151	外中
					ザック・プリーサック	右	2	DH	4回裏	-	無死	2-1	中安	4球目	チェンジアップ	142	外低
					ザック・プリーサック	右	2	DH	5回裏	三塁	2死	3-0	故意四	3球目			
					ブライアン・ショー	右	2	DH	8回裏	-	無死	2-2	遊ゴロ	5球目	カットボール	151	外高
5/19	エンゼル・スタジアム	水	N	インディアンス	アーロン・シヴェール	右	2	投手	1回裏	-	1死	1-1	三直	3球目	カットボール	143	内高
					アーロン・シヴェール	右	2	投手	3回裏	二塁	2死	3-2	中飛	6球目	カットボール	142	中中
					アーロン・シヴェール	右	2	右翼手	6回裏	-	無死	0-0	三安	1球目	カットボール	143	内高
5/20	エンゼル・スタジアム	木	D	ツインズ	ホセ・ベリオス	右	2	DH	1回裏	-	無死	1-2	空三振	4球目	カーブ	137	内低
					ホセ・ベリオス	右	2	DH	3回裏	-	無死	3-2	空三振	6球目	カーブ	135	内低
					テイラー・ロジャーズ	左	2	DH	6回裏	-	無死	1-2	空三振	4球目	スライダー	130	外低
5/21	エンゼル・スタジアム	金	N	アスレチックス	ジェイムズ・カプリーリアン	右	2	DH	1回裏	-	1死	2-2	中飛	5球目	カーブ	130	中中
					ジェイムズ・カプリーリアン	右	2	DH	3回裏	-	1死	1-0	三飛	2球目	チェンジアップ	138	中中
					ジェイムズ・カプリーリアン	右	2	DH	6回裏	-	無死	2-2	空三振	6球目	カーブ	127	中低
					ジェイク・ディークマン	左	2	DH	7回裏	-	2死	3-2	四球	6球目	スライダー	137	外低

日付	球場	曜日	デー・ナイター	対戦チーム	対戦投手名	投手左右	打順	ポジション	試合状況	ランナー状況	アウト	カウント	打席結果	投球数	球種名	球速	コース
5/22	エンゼル・スタジアム	土	N	アスレチックス	クリス・バシット	右	2	DH	1回裏	一塁	無死	1-2	空三振	5球目	フォーシーム	153	外高
					クリス・バシット	右	2	DH	3回裏	一塁	2死	1-2	空三振	4球目	カーブ	121	内低
					クリス・バシット	右	2	DH	6回裏	-	2死	3-2	右2	7球目	フォーシーム	151	内高
					クリス・バシット	右	2	DH	8回裏	一塁	2死	2-2	中3	5球目	カーブ	119	外低
5/23	エンゼル・スタジアム	日	D	アスレチックス	レイミン・グデュアン	左	4	代打	7回裏	満塁	1死	2-1	右犠飛	4球目	フォーシーム	150	中高
5/25	エンゼル・スタジアム	火	N	レンジャーズ	ヤン・ヒョンジョン	左	2	DH	1回裏	-	無死	3-0	四球	4球目	フォーシーム	144	外中
					ヤン・ヒョンジョン	左	2	DH	3回裏	-	1死	1-2	空三振	4球目	スライダー	130	外低
					ブレット・デゲウス	右	2	DH	4回裏	一三塁	2死	3-2	右本	7球目	カットボール	144	内中
					デマーカス・エバンス	右	2	DH	6回裏	-	1死	3-1	四球	5球目	フォーシーム	146	外高
					ブレット・マーティン	左	2	DH	8回裏	一三塁	1死	2-2	空三振	5球目	スライダー	142	外低
5/26	エンゼル・スタジアム	水	D	レンジャーズ	デイン・ダニング	右	2	DH	1回裏	-	無死	1-1	遊ゴロ	3球目	チェンジアップ	137	外低
					デイン・ダニング	右	2	DH	2回裏	一塁	1死	3-2	空三振	7球目	チェンジアップ	137	中低
					デイン・ダニング	右	2	DH	5回裏	-	無死	3-2	四球	6球目	ツーシーム	146	内低
					ウェス・ベンジャミン	左	2	DH	6回裏	-	1死	1-2	三安	5球目	カットボール	138	外低
5/27	オークランド・コロシアム	木	N	アスレチックス	クリス・バシット	右	2	DH	1回表	-	1死	1-2	見三振	5球目	フォーシーム	151	内低
					クリス・バシット	右	2	DH	4回表	-	無死	3-2	四球	7球目	チェンジアップ	140	中低
					クリス・バシット	右	2	DH	6回表	-	2死	1-0	左飛	2球目	フォーシーム	151	中中
					クリス・バシット	右	2	DH	9回表	二塁	1死	2-2	右飛	5球目	フォーシーム	151	内高
5/29	オークランド・コロシアム	土	D	アスレチックス	フランキー・モンタス	右	2	DH	1回表	-	1死	2-2	左飛	6球目	ツーシーム	158	中中
					フランキー・モンタス	右	2	DH	4回表	-	無死	1-2	空三振	4球目	スプリット	142	外低
					フランキー・モンタス	右	2	DH	5回表	二三塁	2死	1-0	左安	2球目	フォーシーム	156	内中
					キャム・ベドローシアン	右	2	DH	7回表	一塁	1死	2-1	中安	4球目	フォーシーム	151	外高
					セルジオ・ロモ	右	2	DH	9回表	二塁	2死	2-2	三邪飛	6球目	チェンジアップ	127	外低
5/30	オークランド・コロシアム	日	D	アスレチックス	コール・アーヴィン	左	2	DH	1回表	-	1死	0-0	一失	1球目	ツーシーム	145	内中
					コール・アーヴィン	左	2	DH	2回表	一塁	1死	0-2	見三振	4球目	チェンジアップ	138	内低
					コール・アーヴィン	左	2	DH	5回表	-	無死	1-1	ニゴロ	3球目	フォーシーム	148	中高
					バーチ・スミス	右	2	DH	7回表	二塁	2死	3-0	四球	4球目	チェンジアップ	132	内低
					ヘスス・ルサルド	左	2	DH	9回表	-	2死	1-0	三直	2球目	フォーシーム	159	外中
5/31	オラクル・パーク	月	D	ジャイアンツ	ニック・トロピアーノ	右	6	代打	9回表	-	2死	3-1	四球	5球目	ツーシーム	143	外低
6/3	エンゼル・スタジアム	木	N	マリナーズ	ジャスティス・シェフィールド	左	2	DH	1回裏	-	1死	1-2	空三振	5球目	スライダー	132	外低
					ジャスティス・シェフィールド	左	2	DH	3回裏	一塁	無死	0-2	空三振	3球目	スライダー	129	外低
					ジャスティス・シェフィールド	左	2	DH	4回裏	二三塁	2死	1-2	空三振	4球目	スライダー	132	外低
					ポール・シーウォルド	右	2	DH	7回裏	-	1死	0-1	中飛	2球目	フォーシーム	148	中高
6/4	エンゼル・スタジアム	金	N	マリナーズ	ロバート・ダガー	右	2	投手	1回裏	一塁	無死	2-0	遊併打	3球目	フォーシーム	146	外低
					ダニエル・ザモラ	左	2	投手	3回裏	-	1死	3-1	四球	5球目	スライダー	124	外中
					ヘクター・サンティアゴ	左	2	投手	5回裏	一塁	2死	2-2	遊ゴロ	5球目	スライダー	127	外低
6/5	エンゼル・スタジアム	土	N	マリナーズ	菊池雄星	左	2	DH	1回裏	-	1死	0-0	中本	1球目	カットボール	152	中中
					菊池雄星	左	2	DH	3回裏	-	1死	2-2	空三振	5球目	スライダー	136	外低
					J.T.シャギワ	右	2	DH	5回裏	二塁	1死	0-2	空三振	3球目	スライダー	140	内低
					ヤックセル・リオス	右	2	DH	7回裏	二塁	無死	0-0	右飛	1球目	スプリット	138	中中
					アンソニー・ミシービッチ	左	2	DH	8回裏	二塁	1死	3-2	左2	6球目	カーブ	130	内低
6/6	エンゼル・スタジアム	日	D	マリナーズ	ローガン・ギルバート	右	2	DH	1回裏	-	無死	3-1	四球	5球目	フォーシーム	153	外中
					ローガン・ギルバート	右	2	DH	2回裏	二三塁	2死	2-0	故意四	2球目			
					ローガン・ギルバート	右	2	DH	4回裏	一二塁	2死	3-2	空三振	6球目	スライダー	135	内低
					ポール・シーウォルド	右	2	DH	7回裏	-	2死	3-2	空三振	10球目	スライダー	132	中低
					キーナン・ミドルトン	右	2	DH	9回裏	二塁	無死	3-1	四球	5球目	フォーシーム	153	外高
6/7	エンゼル・スタジアム	月	N	ロイヤルズ	ジャクソン・カワー	右	2	DH	1回裏	-	1死	3-1	四球	5球目	チェンジアップ	140	外高
					アービン・サンタナ	右	2	DH	2回裏	-	2死	3-1	四球	5球目	フォーシーム	152	内低
					アービン・サンタナ	右	2	DH	5回裏	-	無死	0-1	一ゴロ	2球目	チェンジアップ	140	外低
					ウェイド・デイヴィス	右	2	DH	7回裏	二塁	無死	3-0	四球	4球目	カットボール	143	内高
6/8	エンゼル・スタジアム	火	N	ロイヤルズ	クリス・ブビック	左	2	DH	1回裏	一塁	無死	2-2	右中本	6球目	カーブ	129	中中
					クリス・ブビック	左	2	DH	3回裏	-	無死	1-1	右2	3球目	カーブ	126	外中
					クリス・ブビック	左	2	DH	4回裏	-	2死	2-2	空三振	7球目	チェンジアップ	129	内低
					ジェイク・ブレンツ	左	2	DH	7回裏	二塁	1死	3-2	四球	6球目	フォーシーム	156	外高
6/9	エンゼル・スタジアム	水	N	ロイヤルズ	ブラッド・ケラー	右	2	DH	1回裏	-	1死	0-1	右飛	2球目	チェンジアップ	146	外低
					ブラッド・ケラー	右	2	DH	3回裏	一塁	2死	0-0	左安	1球目	スライダー	142	中低
					ブラッド・ケラー	右	2	DH	5回裏	一塁	2死	3-1	四球	5球目	スライダー	138	中低
					カイル・ジマー	右	2	DH	7回裏	-	無死	1-2	空三振	5球目	スライダー	135	中低
6/11	チェース・フィールド	金	N	ダイヤモンドバックス	メリル・ケリー	右	2	投手	1回表	-	1死	3-2	一ゴロ	6球目	カーブ	135	内中
					メリル・ケリー	右	2	投手	3回表	一塁	2死	2-2	右2	6球目	ツーシーム	150	内低
					メリル・ケリー	右	2	投手	5回表	一塁	1死	0-0	投ゴロ	1球目	チェンジアップ	140	外中
					テイラー・クラーク	右	2	右翼手	7回表	一塁	無死	0-0	右2	1球目	カーブ	126	中低
6/12	チェース・フィールド	土	D	ダイヤモンドバックス	ウンベル・カステジャノス	右	7	代打	8回表	一塁	無死	3-2	右安	7球目	カーブ	126	外低
6/13	チェース・フィールド	日	D	ダイヤモンドバックス	ケヴィン・ギンケル	右	8	代打	8回表	-	無死	3-2	空三振	6球目	スライダー	134	中中
6/14	オークランド・コロシアム	月	N	アスレチックス	ショーン・マネイア	左	2	DH	1回表	一塁	無死	2-2	見三振	5球目	ツーシーム	151	外中
					ショーン・マネイア	左	2	DH	2回表	一塁	2死	1-0	中安	2球目	チェンジアップ	137	内中
					ショーン・マネイア	左	2	DH	4回表	一二塁	2死	1-1	ニゴロ	3球目	ツーシーム	150	内中
					バーチ・スミス	右	2	DH	7回表	-	無死	0-0	遊ゴロ	1球目	カーブ	127	中中
					ジェイク・ディークマン	左	2	DH	8回表	-	無死	0-0	ニゴロ	1球目	フォーシーム	154	中低
6/15	オークランド・コロシアム	火	N	アスレチックス	フランキー・モンタス	右	2	DH	1回表	-	1死	1-2	ニゴロ	4球目	スプリット	142	外低
					フランキー・モンタス	右	2	DH	3回表	一塁	1死	3-2	一併打	7球目	フォーシーム	156	内低
					フランキー・モンタス	右	2	DH	5回表	一三塁	2死	2-2	空三振	5球目	スプリット	138	中低
					ヘスス・ルサルド	左	2	DH	8回表	-	2死	3-1	右中本	5球目	フォーシーム	158	中中
6/16	オークランド・コロシアム	水	D	アスレチックス	コール・アーヴィン	左	2	DH	1回表	二塁	無死	3-2	遊ゴロ	7球目	ツーシーム	150	中中
					コール・アーヴィン	左	2	DH	2回表	-	2死	0-0	右本	1球目	スライダー	135	中中
					コール・アーヴィン	左	2	DH	5回表	-	無死	1-1	投安	3球目	フォーシーム	145	内高
					バーチ・スミス	右	2	DH	7回表	-	無死	0-2	ニゴロ	3球目	カーブ	129	内低
6/17	エンゼル・スタジアム	木	N	タイガース	マット・マニング	右	2	投手	1回裏	-	1死	3-1	四球	5球目	フォーシーム	150	内中
					マット・マニング	右	2	投手	3回裏	-	無死	3-2	一ゴロ	6球目	フォーシーム	154	内中
					マット・マニング	右	2	投手	5回裏	-	2死	3-1	四球	5球目	チェンジアップ	143	内低
6/18	エンゼル・スタジアム	金	N	タイガース	ホセ・ウレーニャ	右	2	DH	1回裏	二塁	無死	0-2	空三振	3球目	チェンジアップ	141	外低
					ホセ・ウレーニャ	右	2	DH	3回裏	一塁	1死	2-1	中飛	4球目	ツーシーム	150	外中
					ホセ・ウレーニャ	右	2	DH	5回裏	一塁	1死	2-2	右中本	6球目	ツーシーム	148	内中
					ダニエル・ノリス	左	2	DH	6回裏	一三塁	1死	2-2	空三振	6球目	チェンジアップ	139	外低
					ジョー・ヒメネス	右	2	DH	8回裏	-	2死	0-1	左中本	2球目	チェンジアップ	145	内低
6/19	エンゼル・スタジアム	土	N	タイガース	ウィリー・ペラルタ	右	2	DH	1回裏	-	1死	3-2	空三振	6球目	ツーシーム	154	中低
					ウィリー・ペラルタ	右	2	DH	3回裏	三塁	1死	1-1	左本	3球目	ツーシーム	153	外低
					ウィリー・ペラルタ	右	2	DH	4回裏	一二塁	2死	2-2	一ゴロ	5球目	スプリット	132	中低
					ブライアン・ガルシア	右	2	DH	6回裏	二塁	2死	0-0	故意四				
					ジョー・ヒメネス	右	2	DH	8回裏	二塁	1死	1-1	左飛	3球目	チェンジアップ	145	中低
6/20	エンゼル・スタジアム	日	D	タイガース	ケイシー・マイズ	右	2	DH	1回裏	-	1死	2-2	空三振	9球目	フォーシーム	153	内高
					ケイシー・マイズ	右	2	DH	3回裏	一三塁	無死	0-2	空三振	3球目	フォーシーム	151	中高
					ケイシー・マイズ	右	2	DH	5回裏	二塁	1死	1-2	中本	5球目	スライダー	137	中低

日付	球場	曜日	デー・ナイター	対戦チーム	対戦投手名	投手左右	打順	ポジション	試合状況	ランナー状況	アウト	カウント	打席結果	投球数	球種名	球速	コース
6/20	エンゼル・スタジアム	日	D	タイガース	グレゴリー・ソト	左	2	DH	7回裏	-	2死	1-2	空三振	4球目	フォーシーム	158	内高
					マイケル・フルマー	右	2	DH	10回裏	二塁	2死	3-0	四球	4球目	ツーシーム	151	内低
6/22	エンゼル・スタジアム	火	N	ジャイアンツ	アンソニー・デスクラファニー	右	2	DH	1回裏	-	1死	3-2	四球	6球目	ツーシーム	153	内中
					アンソニー・デスクラファニー	右	2	DH	3回裏	-	無死	2-2	空三振	5球目	スライダー	143	内高
					アンソニー・デスクラファニー	右	2	DH	5回裏	-	2死	2-2	空三振	6球目	スライダー	141	外高
					ドミニク・レオン	右	2	DH	8回裏	一塁	1死	1-2	空三振	5球目	カットボール	145	内高
6/23	エンゼル・スタジアム	水	D	ジャイアンツ	ケビン・ゴーズマン	右	2	投手	1回裏	-	1死	3-2	一ゴロ	6球目	スプリット	135	外低
					ケビン・ゴーズマン	右	2	投手	3回裏	-	1死	2-2	空三振	5球目	スプリット	135	外低
					ケビン・ゴーズマン	右	2	投手	5回裏	-	2死	2-2	空三振	5球目	スプリット	137	中低
6/25	トロピカーナ・フィールド	金	N	レイズ	アンドリュー・キットレッジ	右	1	DH	1回表	-	無死	1-1	右中本	3球目	チェンジアップ	145	中低
					ジョシュ・フレミング	左	1	DH	3回表	二塁	無死	0-1	一安	2球目	ツーシーム	146	内低
					ジョシュ・フレミング	左	1	DH	5回表	-	1死	2-2	空三振	5球目	チェンジアップ	132	内低
					コリン・マクヒュー	右	1	DH	7回表	-	2死	2-1	左飛	4球目	カットボール	143	中低
6/26	トロピカーナ・フィールド	土	D	レイズ	シェーン・マクラナハン	左	1	DH	1回表	-	無死	0-0	二ゴロ	1球目	フォーシーム	156	中中
					シェーン・マクラナハン	左	1	DH	3回表	一三塁	無死	2-1	右2	4球目	スライダー	146	外低
					シェーン・マクラナハン	左	1	DH	4回表	-	2死	1-1	捕邪飛	3球目	スライダー	146	外低
					ドリュー・ラスムッセン	右	1	DH	7回表	-	2死	3-2	四球	6球目	スライダー	137	外低
6/27	トロピカーナ・フィールド	日	D	レイズ	ライアン・ヤーブロー	左	2	DH	1回表	一塁	無死	1-2	空三振	4球目	カーブ	116	外低
					ライアン・ヤーブロー	左	2	DH	4回表	-	無死	3-2	四球	9球目	カットボール	132	内高
					ライアン・ヤーブロー	左	2	DH	6回表	一塁	無死	0-0	右2	1球目	ツーシーム	140	内中
					ジェフリー・スプリングス	左	2	DH	7回表	二塁	2死	0-1	右3	2球目	スライダー	135	内中
					ピート・フェアバンクス	右	2	DH	9回表	-	2死	2-1	左中本	4球目	フォーシーム	153	内中
6/28	ヤンキー・スタジアム	月	N	ヤンキース	マイケル・キング	右	2	DH	1回表	-	1死	3-2	右中本	6球目	カーブ	129	内低
					マイケル・キング	右	2	DH	3回表	-	1死	3-0	中飛	4球目	ツーシーム	152	中低
					マイケル・キング	右	2	DH	5回表	-	無死	1-2	空三振	4球目	フォーシーム	154	外高
					チャド・グリーン	右	2	DH	6回表	二塁	2死	1-2	見三振	4球目	フォーシーム	154	外低
					ネストル・コルテス	左	2	DH	9回表	-	無死	3-2	二ゴロ	6球目	カーブ	126	外高
6/29	ヤンキー・スタジアム	火	N	ヤンキース	ジェイムソン・タイロン	右	2	DH	1回表	-	1死	1-1	右飛	3球目	フォーシーム	150	内高
					ジェイムソン・タイロン	右	2	DH	3回表	-	1死	3-1	右中本	5球目	チェンジアップ	142	外低
					ジェイムソン・タイロン	右	2	DH	5回表	一塁	無死	1-2	右本	5球目	フォーシーム	153	内高
					ネストル・コルテス	左	2	DH	7回表	-	1死	2-2	中飛	5球目	カーブ	118	外中
					アルバート・アブレイユ	右	2	DH	9回表	一塁	2死	0-2	一ゴロ	3球目	フォーシーム	158	外中
6/30	ヤンキー・スタジアム	水	N	ヤンキース	ドミンゴ・ヘルマン	右	1	投手	1回表	-	無死	3-2	中飛	6球目	フォーシーム	147	外中
7/2	エンゼル・スタジアム	金	N	オリオールズ	キーガン・アキン	左	2	DH	1回裏	-	1死	0-0	二飛	1球目	フォーシーム	148	内高
					キーガン・アキン	左	2	DH	3回裏	-	無死	0-0	右中本	1球目	フォーシーム	148	内高
					ディロン・テイト	右	2	DH	4回裏	一塁	1死	2-1	左本	4球目	ツーシーム	154	中中
					タナー・スコット	左	2	DH	6回裏	-	2死	2-2	二ゴロ	5球目	スライダー	138	中低
					ポール・フライ	左	2	DH	9回裏	-	1死	3-1	四球	5球目	スライダー	137	外低
7/3	エンゼル・スタジアム	土	N	オリオールズ	ホルヘ・ロペス	右	2	DH	1回裏	一塁	無死	3-2	四球	6球目	ツーシーム	154	内低
					ホルヘ・ロペス	右	2	DH	2回裏	三塁	2死	0-0	故意四				
					ホルヘ・ロペス	右	2	DH	5回裏	-	無死	2-0	二ゴロ	3球目	チェンジアップ	142	外中
					アダム・プルトコ	右	2	DH	6回裏	三塁	2死	0-0	故意四				
					アイザック・マットソン	右	2	DH	8回裏	-	1死	2-2	右飛	5球目	チェンジアップ	138	外低
7/4	エンゼル・スタジアム	日	D	オリオールズ	トーマス・エシェルマン	右	2	DH	1回裏	二塁	無死	3-2	空三振	7球目	スライダー	124	中低
					トーマス・エシェルマン	右	2	DH	3回裏	-	1死	2-2	中本	5球目	スライダー	126	内低
					ザック・ロウザー	左	2	DH	5回裏	-	無死	3-2	空三振	6球目	スライダー	130	外低
					タナー・スコット	左	2	DH	7回裏	-	2死	1-0	中飛	2球目	スライダー	142	外中
7/5	エンゼル・スタジアム	月	N	レッドソックス	マルティン・ペレス	左	2	DH	1回裏	-	1死	3-2	空三振	6球目	チェンジアップ	138	内低
					マルティン・ペレス	左	2	DH	3回裏	一塁	1死	0-0	遊ゴロ	1球目	ツーシーム	149	内中
					マルティン・ペレス	左	2	DH	5回裏	二塁	1死	2-0	左安	3球目	ツーシーム	148	内高
					ジョシュ・テイラー	左	2	DH	7回裏	-	2死	0-2	左飛	3球目	スライダー	142	外低
					アダム・オッタビーノ	右	2	DH	9回裏	一二塁	2死	3-1	二ゴロ	5球目	スライダー	129	中中
7/6	エンゼル・スタジアム	火	N	レッドソックス	ネイサン・イオバルディ	右	2	投手	1回裏	二塁	無死	0-1	右2	2球目	スプリット	143	中低
					ネイサン・イオバルディ	右	2	投手	2回裏	二塁	2死	2-2	見三振	5球目	カットボール	150	内低
					ネイサン・イオバルディ	右	2	投手	5回裏	一塁	無死	1-0	三飛	2球目	カットボール	147	内高
					ブランドン・ワークマン	右	2	投手	6回裏	満塁	2死	1-2	空三振	5球目	カットボール	142	内中
7/7	エンゼル・スタジアム	水	D	レッドソックス	エドゥアルド・ロドリゲス	左	2	DH	1回裏	一塁	無死	0-0	左安	1球目	ツーシーム	145	内高
					エドゥアルド・ロドリゲス	左	2	DH	2回裏	一三塁	2死	3-2	空三振	7球目	チェンジアップ	140	内低
					エドゥアルド・ロドリゲス	左	2	DH	5回裏	-	無死	2-2	右本	7球目	チェンジアップ	135	内中
					ダルウィンソン・エルナンデス	左	2	DH	7回裏	-	1死	2-2	見三振	5球目	フォーシーム	153	外低
7/9	T-モバイル・パーク	金	N	マリナーズ	マルコ・ゴンザレス	左	2	DH	1回表	-	無死	2-2	二ゴロ	5球目	カーブ	121	外低
					マルコ・ゴンザレス	左	2	DH	3回表	-	1死	1-2	右本	4球目	ツーシーム	143	内高
					マルコ・ゴンザレス	左	2	DH	5回表	一塁	2死	2-2	空三振	5球目	カーブ	122	中高
					アンソニー・ミシービッチ	左	2	DH	7回表	一塁	2死	1-1	二ゴロ	3球目	カーブ	126	中低
7/10	T-モバイル・パーク	土	N	マリナーズ	クリス・フレクセン	右	2	DH	1回表	-	1死	3-2	四球	6球目	カットボール	145	中高
					クリス・フレクセン	右	2	DH	4回表	一塁	無死	3-2	左飛	6球目	チェンジアップ	130	外中
					クリス・フレクセン	右	2	DH	6回表	-	1死	2-2	見三振	6球目	チェンジアップ	134	外低
					ポール・シーウォルド	右	2	DH	9回表	-	無死	2-2	空三振	6球目	フォーシーム	150	外中
7/11	T-モバイル・パーク	日	D	マリナーズ	ヘクター・サンティアゴ	左	2	DH	1回表	-	1死	0-0	右2	1球目	ツーシーム	140	内中
					ヘクター・サンティアゴ	左	2	DH	3回表	-	2死	1-2	空三振	4球目	フォーシーム	150	外高
					アンソニー・ミシービッチ	左	2	DH	5回表	二塁	1死	1-1	左飛	3球目	カーブ	129	内低
					エリック・スワンソン	右	2	DH	7回表	一塁	1死	1-0	一安	2球目	スプリット	137	外中
					ラファエル・モンテロ	右	2	DH	9回表	一塁	無死	3-2	四球	7球目	チェンジアップ	146	内低
7/16	エンゼル・スタジアム	金	N	マリナーズ	クリス・フレクセン	右	2	DH	1回裏	-	1死	1-1	左飛	3球目	カットボール	145	内中
					クリス・フレクセン	右	2	DH	3回裏	二塁	1死	0-0	右飛	1球目	チェンジアップ	137	外低
					クリス・フレクセン	右	2	DH	6回裏	-	無死	1-2	空三振	4球目	チェンジアップ	134	外低
					アンソニー・ミシービッチ	左	2	DH	8回裏	二塁	無死	3-2	空三振	6球目	フォーシーム	154	中高
					ケンドール・グレイヴマン	右	2	DH	9回裏	二三塁	2死	2-2	中安	7球目	スライダー	142	外低
7/17	エンゼル・スタジアム	土	N	マリナーズ	菊池雄星	左	2	DH	1回裏	二塁	無死	2-2	遊飛	5球目	スライダー	132	外低
					菊池雄星	左	2	DH	2回裏	二塁	2死	1-2	見三振	6球目	フォーシーム	154	外低
					菊池雄星	左	2	DH	4回裏	-	2死	1-2	空三振	4球目	スライダー	134	外低
					エリック・スワンソン	右	2	DH	6回裏	二塁	2死	3-2	空三振	6球目	フォーシーム	156	内中
					ラファエル・モンテロ	右	2	DH	8回裏	二塁	1死	2-2	空三振	5球目	スライダー	140	内低
7/18	エンゼル・スタジアム	日	D	マリナーズ	ローガン・ギルバート	右	2	DH	1回裏	-	1死	2-2	空三振	5球目	チェンジアップ	134	外低
					ローガン・ギルバート	右	2	DH	3回裏	一三塁	2死	3-1	四球	5球目	チェンジアップ	126	外高
					ローガン・ギルバート	右	2	DH	5回裏	一塁	2死	3-2	四球	6球目	スライダー	134	外高
					アンソニー・ミシービッチ	左	2	DH	7回裏	-	1死	0-0	一安	1球目	カーブ	130	外低
					ポール・シーウォルド	右	2	DH	9回裏	三塁	2死	3-2	中本	7球目	スライダー	129	内低
7/19	オークランド・コロシアム	月	N	アスレチックス	コール・アーヴィン	左	2	投手	1回表	二塁	無死	2-2	中飛	5球目	チェンジアップ	137	内低
					コール・アーヴィン	左	2	投手	3回表	一塁	2死	0-1	中2	2球目	フォーシーム	146	内中
					コール・アーヴィン	左	2	投手	6回表	一塁	1死	0-2	空三振	3球目	スライダー	134	外中
					ルー・トリヴィーノ	右	2	右翼手	8回表	一塁	2死	2-2	三飛	7球目	カーブ	126	中低
7/20	オークランド・コロシアム	火	D	アスレチックス	ジェイムズ・カプリーリアン	右	2	DH	1回表	-	1死	3-0	四球	4球目	フォーシーム	151	外中

日付	球場	曜日	デー・ナイター	対戦チーム	対戦投手名	投手左右	打順	ポジション	試合状況	ランナー状況	アウト	カウント	打席結果	投球数	球種名	球速	コース
7/20	オークランド・コロシアム	火	D	アスレチックス	ジェイムズ・カプリーリアン	右	2	DH	3回表	一塁	無死	3-2	空三振	7球目	フォーシーム	151	内高
					ジェイムズ・カプリーリアン	右	2	DH	5回表	-	1死	3-2	空三振	7球目	フォーシーム	151	外中
					セルジオ・ロモ	右	2	DH	7回表	二塁	2死	2-2	空三振	5球目	スライダー	121	内低
7/22	ターゲット・フィールド	木	N	ツインズ	前田健太	右	2	DH	1回表	一塁	無死	2-2	空三振	5球目	フォーシーム	145	外中
					前田健太	右	2	DH	4回表	-	無死	1-1	二ゴロ	3球目	チェンジアップ	137	外低
					前田健太	右	2	DH	5回表	-	2死	1-2	空三振	4球目	チェンジアップ	138	外低
					ダニー・コーロンブ	左	2	DH	8回表	-	1死	1-2	空三振	6球目	ツーシーム	145	内高
7/24	ターゲット・フィールド	土	N	ツインズ	ホセ・ベリオス	右	2	DH	1回表	-	1死	1-0	中2	2球目	ツーシーム	150	外高
					ホセ・ベリオス	右	2	DH	3回表	-	無死	0-2	空三振	3球目	カーブ	134	中低
					ホセ・ベリオス	右	2	DH	6回表	-	無死	2-2	遊ゴロ	5球目	カーブ	135	内低
					ケイレブ・シールバー	左	2	DH	8回表	-	2死	1-2	右2	4球目	スライダー	129	外中
7/25	ターゲット・フィールド	日	D	ツインズ	ベイリー・オバー	右	2	DH	1回表	-	1死	0-2	二安	4球目	チェンジアップ	140	外低
					ベイリー・オバー	右	2	DH	3回表	-	2死	0-2	空三振	4球目	カーブ	124	内低
					ダニー・コーロンブ	左	2	DH	6回表	-	1死	1-0	右本	2球目	スライダー	137	中低
					アレックス・コロメ	右	2	DH	8回表	三塁	2死	0-0	故意四				
7/26	エンゼル・スタジアム	月	N	ロッキーズ	ヘルマン・マルケス	右	2	投手	1回裏	二塁	無死	3-1	右安	5球目	フォーシーム	153	外低
					ヘルマン・マルケス	右	2	投手	3回裏	-	無死	0-2	空三振	3球目	カーブ	138	内低
					ヘルマン・マルケス	右	2	投手	5回裏	-	2死	1-2	二ゴロ	4球目	カーブ	137	中低
					ベン・ボウデン	左	2	投手	7回裏	-	1死	3-2	空三振	6球目	フォーシーム	153	内高
7/27	エンゼル・スタジアム	火	N	ロッキーズ	オースティン・ゴンバー	左	2	DH	1回裏	一塁	無死	0-1	一直	2球目	スライダー	138	中低
					オースティン・ゴンバー	左	2	DH	3回裏	一二塁	無死	2-2	空三振	5球目	スライダー	138	外中
					オースティン・ゴンバー	左	2	DH	5回裏	三塁	2死	1-2	中本	6球目	スライダー	137	中中
					ジャスティン・ローレンス	右	2	DH	7回裏	一三塁	1死	3-2	四球	7球目	スライダー	132	外低
					ザック・ロスカップ	左	2	DH	9回裏	一二塁	無死	1-2	空三振	4球目	スライダー	138	外低
7/28	エンゼル・スタジアム	水	N	ロッキーズ	ルーカス・ギルブレス	左	2	DH	1回裏	-	1死	0-0	右安	1球目	スライダー	132	外低
					アントニオ・サントス	右	2	DH	3回裏	-	無死	3-1	四球	5球目	フォーシーム	154	外高
					ヘスス・ティノコ	右	2	DH	4回裏	一二塁	2死	2-1	右本	4球目	チェンジアップ	143	外中
					ベン・ボウデン	左	2	DH	6回裏	-	無死	2-2	見三振	5球目	フォーシーム	153	外低
					カルロス・エステヴェス	右	2	DH	8回裏	一塁	1死	3-2	四球	6球目	フォーシーム	156	外高
7/29	エンゼル・スタジアム	木	N	アスレチックス	フランキー・モンタス	右	2	DH	1回裏	-	1死	3-2	見三振	7球目	スライダー	148	外低
					フランキー・モンタス	右	2	DH	3回裏	二塁	2死	3-1	四球	5球目	スプリット	143	外低
					フランキー・モンタス	右	2	DH	5回裏	-	2死	3-2	四球	7球目	スプリット	142	内低
					セルジオ・ロモ	右	2	DH	8回裏	-	1死	3-1	四球	5球目	ツーシーム	137	外低
7/30	エンゼル・スタジアム	金	N	アスレチックス	クリス・バシット	右	2	DH	1回裏	一塁	無死	1-2	空三振	4球目	フォーシーム	150	中高
					クリス・バシット	右	2	DH	4回裏	-	無死	0-1	二ゴロ	2球目	チェンジアップ	137	外低
					クリス・バシット	右	2	DH	6回裏	-	無死	1-2	中安	4球目	カットボール	145	内高
					セルジオ・ロモ	右	2	DH	8回裏	-	1死	1-2	三ゴロ	5球目	チェンジアップ	130	外低
7/31	エンゼル・スタジアム	土	D	アスレチックス	コール・アーヴィン	左	2	DH	1回裏	-	1死	2-2	空三振	5球目	チェンジアップ	138	内低
					コール・アーヴィン	左	2	DH	3回裏	一二塁	1死	1-1	右2	3球目	フォーシーム	145	中低
					コール・アーヴィン	左	2	DH	5回裏	-	1死	1-2	空三振	4球目	フォーシーム	151	中高
					アンドリュー・チェイフィン	左	2	DH	8回裏	-	無死	1-2	空三振	4球目	スライダー	130	外低
8/1	エンゼル・スタジアム	日	D	アスレチックス	ドルトン・ジェフェリーズ	右	2	DH	1回裏	一塁	無死	1-1	左飛	3球目	カットボール	146	中高
					ドルトン・ジェフェリーズ	右	2	DH	3回裏	-	無死	1-1	中飛	3球目	カットボール	146	中高
					ドルトン・ジェフェリーズ	右	2	DH	5回裏	一塁	1死	3-1	二併打	5球目	カットボール	148	内中
					アンドリュー・チェイフィン	左	2	DH	8回裏	一塁	1死	2-0	二併打	3球目	ツーシーム	148	外低
8/2	グローブライフ・フィールド	月	N	レンジャーズ	デイン・ダニング	右	2	DH	1回表	-	1死	3-2	遊直	6球目	カーブ	127	外低
					デイン・ダニング	右	2	DH	3回表	-	2死	3-2	空三振	6球目	チェンジアップ	137	中低
					デイン・ダニング	右	2	DH	5回表	一塁	2死	2-1	二ゴロ	4球目	チェンジアップ	135	外低
					ジョー・バーロー	右	2	DH	8回表	-	2死	2-2	見三振	5球目	フォーシーム	153	外中
8/3	グローブライフ・フィールド	火	N	レンジャーズ	ジョーダン・ライルズ	右	2	DH	1回表	一塁	無死	0-1	左飛	2球目	チェンジアップ	137	外低
					ジョーダン・ライルズ	右	2	DH	3回表	一塁	無死	3-2	空三振	6球目	カーブ	130	中低
					ジョーダン・ライルズ	右	2	DH	5回表	-	無死	2-1	右2	4球目	カーブ	130	内中
					デニス・サンタナ	右	2	DH	7回表	-	無死	1-1	二安	3球目	チェンジアップ	142	外低
					ブレット・マーティン	左	2	DH	8回表	-	1死	1-1	二ゴロ	3球目	スライダー	137	中低
8/4	グローブライフ・フィールド	水	N	レンジャーズ	コルビー・アラード	左	2	投手	1回表	-	1死	2-2	見三振	5球目	フォーシーム	148	外低
					コルビー・アラード	左	2	投手	3回表	三塁	2死	3-1	一ゴロ	5球目	カットボール	137	内低
					コルビー・アラード	左	2	投手	5回表	三塁	2死	0-0	右飛	1球目	カーブ	124	外中
8/5	グローブライフ・フィールド	木	D	レンジャーズ	スペンサー・ハワード	右	2	DH	1回表	一塁	無死	1-2	空三振	4球目	チェンジアップ	127	中低
					スペンサー・ハワード	右	2	DH	3回表	三塁	無死	3-2	四球	7球目	カーブ	121	外高
					テイラー・ハーン	左	2	DH	5回表	-	2死	3-2	四球	6球目	スライダー	137	内低
					テイラー・ハーン	左	2	DH	6回表	一二塁	2死	0-2	空三振	3球目	スライダー	138	中低
					ジャレル・コットン	右	2	DH	9回表	一塁	1死	3-2	右飛	6球目	チェンジアップ	126	中高
8/6	ドジャー・スタジアム	金	N	ドジャース	ギャレット・クリーヴィンガ	左	7	代打	10回表	二塁	無死	0-0	故意四				
8/7	ドジャー・スタジアム	土	N	ドジャース	ブラスダー・グラテロル	右	8	代打	8回表	一二塁	2死	1-2	空三振	5球目	ツーシーム	164	中中
8/8	ドジャー・スタジアム	日	D	ドジャース	ジャスティン・ブルール	左	8	代打	8回表	二三塁	2死	3-2	四球	6球目	カットボール	143	外低
8/10①	エンゼル・スタジアム	火	D	ブルージェイズ	スティーヴン・マッツ	左	2	DH	1回表	一塁	無死	3-2	二失	8球目	フォーシーム	150	外低
					スティーヴン・マッツ	左	2	DH	3回表	-	1死	2-2	見三振	5球目	スライダー	143	中高
					スティーヴン・マッツ	左	2	DH	5回表	-	無死	2-2	右飛	5球目	チェンジアップ	134	中低
					ラファエル・ドリス	右	2	DH	6回表	三塁	2死	0-0	故意四				
8/10②	エンゼル・スタジアム	火	N	ブルージェイズ	ロス・ストライプリング	右	1	DH	1回裏	-	無死	1-1	右3	3球目	チェンジアップ	132	外中
					トレヴァー・リチャーズ	右	1	DH	3回裏	-	1死	2-2	三ゴロ	5球目	フォーシーム	146	外高
					アダム・シンバー	右	1	DH	5回裏	一塁	2死	0-2	見三振	3球目	スライダー	127	内低
					ジョーダン・ロマノ	右	1	DH	7回裏	満塁	2死	1-2	空三振	4球目	フォーシーム	159	内高
8/11	エンゼル・スタジアム	水	N	ブルージェイズ	アレック・マノア	右	1	DH	1回裏	-	無死	1-0	右飛	2球目	チェンジアップ	138	外低
					アレック・マノア	右	1	DH	3回裏	一塁	1死	1-2	中本	4球目	スライダー	134	中低
					アレック・マノア	右	1	DH	5回裏	一塁	1死	2-2	空三振	5球目	ツーシーム	153	外中
					アレック・マノア	右	1	DH	7回裏	-	2死	3-1	四球	5球目	ツーシーム	153	外高
8/12	エンゼル・スタジアム	木	N	ブルージェイズ	ホセ・ベリオス	右	1	投手	1回裏	-	無死	1-2	中2	5球目	ツーシーム	151	内低
					ホセ・ベリオス	右	1	投手	2回裏	二塁	1死	3-2	四球	6球目	カーブ	135	内低
					ホセ・ベリオス	右	1	投手	3回裏	二塁	2死	1-1	中飛	3球目	チェンジアップ	135	外低
					カービー・スニード	左	1	投手	6回裏	-	無死	2-2	見三振	6球目	ツーシーム	151	外中
8/13	エンゼル・スタジアム	金	N	アストロズ	ザック・グリンキー	右	1	DH	1回裏	-	無死	2-2	遊直	5球目	フォーシーム	145	外低
					ザック・グリンキー	右	1	DH	3回裏	一塁	1死	0-0	右飛	1球目	チェンジアップ	140	外低
					ザック・グリンキー	右	1	DH	6回裏	-	1死	2-2	空三振	8球目	チェンジアップ	140	外低
					ケンドール・グレイヴマン	右	1	DH	8回裏	一二塁	2死	0-1	三安	2球目	フォーシーム	158	内高
8/14	エンゼル・スタジアム	土	N	アストロズ	ルイス・ガルシア	右	1	DH	1回裏	-	無死	1-1	右中本	3球目	チェンジアップ	137	外低
					ルイス・ガルシア	右	1	DH	3回裏	-	無死	3-2	中安	6球目	フォーシーム	150	外高
					ルイス・ガルシア	右	1	DH	5回裏	-	無死	1-2	空三振	4球目	カーブ	124	内低
					ブレイク・テイラー	左	1	DH	7回裏	一塁	無死	2-1	中飛	4球目	スライダー	130	外低
					イーミ・ガルシア	右	1	DH	9回裏	-	1死	2-1	左飛	4球目	ツーシーム	154	内低
8/15	エンゼル・スタジアム	日	D	アストロズ	ランス・マッカラーズ・ジュニア	右	1	DH	1回裏	-	無死	1-2	一安	4球目	ツーシーム	153	内高
					ランス・マッカラーズ・ジュニア	右	1	DH	2回裏	満塁	2死	0-2	空三振	3球目	カーブ	140	内低
					ランス・マッカラーズ・ジュニア	右	1	DH	5回裏	一塁	1死	0-1	中安	2球目	カーブ	137	内中

日付	球場	曜日	デー・ナイター	対戦チーム	対戦投手名	投手左右	打順	ポジション	試合状況	ランナー状況	アウト	カウント	打席結果	投球数	球種名	球速	コース
8/15	エンゼル・スタジアム	日	D	アストロズ	クリスチャン・ハビエル	右	1	DH	7回裏	-	1死	1-2	空三振	4球目	フォーシーム	153	外高
8/16	ヤンキー・スタジアム	月	N	ヤンキース	ゲリット・コール	右	1	DH	1回表	-	無死	2-2	空三振	5球目	フォーシーム	159	外高
					ゲリット・コール	右	1	DH	3回表	-	1死	1-2	右飛	4球目	スライダー	142	中低
					ゲリット・コール	右	1	DH	6回表	-	無死	1-2	右飛	6球目	フォーシーム	158	内高
					ジョエリー・ロドリゲス	左	1	DH	8回表	-	2死	2-2	見三振	5球目	ツーシーム	151	外中
8/17	コメリカ・パーク	火	N	タイガース	ケイシー・マイズ	右	1	DH	1回表	-	無死	0-0	中安	1球目	フォーシーム	146	内中
					ケイシー・マイズ	右	1	DH	2回表	-	2死	3-0	四球	4球目	フォーシーム	148	外高
					ケイシー・マイズ	右	1	DH	4回表	-	2死	2-2	一ゴロ	5球目	フォーシーム	148	内高
					ジョー・ヒメネス	右	1	DH	6回表	二塁	2死	0-0	故意四				
					ホセ・シスネロ	右	1	DH	8回表	一塁	2死	0-2	見三振	5球目	フォーシーム	158	内中
					イアン・クロル	左	1	DH	9回表	二塁	2死	3-2	四球	6球目	カーブ	127	外低
8/18	コメリカ・パーク	水	N	タイガース	タリック・スクーバル	左	1	投手	1回表	-	無死	1-2	空三振	4球目	スライダー	143	中高
					タリック・スクーバル	左	1	投手	3回表	-	1死	0-0	右飛	1球目	スライダー	142	外低
					タリック・スクーバル	左	1	投手	6回表	-	無死	1-0	二ゴロ	2球目	フォーシーム	150	内高
					ホセ・シスネロ	右	1	投手	8回表	-	無死	0-1	右本	2球目	スライダー	143	中中
8/19	コメリカ・パーク	木	D	タイガース	マット・マニング	右	1	DH	1回表	-	無死	1-1	右飛	3球目	フォーシーム	150	中高
					マット・マニング	右	1	DH	3回表	-	無死	1-2	右安	4球目	フォーシーム	153	内低
					マット・マニング	右	1	DH	4回表	一二塁	2死	3-2	四球	6球目	チェンジアップ	143	外高
					デレク・ホランド	左	1	DH	6回表	一塁	1死	0-1	投安	2球目	スライダー	135	外低
					カイル・ファンクハウザー	右	1	DH	7回表	-	1死	3-1	四球	5球目	ツーシーム	154	外中
					マイケル・フルマー	右	1	DH	8回表	三塁	1死	3-2	中犠飛	8球目	スライダー	148	内中
8/20	プログレッシブ・フィールド	金	N	インディアンス	サム・ヘンジェス	左	1	DH	1回表	-	無死	1-2	二ゴロ	6球目	スライダー	138	外低
					サム・ヘンジェス	左	1	DH	3回表	二塁	1死	2-2	右安	5球目	スライダー	135	外低
					トレヴァー・ステファン	右	1	DH	5回表	二塁	2死	3-2	空三振	6球目	フォーシーム	156	中低
					ブレイク・パーカー	右	1	DH	8回表	-	2死	0-0	一失	1球目	フォーシーム	146	中低
8/21	プログレッシブ・フィールド	土	D	インディアンス	トリストン・マケンジー	右	1	DH	1回表	-	無死	1-2	空三振	4球目	カーブ	130	内低
					トリストン・マケンジー	右	1	DH	3回表	二塁	2死	1-2	空三振	5球目	カーブ	129	内低
					トリストン・マケンジー	右	1	DH	6回表	-	2死	1-2	空三振	4球目	カーブ	132	内低
					エマヌエル・クラセ	右	1	DH	9回表	-	無死	0-2	二ゴロ	3球目	カットボール	163	内低
8/22	BB&Tボールパーク	日	N	インディアンス	カン・クアントリル	右	1	DH	1回表	-	無死	2-2	右安	7球目	スライダー	-	外中
					カン・クアントリル	右	1	DH	3回表	-	1死	3-2	四球	6球目	スライダー	141	中高
					カン・クアントリル	右	1	DH	6回表	-	無死	1-2	空三振	4球目	チェンジアップ	138	外低
					ジェイムズ・カリンチャク	右	1	DH	8回表	一三塁	1死	3-2	四球	7球目	フォーシーム	156	外高
8/24	オリオール・パーク	火	N	オリオールズ	スペンサー・ワトキンズ	右	1	DH	1回表	-	無死	2-2	空三振	7球目	カットボール	142	外中
					スペンサー・ワトキンズ	右	1	DH	2回表	-	1死	1-1	左飛	3球目	チェンジアップ	140	外中
					コナー・ウェイド	右	1	DH	3回表	二三塁	2死	0-0	故意四				
					フェルナンド・アバド	左	1	DH	4回表	一三塁	1死	0-2	空三振	3球目	チェンジアップ	127	外低
					フェルナンド・アバド	左	1	DH	6回表	一塁	2死	3-1	四球	5球目	カーブ	124	外低
					マルコス・ディプラン	右	1	DH	8回表	一塁	2死	0-1	右安	2球目	フォーシーム	150	中中
8/25	オリオール・パーク	水	N	オリオールズ	クリス・エリス	右	1	投手	1回表	-	無死	1-2	空三振	4球目	フォーシーム	153	外高
					クリス・エリス	右	1	投手	3回表	-	無死	2-2	空三振	5球目	カーブ	132	内低
					コナー・グリーン	右	1	投手	4回表	一塁	1死	0-0	一ゴロ	1球目	カーブ	122	中中
					コール・サルサー	右	1	投手	6回表	一塁	2死	0-2	空三振	4球目	フォーシーム	154	外高
8/26	オリオール・パーク	木	D	オリオールズ	キーガン・アキン	左	1	DH	1回表	-	無死	0-1	右本	2球目	スライダー	132	中中
					キーガン・アキン	左	1	DH	3回表	-	無死	3-2	四球	6球目	チェンジアップ	129	外低
					キーガン・アキン	左	1	DH	5回表	一塁	無死	1-2	中飛	5球目	フォーシーム	150	内高
					ホルヘ・ロペス	右	1	DH	8回表	-	1死	3-2	四球	6球目	カーブ	106	外低
8/27	エンゼル・スタジアム	金	N	パドレス	ジョー・マスグローヴ	右	1	DH	1回裏	-	無死	3-2	左飛	6球目	カーブ	134	内中
					ジョー・マスグローヴ	右	1	DH	3回裏	-	1死	0-1	二ゴロ	2球目	カーブ	135	内低
					ジョー・マスグローヴ	右	1	DH	6回裏	-	無死	2-2	中飛	5球目	カーブ	135	内中
					ジョー・マスグローヴ	右	1	DH	8回裏	一塁	1死	0-0	右飛	1球目	カットボール	151	内高
8/28	エンゼル・スタジアム	土	N	パドレス	ライアン・ウェザーズ	左	2	DH	1回裏	一塁	無死	0-2	空三振	4球目	フォーシーム	150	内高
					ライアン・ウェザーズ	左	2	DH	3回裏	-	1死	3-2	遊飛	9球目	スライダー	140	外低
					オースティン・アダムズ	右	2	DH	5回裏	-	1死	3-2	四球	6球目	スライダー	142	外低
					ティム・ヒル	左	2	DH	6回裏	満塁	無死	1-2	投ゴロ	5球目	フォーシーム	146	外高
					ナビル・クリスマット	右	2	DH	8回裏	-	無死	3-2	空三振	6球目	チェンジアップ	132	中低
8/30	エンゼル・スタジアム	月	N	ヤンキース	コーリー・クルーバー	右	2	DH	1回裏	-	1死	3-2	見三振	6球目	カーブ	134	外中
					コーリー・クルーバー	右	2	DH	4回裏	-	無死	2-2	見三振	6球目	カーブ	134	外低
					アンドリュー・ヒーニー	左	2	DH	5回裏	-	無死	1-1	右本	3球目	カーブ	130	中中
					ワンディ・ペラルタ	左	2	DH	7回裏	-	無死	1-2	見三振	4球目	ツーシーム	153	内低
8/31	エンゼル・スタジアム	火	N	ヤンキース	ジェイムソン・タイロン	右	2	DH	1回裏	-	1死	2-2	左飛	5球目	フォーシーム	153	外中
					ジェイムソン・タイロン	右	2	DH	4回裏	二塁	無死	3-2	四球	7球目	フォーシーム	153	外高
					ジェイムソン・タイロン	右	2	DH	5回裏	二三塁	2死	0-0	故意四				
					ルーカス・リットキー	左	2	DH	7回裏	-	2死	0-0	遊邪飛	1球目	カットボール	142	外中
9/1	エンゼル・スタジアム	水	D	ヤンキース	ゲリット・コール	右	2	DH	1回裏	-	1死	2-2	空三振	5球目	フォーシーム	158	中中
					ゲリット・コール	右	2	DH	3回裏	一塁	2死	2-2	空三振	5球目	フォーシーム	159	外高
					ゲリット・コール	右	2	DH	6回裏	二塁	無死	2-2	空三振	5球目	フォーシーム	159	外低
					アロルディス・チャップマン	左	2	DH	9回裏	-	無死	1-0	二飛	2球目	フォーシーム	158	内中
9/3	エンゼル・スタジアム	金	N	レンジャーズ	グレン・オットー	右	2	投手	1回裏	一塁	無死	1-0	二ゴロ	2球目	フォーシーム	148	中中
					グレン・オットー	右	2	投手	3回裏	一塁	無死	2-2	三併打	5球目	カーブ	132	中低
					デニス・サンタナ	右	2	投手	5回裏	一三塁	2死	0-0	右飛	1球目	スライダー	130	外高
					ジャレル・コットン	右	2	投手	7回裏	-	2死	0-2	空三振	3球目	チェンジアップ	130	外中
9/4	エンゼル・スタジアム	土	N	レンジャーズ	コルビー・アラード	左	2	DH	1回裏	-	1死	0-2	左飛	3球目	カーブ	122	外低
					コルビー・アラード	左	2	DH	4回裏	-	無死	1-1	一ゴロ	3球目	カットボール	138	内低
					コルビー・アラード	左	2	DH	6回裏	一二塁	無死	0-0	右中本	1球目	カットボール	142	中中
					スペンサー・パットン	右	2	DH	8回裏	-	1死	3-2	右安	6球目	フォーシーム	153	内低
9/5	エンゼル・スタジアム	日	D	レンジャーズ	テイラー・ハーン	左	2	DH	1回裏	-	1死	2-2	一ゴロ	6球目	ツーシーム	150	中中
					テイラー・ハーン	左	2	DH	3回裏	-	無死	0-2	見三振	4球目	フォーシーム	154	外中
					テイラー・ハーン	左	2	DH	5回裏	-	2死	1-2	空三振	4球目	フォーシーム	151	内高
					ジョシュ・スボーズ	右	2	DH	8回裏	-	無死	3-1	四球	5球目	フォーシーム	159	内高
					ジョー・バーロー	右	2	DH	9回裏	一二塁	2死	2-2	空三振	7球目	スライダー	138	中高
9/6	エンゼル・スタジアム	月	N	レンジャーズ	アダム・アレクシー	右	2	DH	1回裏	-	1死	2-2	左飛	6球目	フォーシーム	151	内中
					アダム・アレクシー	右	2	DH	3回裏	-	2死	3-2	空三振	6球目	チェンジアップ	138	中低
					アダム・アレクシー	右	2	DH	6回裏	-	2死	3-2	見三振	6球目	フォーシーム	148	外低
					スペンサー・パットン	右	2	DH	8回裏	三塁	2死	0-2	遊飛	3球目	フォーシーム	151	内高
9/7	ペトコ・パーク	火	N	パドレス	ティム・ヒル	左	8	代打	8回表	-	1死	0-0	二安	1球目	フォーシーム	146	内中
9/10	ミニッツメイド・パーク	金	N	アストロズ	フランバー・ヴァルデス	左	2	投手	1回表	-	1死	3-2	右本	6球目	ツーシーム	151	内低
					フランバー・ヴァルデス	左	2	投手	3回表	-	2死	3-2	四球	6球目	カーブ	127	外低
					フランバー・ヴァルデス	左	2	投手	4回表	二三塁	2死	0-0	故意四				
9/11	ミニッツメイド・パーク	土	N	アストロズ	ルイス・ガルシア	右	2	DH	1回表	一塁	無死	1-1	右安	3球目	フォーシーム	150	外中
					ルイス・ガルシア	右	2	DH	2回表	二塁	2死	0-0	二ゴロ	1球目	カーブ	124	中低
					ルイス・ガルシア	右	2	DH	4回表	-	1死	2-2	右飛	6球目	スライダー	131	中中
					ブランドン・ビーラック	右	2	DH	6回表	一三塁	2死	0-0	一ゴロ	1球目	カーブ	130	外低

日付	球場	曜日	デーナイター	対戦チーム	対戦投手名	投手左右	打順	ポジション	試合状況	ランナー状況	アウト	カウント	打席結果	投球数	球種名	球速	コース
9/11	ミニッツメイド・パーク	土	N	アストロズ	ブレイク・テイラー	左	2	DH	9回表	-	無死	3-2	四球	6球目	スライダー	134	外低
9/12	ミニッツメイド・パーク	日	D	アストロズ	ランス・マッカラーズ・ジュニア	右	2	DH	1回表	一塁	無死	3-0	四球	4球目	カーブ	134	外中
					ランス・マッカラーズ・ジュニア	右	2	DH	3回表	-	1死	1-2	二ゴロ	4球目	カーブ	135	中低
					ランス・マッカラーズ・ジュニア	右	2	DH	5回表	-	2死	0-1	一ゴロ	2球目	チェンジアップ	137	外低
					ケンドール・グレーヴマン	右	2	DH	8回表	一塁	1死	1-1	右安	3球目	チェンジアップ	145	外低
9/14	ギャランティード・レート・フィールド	火	N	ホワイトソックス	ルーカス・ジオリト	右	2	DH	1回表	-	1死	2-2	空三振	7球目	フォーシーム	153	内高
					ルーカス・ジオリト	右	2	DH	4回表	-	無死	2-2	見三振	5球目	フォーシーム	151	内低
					マイク・ライト	右	2	DH	5回表	二塁	1死	3-1	四球	5球目	フォーシーム	147	外中
					アーロン・バマー	左	2	DH	7回表	-	無死	0-0	三ゴロ	1球目	ツーシーム	154	中低
					ジェイス・フライ	左	2	DH	9回表	-	1死	0-2	空三振	3球目	カーブ	131	外低
9/15	ギャランティード・レート・フィールド	水	N	ホワイトソックス	ダラス・カイケル	左	2	DH	1回表	-	1死	3-2	空三振	6球目	チェンジアップ	133	内低
					ダラス・カイケル	左	2	DH	3回表	一二塁	1死	0-0	一ゴロ	1球目	ツーシーム	142	中中
					ダラス・カイケル	左	2	DH	5回表	一塁	無死	3-2	二ゴロ	6球目	ツーシーム	143	内高
					マイケル・コペック	右	2	DH	7回表	-	無死	3-2	遊ゴロ	6球目	スライダー	139	内低
					ギャレット・クロシェ	左	2	DH	9回表	-	2死	0-2	空三振	3球目	スライダー	138	外中
9/16	ギャランティード・レート・フィールド	木	D	ホワイトソックス	レイナルド・ロペス	右	3	DH	1回表	-	2死	2-0	二安	3球目	フォーシーム	153	内低
					レイナルド・ロペス	右	3	DH	3回表	-	2死	3-2	空三振	6球目	フォーシーム	156	内低
					ジェイス・フライ	左	3	DH	5回表	-	無死	1-1	二安	3球目	カットボール	138	外低
					ホセ・ルイス	右	3	DH	7回表	-	無死	1-2	空三振	4球目	カーブ	138	中高
					マイク・ライト	右	3	DH	9回表	-	2死	2-1	死球	4球目	フォーシーム	145	内低
9/17	エンゼル・スタジアム	金	N	アスレチックス	コール・アーヴィン	左	3	DH	1回裏	一塁	1死	1-1	右安	3球目	スライダー	132	中低
					コール・アーヴィン	左	3	DH	2回裏	一塁	1死	2-2	三飛	5球目	スライダー	135	外低
					コール・アーヴィン	左	3	DH	5回裏	-	無死	1-0	左飛	2球目	フォーシーム	145	外中
					ジェイク・ディークマン	左	3	DH	7回裏	-	2死	3-2	見三振	6球目	フォーシーム	156	外中
9/18	エンゼル・スタジアム	土	N	アスレチックス	ジェイムズ・カプリーリアン	右	3	DH	1回裏	-	2死	2-1	右飛	4球目	チェンジアップ	131	外低
					ジェイムズ・カプリーリアン	右	3	DH	4回裏	-	1死	3-2	空三振	6球目	フォーシーム	151	中中
					デオリス・ゲラ	右	3	DH	7回裏	-	無死	0-0	左安	1球目	フォーシーム	148	外低
					アンドリュー・チェイフィン	左	3	DH	9回裏	-	無死	1-1	中安	3球目	フォーシーム	148	中中
9/19	エンゼル・スタジアム	日	D	アスレチックス	フランキー・モンタス	右	2	投手	1回裏	-	1死	3-2	四球	6球目	フォーシーム	156	外低
					フランキー・モンタス	右	2	投手	3回裏	二塁	2死	0-0	故意四				
					フランバー・ヴァルデス	右	2	投手	6回裏	-	無死	0-0	投ゴロ	1球目	ツーシーム	153	中高
					ジェイク・ディークマン	左	2	投手	8回裏	-	2死	1-2	空三振	4球目	スライダー	134	外低
9/20	エンゼル・スタジアム	月	N	アストロズ	フランバー・ヴァルデス	左	3	DH	1回裏	-	2死	3-2	一ゴロ	6球目	ツーシーム	154	中中
					フランバー・ヴァルデス	左	3	DH	4回裏	-	無死	0-1	遊ゴロ	2球目	ツーシーム	151	外低
					フランバー・ヴァルデス	左	3	DH	6回裏	一塁	1死	3-2	空三振	6球目	カーブ	127	外低
					ブルックス・レイリー	左	3	DH	8回裏	-	無死	0-0	中飛	1球目	スライダー	129	中中
9/21	エンゼル・スタジアム	火	N	アストロズ	ホセ・ウルキディ	右	2	DH	1回裏	-	1死	0-2	中飛	4球目	カーブ	130	内中
					ホセ・ウルキディ	右	2	DH	3回裏	-	2死	0-0	投ゴロ	1球目	チェンジアップ	137	外低
					ホセ・ウルキディ	右	2	DH	6回裏	一塁	1死	0-0	右安	1球目	カーブ	128	中高
					クリスチャン・ハビエル	右	2	DH	8回裏	-	無死	2-1	右中本	4球目	フォーシーム	151	内中
9/22	エンゼル・スタジアム	水	N	アストロズ	ルイス・ガルシア	右	3	DH	1回裏	-	2死	3-0	四球	4球目	フォーシーム	150	内低
					ルイス・ガルシア	右	3	DH	4回裏	-	無死	3-1	四球	5球目	スライダー	130	内低
					ルイス・ガルシア	右	3	DH	6回裏	-	2死	2-1	一ゴロ	4球目	フォーシーム	152	内低
					ケンドール・グレーヴマン	右	3	DH	7回裏	二塁	2死	0-0	故意四				
					ブレイク・テイラー	左	3	DH	10回裏	二塁	無死	2-0	故意四				
					ジョシュ・ジェイムス	右	3	DH	12回裏	三塁	2死	0-2	空三振	3球目	フォーシーム	152	外中
9/23	エンゼル・スタジアム	木	N	アストロズ	ランス・マッカラーズ・ジュニア	右	2	DH	1回裏	-	1死	3-2	見三振	7球目	カーブ	138	外低
					ランス・マッカラーズ・ジュニア	右	2	DH	4回裏	一塁	無死	3-2	四球	6球目	カーブ	138	外低
					ランス・マッカラーズ・ジュニア	右	2	DH	6回裏	-	1死	3-2	四球	7球目	スライダー	142	内低
					ブレイク・テイラー	左	2	DH	7回裏	一二塁	2死	3-2	四球	7球目	フォーシーム	151	外低
9/24	エンゼル・スタジアム	金	N	マリナーズ	ローガン・ギルバート	右	2	DH	1回裏	-	1死	1-2	空三振	4球目	フォーシーム	156	中高
					ローガン・ギルバート	右	2	DH	3回裏	二塁	2死	2-0	故意四				
					ローガン・ギルバート	右	2	DH	5回裏	-	2死	3-2	四球	6球目	チェンジアップ	127	外高
					アンソニー・ミシービッチ	左	2	DH	7回裏	一塁	無死	3-1	四球	5球目	カーブ	129	外低
					ポール・シーウォルド	右	2	DH	9回裏	-	1死	2-0	故意四				
9/25	エンゼル・スタジアム	土	N	マリナーズ	タイラー・アンダーソン	左	2	DH	1回裏	一塁	無死	0-2	右3	4球目	チェンジアップ	129	内中
					タイラー・アンダーソン	左	2	DH	3回裏	一塁	無死	3-2	右3	6球目	カットボール		内高
					ヨハン・ラミレス	右	2	DH	3回裏	満塁	2死	3-2	四球	6球目	フォーシーム	153	外高
					ジャスティス・シェフィールド	左	2	DH	5回裏	一塁	無死	3-0	四球	4球目	フォーシーム	145	外高
					ショーン・ドゥーリトル	左	2	DH	6回裏	-	2死	2-2	空三振	5球目	フォーシーム	152	中中
9/26	エンゼル・スタジアム	日	D	マリナーズ	マルコ・ゴンザレス	左	2	投手	1回裏	一塁	無死	3-2	一ゴロ	6球目	フォーシーム	143	外低
					マルコ・ゴンザレス	左	2	投手	3回裏	-	2死	2-2	中飛	6球目	フォーシーム	142	外高
					マルコ・ゴンザレス	左	2	投手	6回裏		無死	1-1	中安	3球目	カットボール	140	外中
9/28	グローブライフ・フィールド	火	N	レンジャーズ	アダム・アレクシー	右	2	DH	1回表	-	1死	3-2	四球	8球目	フォーシーム	151	外中
					アダム・アレクシー	右	2	DH	3回表	-	1死	2-2	遊直	6球目	フォーシーム	150	内高
					コルビー・アラード	左	2	DH	6回表	-	無死	2-2	見三振	5球目	フォーシーム	147	外低
					ジョー・バーロー	右	2	DH	9回表	-	無死	0-0	二直	1球目	フォーシーム	151	外中
9/29	グローブライフ・フィールド	水	N	レンジャーズ	テイラー・ハーン	左	1	DH	1回表	-	無死	2-2	見三振	5球目	フォーシーム	152	外低
					テイラー・ハーン	左	1	DH	3回表	-	無死	3-2	二ゴロ	7球目	フォーシーム	152	外中
					テイラー・ハーン	左	1	DH	6回表	-	無死	1-1	一安	3球目	フォーシーム	148	中高
					マイク・フォルテネービッチ	右	1	DH	7回表	-	無死	1-0	二ゴロ	2球目	ツーシーム	151	外高
					ジョシュ・スボーズ	右	1	DH	9回表	一塁	1死	3-1	右安	5球目	フォーシーム	158	中中
9/30	グローブライフ・フィールド	木	D	レンジャーズ	グレン・オットー	右	2	DH	1回表	一塁	無死	1-1	右3	3球目	チェンジアップ	137	中低
					グレン・オットー	右	2	DH	2回表	-	1死	0-0	三邪飛	1球目	カーブ	124	外中
					ドリュー・アンダーソン	右	2	DH	4回表	二塁	2死	0-2	空三振	3球目	フォーシーム	150	内高
					ブレット・マーティン	左	2	DH	6回表	-	2死	1-0	左2	2球目	スライダー	138	外低
					ジョー・バーロー	右	2	DH	9回表	-	無死	0-1	左飛	2球目	カーブ	130	中低
10/1	T-モバイル・パーク	金	N	マリナーズ	マルコ・ゴンザレス	左	2	DH	1回表	-	1死	2-2	中飛	6球目	カットボール	140	外中
					マルコ・ゴンザレス	左	2	DH	3回表	二塁	無死	3-0	故意四				
					マルコ・ゴンザレス	左	2	DH	5回表	-	2死	3-1	二ゴロ	5球目	カーブ	119	外低
					ポール・シーウォルド	右	2	DH	8回表	-	2死	3-2	空三振	6球目	フォーシーム	152	外中
10/2	T-モバイル・パーク	土	N	マリナーズ	クリス・フレクセン	右	2	DH	1回表	-	1死	0-1	左飛	2球目	チェンジアップ	133	外中
					クリス・フレクセン	右	2	DH	3回表	-	2死	0-1	遊飛	2球目	チェンジアップ	136	外中
					クリス・フレクセン	右	2	DH	6回表	-	無死	3-1	四球	5球目	フォーシーム	149	外高
					ポール・シーウォルド	右	2	DH	8回表	一塁	無死	3-2	四球	6球目	スライダー	129	中低
10/3	T-モバイル・パーク	日	D	マリナーズ	タイラー・アンダーソン	左	1	DH	1回表	-	無死	1-1	右本	3球目	カットボール	139	中高
					タイラー・アンダーソン	左	1	DH	2回表	二塁	1死	0-0	故意四				
					アンソニー・ミシービッチ	左	1	DH	4回表	-	1死	2-2	見三振	5球目	フォーシーム	153	外高
					エリック・スワンソン	右	1	DH	5回表	三塁	2死	0-0	故意四				
					ショーン・ドゥーリトル	左	1	DH	7回表	-	2死	1-2	空三振	4球目	フォーシーム	152	中高

通算成績 155試合/639打席/537打数/103得点/138安打/26二塁打/8三塁打/46本塁打/100打点/96四球/4死球/189三振/26盗塁/打率.257/出塁率.372/長打率.592/OPS.965

大谷翔平 2021年シーズン 全本塁打徹底分析

2021年11月9日　第1刷発行

監修　福島良一
発行人　蓮見清一
発行所　株式会社 宝島社
〒102-8388　東京都千代田区一番町25番地
電話(営業)　03-3234-4621
(編集)　03-3239-0646
https://tkj.jp
印刷・製本　株式会社リーブルテック

Printed in Japan
ISBN 978-4-299-02203-5